자원봉사론 2판

자원봉사론 2판

Volunteer Theory

고재욱 · 신기원 · 황인옥 · 최승완 공저

동 문 사

머리말

자원봉사란 스스로 자(自), 원할 원(願), 받들 봉(奉), 섬길 사(仕), 즉 자신이 원해서 받들어 모시는 것이다. 이처럼 자원봉사는 누군가의 강요가 아닌 자신의 의지와 선택으로 이웃과 지역사회를 위해 활동하는 것으로 자발성이 중요하다. 또한 봉사활동을 수행하면서 어떠한 금전적인 대가를 원하지 않는 무보수성과 계획을 가지고 정기적으로 참여하는 지속성이 필요하다.

오늘날 각종 복잡한 사회문제를 해결하고 시민들의 다양한 복지 욕구를 충족하기 위해서는 중앙정부와 지방자치단체의 재정이나 행정력으로는 충분하지 않다. 이런 점에서 국가와 국가, 국가 안의 각종 재난과 재해까지 자원봉사활동의 파워는 막강하다.

우리나라는 1988년 서울올림픽을 계기로 자원봉사활동이 크게 활성화되었다. 그리고 2001년 UN이 정한 '세계 자원봉사의 해(International Year of Volunteers)'에서 자원봉사란 개인의 자유의지에 따라 자기 자신의 시간과 재능을 제공하는 것이라는 봉사의 가치를 명료화했다.

현재 자원봉사활동은 명실 공히 크고 작은 일에 사회복지 분야뿐만 아니라 각종 사회문제의 공동체적 차원에서 사회연대 체결 구축을 위해 큰 주목을 받고 있다. 현대사회에서 자원봉사는 개인은 물론이요 국가와 사회에 무한한 가치를 제공한다. 개인에게는 성취감과 보람을 주며, 더불어 살아가는 안정된 사회로 나아가 결국 참된 복지국가 건설에 기여하게 된다. 또한 자원봉사는 범세계적인 측면에서도 가치가 있는 것이다.

개인과 기업은 물론 공공 분야 그리고 어린아이와 초·중·고 학생 및 성인과 노인을 막론하고 전 국민이 자원봉사활동의 붐을 이루고 있는 것은 이제 먼 이웃나라의 이야기가 아니고 우리나라의 이야기가 되었다.

이 책에서는 건강한 시민사회를 위한 자원봉사를 위하여 제1부에서는 자원봉사활동의 이론적 기초인 제3섹터와 자원봉사모델, 주요 국가 자원봉사활동의 발전과 현황을 살펴보고, 제2부에서는 자원봉사활동의 조직을 위한 자원봉사활동의 현황, 자원봉사활동의 일반적 사항, 자원봉사활동의 구조, 자원봉사활동의 체계, 자원봉사활동의 기능과 역할, 자원봉사관리 과정을 논의하였다. 제3부는 자원봉사활동 분야와 관리로서 아동·청소년·장애인·노인·대학·가족·기업·국제 자원봉사활동을 살펴보고, 제4부는 자원봉사활동의 전망으로 자원봉사활동의 문제점과 과제를 고민해보았다.

이 책이 자원봉사활동을 실행하고 싶어 하는 학생이나 현재 전문직에서 이 분야에 관심을 가진 사람들에게 자원봉사활동이 갖는 의의를 이해하게 하고, 아직 자원봉사활동을 실천에 옮기지 못하고 있는 이들에게는 실천의 길잡이가 되기를 바란다.

2020년 2월

저자 일동

차례

제 1 부

자원봉사활동의 이론적 기초

제 1 장

자원봉사의 이해

오늘날 많은 사회에서 사람 간의 연계는 더욱 개방되어 가고 사회구성원들은 도움을 통하여 누군가와 관계 맺기를 원하고 있다. 삶이 점점 더 여유로워짐에 따라 이러한 상호부조의 협력관계는 더 이상 서로 돕는 것에만 국한되지 않고 여가시간을 함께 보내거나 사회변화를 위한 자원봉사활동을 하는 것으로 점차 변화되어 나가게 되었다.

이러한 자원봉사활동은 인간의 자발적인 의지에서 시작된 만큼 그 형태나 내용이 매우 다양하다. 또한 자원봉사는 사회·경제적 가치뿐만 아니라 자원봉사자 개인에 대해서도 자원봉사활동은 삶의 의미를 풍요롭게 하여, 각 개인은 물론 국가·사회, 범세계적으로 무한한 가치를 창출해 낸다.

이 장에서는 자원봉사에 대한 기본적 이해를 위해서, 제3섹터와 자원봉사 모델로 현재 다양하게 정의되고 있는 민간자원 복지개념과 자원봉사를 이해하고, 자원봉사의 사상적 기반이 되는 철학을 살펴본다. 또한 자원봉사의 가치에 대해서 국가·사회적 측면, 자원봉사자 활용 및 시설 측면, 자원봉사자 측면으로 나누어 살펴보고, 자원봉사활동의 다양한 특성을 종합적으로 이해한다. 마지막으로 자원봉사활동의 근원이라 할 수 있는 사회복지 분야에서의 자원봉사에 대해 살펴본다.

1 제3섹터와 자원봉사

1) 제3섹터 개념

제1섹터는 공공부문, 제2섹터는 시장부문, 제3섹터는 비영리부문의 시민사회 부문을 총칭하는 것이다. 제3섹터(third sector)는 대륙 및 국가, 집단에 따라 사회적 경제(social economy), 비영리섹터(non-profit sector, not-for-profit sector), 비시장섹터(non-market sector), 자선 및 자원섹터(charity and voluntary sector), 비정부부문(non-governmental sector) 등 아주 다양한 방식으로 지칭된다. 그리고 각 부문의 특성을 가진 조직들은 비영리조직(Non-Profit Organization : NPO), 사회적 경제조직(Social Economy Organization : SEO), 비정부조직(Non-Governmental Organization : NGO)이라고 표현된다.

미국에서 제3섹터란 비영리부문(NPO)과 동의어로 사용되는 경향이 있다.

살로몬과 안하이어(Salamon & Anheier)의 정의에 따르면 비영리부문의 조직이란 다음 7가지 기준을 충족시켜야 한다. ① 공식적 조직이어야 한다. 그것은 정기적 모임과 상근직원, 절차와 규정, 법인격이 있는 조직이어야 한다는 것을 의미한다. 따라서 일시적 조직은 포함되지 않는다. ② 민간조직이어야 한다. 그것은 정부가 이사회를 통해 실질적으로 지배하지 않는 민간주도의 조직이어야 한다는 것을 의미한다. 하지만 그것이 정부 관료의 이사회 배제를 지칭하는 것은 아니다. ③ 이익 배분을 하지 않아야 한다. 그것은 사업의 수익금이 고유목적사업을 위해 사용되어야 한다는 것을 의미하며, 조직구성원들에게 배분되어서는 안 된다는 것을 의미한다. 이 점이 협동조합(cooperative)과 구분되는 사항이다. ④ 자기결정권(self-governing)을 가진 조직이어야 한다. ⑤ 자원조직으로서의 성격을 가져야 한다. 비영리단체는 시민들의 자발적인 참여와 헌신을 근간으로 한다. 물론 그것이 유급종사자의 참여를 부정하는 것은 아니지만, 그것이 중요한 근간을 이룬다는 점을 의미한다. ⑥ 종교 조직이 아니어야 한다. 이는 배타적으로 종교적 선교활동을 목적으로 하는 조직을 제외한다는 것을 의미한다. ⑦ 정치단체가 아니어야 한다. 그것은 권리옹호(advocacy)와 관련해서 정부정책을 비판하는 활동을 지칭하는 것이 아니다. 정당이나 선거에 개입하는 활동을 하는 조직을 제외한다는 것을 의미한다(Salamon & Anheier, 1996).

비영리(민간)조직에 대한 정의의 특성을 살펴보면 첫째, 회원들에게 수익을 배분하는 협동조합을 배제하고 있다. 둘째, 조직의 자율성과 자결성 그리고 이타적 목적이라는 관점에서 회원 간의 친목을 목적으로 하는 각종 조직을 제외한다. 셋째, 종교단체라 하더라도 그것이 공익적 성격의 사업을 수행하는 경우, 그것은 비영리단체로 분류될 수 있다.

유럽에서도 제3섹터 개념이 일찍부터 활용되고 있으며 유럽에서 제3섹터 개념은 주로 사회적 경제(social economy)와 동의어로 사용되고 있다. 그리고 사회적 경제의 조직이란 법적 형태에 비추어 볼 때, 크게 세 가지 조직을 지칭한다. 비영리단체와 유사한 개념인 결사체(association) 외에도 공제조합(mutuals)과 협동조합(cooperatives)을 포괄하고 있다. 회원 간의 상조적 성격을 갖고 있으며, 수익사업에 참여하는 공제조합과 협동조합은 비영리단체로 분류할 수 없는 조직이다. 최근 유럽의회는 지역사회의 고용창출, 사회적 배제 극복, 사회통합의 제고 등을 기본이념으로 유럽사회모델(European social model)을 구축하는 핵심 구성요소로 사회적 경제 개념을 공식적으로 채택하였다.

유럽이 사회적 경제 개념을 공식적으로 채택한 이유는 국가와 시장경제 그리고 시민사회의 경계를 명확하게 구분하는 미국과 달리, 경제부문에서 연대성을 강조하고 이를 촉진하는 국가의 제도적 조절 기능을 중시하는 전통과 관계가 있다. 그리고 그것은 사회적 기업의 전 세계적 확산과 더불어 다시금 관심의 대상이 되고 있는 것이다.

결국 제3섹터란 국가 또는 지역에 따라 다소 상이하게 인식되는 경향이 있으며, 그것은 국가나 지역의 정치적 · 경제적 · 사회적 전통과 무관하지 않다. 하지만 오늘날 제3섹터는 유럽식 개념에 좀 더 근접하고 있다. 그것은 비영리적 성격을 갖는 영미 제3섹터에서 수익사업을 통해 영리부문과의 접점이 넓어지고 있다는 점과도 관련이 있다. 이는 제3섹터 개념이 국가나 시장에 속하지 않은 나머지 영역(제3섹터)에서 활동하는 거의 대부분의 민간부문 조직들을 포괄하게 된다는 것을 의미한다. 제3섹터 개념은 민주적 의사결정과 관련해서 '자주관리' 방식부터 '경영의 자율성'을 중시하는 방식에 이르기까지 매우 광범위한 조직형태를 포괄하며, 수익배분 방식에 있어서도 '균등배분방식'부터 '성과에 따른 배분'에 이르는 다양한 방식을 포괄하게 되는 것이다. 이러한 시도는 프랑스의 경우 1990년대 후반부터 시작되었던 새로운 개념화를 통해 유럽 전역으로 확산되었다(Alain Lipietz, Le Tiers Secteur, 2001).

2) 제3섹터 조직에 있어 자원봉사모델의 확충

한국에서 제3섹터를 육성하기 위해서는 제3섹터에 대한 시민들의 욕구 변화와 제3섹터 운영에 필요한 인력수급체계의 변화 등 다음과 같은 변화가 필요하다.

첫째, 제3섹터 조직의 구성과 관련해서 향후 유급종사자모델에서 자원봉사모델로의 점진적 변화가 필요하다. 그것은 현재 40~50대 인구의 퇴직에 따라 전문적인 경험을 가진 인력이 제3섹터 부문으로 진입할 개연성이 높다는 것을 의미한다. 이러한 개연성은 최근 다양한 형태의 퇴직자 조직과 이들의 제3섹터 조직 참여를 통해 확인할 수 있다. 사회적 기업가 양성 프로그램에 퇴직인력의 참여가 증가하는 것도 주목해야 할 징후이다. 그리고 이러한 인구의 증가는 현재 단순한 지원업무를 담당하는 자원봉사자들이 점차 기획과 전문적인 자원을 담당하는 전문 자원봉사자로 발전할 개연성을 말해준다.

제3섹터 조직에 대해서는 단계적으로 전문적인 자원봉사인력을 활용할 수 있는 지원시스템을 구축해야 한다. 이는 중장기적으로 제3섹터 조직에서 자원봉사자 비중을 확대하고 유급상근자의 비중을 줄이는 정책적 노력이 필요하다는 것이다.

둘째, 자원봉사가 생애주기를 거쳐 체계적으로 발전할 수 있는 지원체계 구축이 필요하다. 자원봉사를 활성화하기 위해서는 청소년시절의 자원봉사 경험이 지속적으로 이어질 수 있는 유인체계와 지원조직이 필요하다. 그리고 이를 위해서는 외국의 다양한 경험에 주목해야 한다. AmeriCorps의 사업방식은 청소년의 자원봉사는 이들의 장학금 수급 및 학자금 대출에 대한 우호적 조치에 의해 유인되는 측면이 있고, 저소득층의 자원봉사는 최소한의 소득 보조나 건강보험 가입지원 등을 통해 유인되는 측면이 있다.

셋째, 자원봉사자에 대한 교육시스템의 정교화가 필요하다. 자원봉사자들은 사업에 참여하기 이전에 기초교육과 전문적인 교육을 받게 되고, 이러한 교육은 서비스의 질을 개선하는 데 큰 기여를 하게 된다. 참고로 우리 사회의 제3섹터 조직들은 다양한 부문에서 다양한 경험을 필요로 하고 있다. 그것은 목욕서비스와 같은 단순한 지원업무에서 단계적으로 금융서비스나 창업서비스 등과 같은 전문적인 지원을 필요로 하게 될 것임을 의미한다. 이러한 관점에서 제3섹터 조직 내부에서 이러한 교육훈련을 담당할 수 있는 조직이 필요하다.

3) 제3섹터 조직과 민간복지자원의 특성

민간복지자원이란 민간복지와 자원이라는 두 개의 단어가 결합된 합성어이다. 민간복지에서 복지(welfare)란 사회구성원 다수가 평안하고 만족스러운 생활 상태를 유지하는 것을 의미한다(백종만 · 최원규 · 최옥채 외, 2000 재인용).

자원(resources)이란 사전적 의미에서 인간의 생존을 위한 의식주를 비롯하여 경제적 생산을 위한 원료와 에너지 등 자연에 의해 주어져 인간을 활동하게 하는 요소를 의미한다. 이는 인간의 삶을 정상적으로 영위하는 데 필수적인 물질적·정신적·환경적·사회적·인적자원의 자원을 모두 포함하는 포괄적인 개념이다.

민간복지자원이란 민간부문의 사회복지자원으로 사회적 욕구충족, 사회적 위험대비, 그리고 사회문제 해결을 위해 필요한 유·무형의 서비스와 물질적 요소로서 개인, 기업, 기관으로부터 받는 자원, 또는 조직이 서비스를 통해 직접 확보하는 자원을 의미한다. 학자들의 민간복지자원에 대한 개념 정의를 살펴보면 표 1-1과 같다.

표 1-1 민간복지자원의 개념 비교

구분	김교성	정무성	김영종
민간복지자원 개념	• 민간부문의 사회복지자원으로 사회적 욕구충족 • 사회적 위험 대비, 사회문제해결을 위해 필요한 유·무형의 서비스와 물질적 요소	• 민간자원에 지역사회 복지협의체 • 기부(개인 및 법인, 공동모금회) • 자원봉사(개인 및 기업) • 기업사회공헌 • 민간 주도형 푸드뱅크 등을 포함	• 개인, 기업, 기관들로부터 받는 자원, 조직이 서비스를 통해 직접 확보하는 자원으로 후원금(후원물품)과 이용료 등

출처 : 김교성 외(2007), 정무성 외(2007), 김영종(2001)에서 재구성.

민간부문을 통해 지출되는 자원의 유형은 다음과 같다.

민간복지자원의 공급주체를 기업, 시장, 제3섹터, 공동체로 분류할 때 영리부분에서는 기업을 통해 제공되는 모든 유형의 기업복지와 사회공헌 성격의 후원 및 기부금, 시장에서는 민간보험 상품을 통해 지급되는 보험금이 해당된다. 민간영리부문에서는 제3섹터를 통해 제공되는 각종 모금과 후원, 사회복지 목적성 지출, 자원봉사활동 등과 가족, 친척에 의해 제공되는 사적 현금이전과 공제회의 공제급여 등이 있다(김교성 외, 2007).

사회복지자원은 공급되는 형태에 따라 크게 현금자원과 현물자원, 그 외의 형태로 구분할 수 있다. 사회적 급여는 현금방식과 재화나 서비스와 같은 현물방식, 그 외의 형태로 이용과 크레딧, 권력, 기회로 분류된다.[1)]

공급주체의 다른 분류로 민간비영리 부문, 영리민간조직으로 구분할 때 민간비영리부문에서는 개인, 민간단체(사회복지, 봉사단체) 등을 통해 제공되는 기부금 및 모금 형태와 개인·단체 등을 통해 제공되는 자원봉사활동이 해당된다. 민간단체(먹거리 나누기 운동협의회)를 통해 제공되는 먹거리나누기운동의 일환인 민간 푸드뱅크 사업이 해당된다.[2)] 여기서 민간자원의 형태는 현금과 현물방식으로 구분되며(정무성 외, 2007) 민간복지자원의 특성을 비교해 보면 표 1-2와 같다.

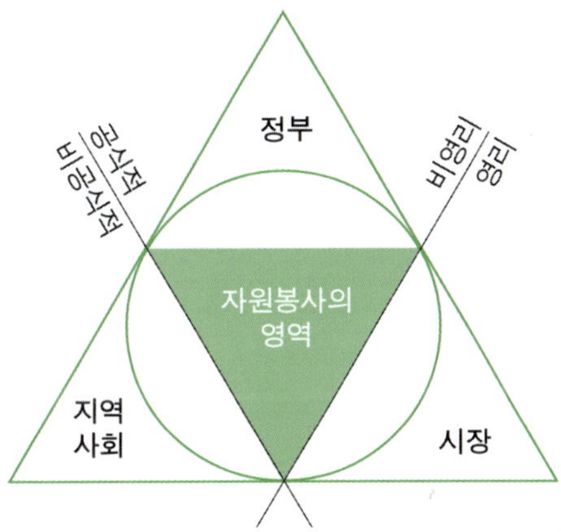

그림 1-1 복지 삼각형

1) 공적부문을 통해 지출되는 자원의 유형에는 사회보험과 공공부조, 사회복지서비스를 통한 공적이전, 취약계층에 대한 각종 공공서비스 이용료 감면, 소득공제 및 세금감면 등의 조세지출이 해당됨.

2) 민간주도형 푸드뱅크란 먹거리나누기운동협의회를 중심으로 추진되는 사랑의 먹거리나누기 캠페인, 무료급식지원사업, 겨울김장담금기, 사랑의 우유나누기, 결식아동 및 소년소녀가장 결연사업 등을 포함.

표 1-2 민간복지자원의 특성 비교

구분		김교성	정무성	김영종
민간복지자원 공급주체		기업, 시장, 제3섹터, 공동체	비공식부문, 민간비영리부문, 영리민간조직	개인, 기업, 기관, 조직
민간 복지 자원 유형 및 형태	현금	• 기업 : 기업복지·사회공헌·요금 감면 • 시장 : 민간보험·보험금 • 제3섹터 : 모금·후원금·사회복지지출 • 공동체 : 공체급여·사적 이전	• 민간비영리부문 : 개인기부, 공동모금 • 영리민간조직 : 기업기부, 기업사회공헌	• 개인·기업·기관 자원 : 후원금 • 조직이 서비스를 통한 확보자원 : 이용료
	현물	• 기업 : 기업복지·사회공헌 • 제3섹터 : 현물후원 • 공동체 : 자원봉사	• 민간비영리부문 : 개인·단체 자원봉사, 민간주도형 푸드뱅크 • 영리민간조직 : 기업 자원봉사	• 개인·기업·기관 • 자원 : 후원물

2 자원봉사의 기본적 이해

1) 자원봉사의 개념과 의미

자원봉사를 흔히 나비효과(butterfly effective)에 비유하는데 작은 손길에서 시작한 봉사활동이 사회에 큰 변화를 불러올 수 있기 때문이다. '나비효과(Butterfly effect)'란 기상학의 카오스(chaos)이론에서 유래된 말로 '나비의 작은 날갯짓과 같은 미묘한 변화가 대기에 영향을 주고 시간이 갈수록 커져 폭풍과 같은 거대한 날씨 변화를 일으키듯 시작은 작지만 그 결과는 크게 나타날 수 있다'는 의미다. 자원봉사는 지역사회에 나비효과를 불러 일으킬 수 있다.

자원봉사의 활동 영역은 이전에는 주로 사회복지활동에 관련된 조직이나 기관에서 무상으로 서비스를 제공하는 활동으로 파악하는 것이 일반적이었으나, 최근에 와서는 사회복지 영역 위주의 활동뿐만 아니라 지역사회 전체의 복지 수준 향상에 기여하는 시민활동으로 그 외연이 확장되었다는 인식이 지배적이다(한국여성개발원, 1999).

자원봉사를 수행하는 자원봉사자라는 개념에 대한 어원을 설명하면 영어의 볼런티어(volunteer)를 번역한 것으로 라틴어의 voluntas(자유의지)에서 유래되었으며 volo(의지)에서 파생된 단어이다. 자발적이고 자주적이며 자유의지적인 일련의 사회활동이 자원봉사의 주된 내용이라고 할 수 있다.

자원봉사의 정의는 나라와 문화에 따라 조금씩 다르고 시대상을 반영하기도 한다. 자원봉사의 역사가 가장 오래된 영국에서는 자원봉사를 자신이나 직접적인 가족이 아닌 다른 사람을 위하여 그 봉사활동에 대한 직접적인 보상을 받음이 없이, 그리고 국가나 기관에 의해 그 봉사활동을 요구받지 않고, 본인의 자유스런 선택에 의해 수행되는 활동이라고 정의하고 있어 자원봉사의 무보수성과 자발성을 강조하고 있다(Sherd, 1995).

일본에서는 자원봉사를 자유로운 의지에 의해 자발성에 기반을 둔 실천행위 그 자체이고 복지사회를 만들어가기 위해 적극적으로 노력하는 의도적이고 계획적인 활동으로 정의하고 있어 활동 속의 연속적 개념을 강조하고 있다(仲村優, 1985).

미국의 사회사업협회에서는 자원봉사를 개인, 집단, 지역사회에서 발생하는 다양한 사회문제의 악영향을 예방·통제하고 개선하기 위하여 존재하는 다양한 공적·사적 조직의 활동에 보수 없이 자발적으로 참여하는 행위로 정의하고 있다(NASW, 1995).

한국사회복지협의회(1987)는 자원봉사활동에 대하여 '사회문제의 예방 및 해결 또는 국가의 공익사업을 수행하고 있는 공사의 공식조직에 자발적으로 참여하여 영리적 반대급부를 받지 않고서도 인간 존중의 정신과 민주주의 원칙에 입각하여 낯선 타인들을 상대로 필요한 서비스를 제공함으로써 사회의 공동선을 높이고 동시에 각 개인의 이타심의 표현을 통해 자기실현을 성취하고자 하는 활동'으로 정의하고 있다.

2005년 법률 7669호로 제정된 우리나라의 자원봉사활동기본법에서는 자원봉사활동을 '개인 또는 단체가 지역사회 · 국가 및 인류 사회를 위하여 대가 없이 자발적으로 시간과 노력을 제공하는 행위를 말한다'고 정의하고 있다. 아울러 자원봉사자는 '자원봉사활동을 행하는 자'를 말한다. 자원봉사단체는 '자원봉사활동을 주된 사업으로 행하거나 이를 지원하기 위하여 설립된 비영리 법인 또는 단체를 말한다'로 규정하고 있고, 자원봉사센터는 '자원봉사활동 개발 · 장려 · 연계 · 협력 등의 사업을 수행하기 위하여 법령과 조례 등에 의하여 설치된 기관 · 법인 · 단체 등을 말한다'로 규정하고 있다.

조휘일(1999)은 '자원봉사란 특정한 요구의 인식하에 사회적 책임감의 태도를 가지고 금전적 이득에 대한 관심 없이 또한 기본적 의무감으로부터 벗어나서 행동할 것을 선택해서 이루어지는 활동'이라고 정의하였다.

엘리스와 노일리스(Ellys & Noyles)는 자원봉사의 개념을 명확히 하기 위해 자원봉사활동의 구성요소를 자발적 선택, 사회적 책임, 경제적 이익의 배제, 기본적 의무의 초월이라는 네 가지로 설명하고 있다(Ellys & Noyles, 1990; 류기형 외, 2013 재인용).

위 내용을 정리하면 자원봉사는 개인의 자선 행동, 무보수 행동, 자기희생 또는 이타적 행동이라는 단순한 의미로만 정리하거나, 자원봉사활동을 종교적 덕목의 실천 또는 특별한 사람의 행동으로만 파악할 것이 아니고, 한 사회의 구성원으로 사회참여와 책임의식을 자각하며 수행하는 성숙한 시민의식의 발현된 행동이라고 하여야 할 것이다. 그러므로 자원봉사자를 선한 사람, 어려운 이웃을 도와주는 사람, 종교적 덕목을 실천하는 사람처럼 특별한 사람으로 바라볼 것이 아니라 더불어 살아야 하는 공동체 속에서 성숙한 시민의식을 가지고 사회의 구성원으로서의 자신의 사회적 책임을 다하려는 사람으로 보아야 한다. 더 나아가 자원봉사자와 활동대상자 간의 관계도 도와주는 사람과 도움을 받는 사람이라는 일방적이고 수혜적인 관계로 여겨 '자원봉사자가 불쌍한 사람(봉사의 대상자)을 내려다보는 관점'으로 받아들여서는 곤란하다.

김영호(1997)는 이러한 맥락에서, 자원봉사라는 용어를 사용하면 특수한 사람이 특수한 사람에게 시혜를 주는 일방적 봉사라는 느낌을 주는 것이 현실이므로 이를 '자원복지(voluntarism)의 개념으로 대치하자고 하였다. 그는 자원복지는, 민주복지시민의 능력 배양과 복지공동체문화의 형성이라는 미래지향적 가치를 전제로 하여 인류와 공동체의 문제를 함께 해결해야 한다는 정신과 활동이라고 하였다(김영호, 1997). 그러나 자원봉사가 일반적으로 사용되는 용어이므로 본 교재에서는 자원봉사, 자원봉사활동이라는 단어를 사용하고 있다.

최일섭 외(2004)는 자원봉사를 '오늘날 민주복지사회의 한 성원으로 생활하며, 사회문제를 해결하고 예방하기 위하여 또 사회발전을 위하여 함께 참여하는 자발적이고도 주체적이며, 서로가 존엄성을 갖는 평등한 인간관계에 있어서의 상부상조적 연대정신을 발휘하는 활동'이라고 하였다.

위와 같이 자원봉사를 사회구성원으로서 자신의 사회적 책임에 전통적 정의인 상호부조에 연계하여 파악하는 입장도 있다. 사람들은 세계 어느 곳에서나 생존을 위하여, 또는 좀 더 안락한 삶을 위하여 서로에게 도움을 주면서 살아왔다. 즉 어려운 여건에 있는 사람들은 서로 도움을 주고받는 관계에 바탕을 둔 긴밀한 연계망 속에서 살고 있다. 전통 농경사회에서 우리 선조들은 품앗이나 두레, 향약 등의 협동조직을 통하여 생산현장은 물론이요 관혼상제의 생활 영역에서 서로 돕고 살았다. 사회가 현대화·거대화 될수록 전통사회의 상호부조망은 이제는 더 공식적이고 조직적이며 체계적인 조직으로 발전하고 있다.

전통적인 상호부조가 오늘날 자원봉사의 출발에 큰 근거가 되고 있다. 많은 사회에서 사람 간의 연계는 더 개방되어 가고 구성원들은 도움을 통하여 누군가와 관계 맺기를 원하고 있다(볼론티어 21 옮김, 2002). 또한 삶이 여유로워짐에 따라 그러한 상호부조의 협력관계는 더 이상 서로 돕는 것에만 국한 되지 않고 여가시간을 함께 보내거나 사회변화를 위한 자원봉사활동을 하는 것으로 점차 변화되어 나가게 되었다.

자원봉사는 타인이나 공익을 위하여 조직적으로 이루어지는 활동으로 자발성과 무보수성을 특징으로 하고 있다. 이 점에서 유급활동이나 의무적인 활동, 개인적인 차원에서 이루어지는 자선행위와는 구별된다.

그러나 자원봉사를 정의하는 데 있어서 소정의 유급활동을 어떻게 취급할 것인가 하는 문제도 생각해 보아야 한다. 소정의 고정금액을 받는 자원봉사, 즉 대가성이 없는 유엔자원봉사단(United Nations Volunteers : UNV)의 활동은 직업 활동이라기보다는 자원봉사에 더 가깝다고 할 것이다(볼런티어 21 옮김, 2002).

우리나라에서도 자원봉사자들에게 지급되는 소정의 활동비를 두고 논의가 있어 왔다. 그러나 봉사활동에 대한 대가성이 결여되는 소액의 활동비는 자원봉사의 연결성을 해하는 것이라기보다는, 자원봉사의 적극적인 유인책 내지는 보상으로써 오히려 적극 지원되어야 할 것으로 생각한다.

우리나라에서 개인적인 차원에서 참여하는 비조직적인 봉사활동과 조직적인 차원에서 이루어지는 봉사활동에 대하여 자원봉사의 범주를 명확하게 구분지어 연구한 결과는 없지만, 이와 관련하여 마그리에트 고바트(Margriet M. Govaart)는 직계 친척, 가족, 이웃, 친구 들을 위한 활동은 조금 다른 범위의 자원봉사로 보고 있다. 또한 일반적으로 자원봉사의 정의에 조직적인 차원에서 이루어지는 봉사활동은 진정한 의미에서의 자원봉사로 여기지만 개인적인 차원에서 자발적이지만 비조직적으로 이루어지는 봉사활동은 선행으로 여겨진다. 하지만 우리

사회의 일반적인 관습으로는 개인적 차원의 선행도 경우에 따라서는 자원봉사로 생각한다. 왜냐하면 개인적인 차원에서 하는 선행도 지속적으로 실천하거나 이것이 조직화되고 체계화되면 자원봉사로 다루어 질 수 있으므로 개인의 선행 부분에 대해서도 관심이 필요하다고 할 것이다.

2) 자원봉사의 철학

역사를 살펴보면 헌신, 봉사, 자선, 상부상조와 같은 철학적 · 종교적 · 도덕적 명제들이 자원봉사의 주요한 기반이었다는 것을 알 수 있다. 학자들은 자원봉사의 사상적 기반으로 흔히 다음과 같은 것을 들고 있다.

첫째, 상호부조의 정신이다. 상호부조제도는 가난과 곤경에 대처하는 가장 시원적인 제도이다. 전통 농경사회는 물론이고 중세 유럽의 수공업자조합인 길드에서도 상부상조의 정신을 찾아볼 수 있다. 그러나 이것이 지나치면 ‘우리’만을 강조하게 되고 ‘우리’ 바깥에 있는 사람들을 소외시키는 폐쇄성을 가져올 수 있다는 약점도 있다.

둘째는 종교적 윤리이다. 근대 산업사회가 발전, 심화되면서 나타나는 부의 극심한 집중, 범죄 증가, 인간 소외 등의 사회 부조리에 대처하기 위하여 전개된 자원봉사활동의 정신적 배경은 기독교의 자선(charity)정신이다. 자선활동도 초기에는 개인적이고 동아리 차원의 활동에 머물다가 점차 사회문제가 심화되고 복잡해짐에 따라 그에 대처하는 자원봉사활동도 조직화, 다양화되었다.

셋째는 박애정신이다. 박애정신이란 인간은 인간 자체로서 귀하고 인격에 차별이 없어 각자 평등이라는 휴머니즘에 입각하여 인종 · 종교 · 습관 · 국적 등을 초월한 인간애를 존중하는 사상으로서 19세기에 개화되었는데, 빈곤자를 원조하는 민간 활동의 사상적 토대가 되었다.

넷째는 민주주의 철학이다. 민주주의는 나와 같이 공존하는 이웃에 대한 인식과 이해에서만 자랄 수 있으며 민주주의가 성공하기 위해서는 공동체의식의 고양이 필수적이다. 공동체의식은 사회구성원들이 자발적인 의사로 사회문제에 적극적으로 대처할 때 완성되는데 이 '자발성'은 자원봉사의 핵심적인 요소의 하나이다.

다섯째는 시민참여의 정신이다. 시민참여는 민주주의의 주요한 수단이라고 할 수 있다. 시민참여 없이는 민주주의의 완성도 성숙한 사회의 구현도 공염불에 지나지 않으며 자원봉사의 성공도 시민참여정신의 성숙 여부에 달려 있다고 할 수 있다.

여섯째는 주의주의(voluntarism)이다. 대상에 대한 인식과 지각에 머물지 말고 그것을 실천하려고 하는 인간 의지를 존재의 근본원리로 보는 생각이다. 적극적 의지가 결여되면 허무주의, 패배주의에 빠지기 쉬우므로 자원봉사자에게는 굳은 의지가 필요하다.

3) 자원봉사의 가치

자원봉사는 개인은 물론이요 국가와 사회에 무한한 가치를 제공한다. 개인에게는 성취감과 보람을 주며, 더불어 살아가는 안정된 사회로 나아가 결국 참된 복지국가 건설에 기여하게 된다. 또한 자원봉사는 범세계적인 측면에서도 가치가 있다. 전쟁 중이나 종전이후 행해지는 자원봉사, 지구촌에서 기아에 허덕이는 아동을 위한 각종 봉사, 질병에 시달리는 특정 국민들에 대한 의료봉사, 무지한 상태에 놓여 있는 사람들에 대한 교육봉사 등이 국경을 초월하여 행해지고 있다. 즉, 자원봉사활동은 인류 공통의 문제인 빈곤, 질병, 무지 등으로 인하여 야기되는 인간의 고통으로부터 인류를 해방하는 역할을 한다.

자원봉사의 가치를 국가와 사회적 측면, 자원봉사자 활용 및 시설 측면, 자원봉사자 측면으로 나누어 살펴보고자 한다.

(1) 국가와 사회적 측면

① 공동체의식 형성 및 사회통합

자원봉사를 통해 내가 지역사회의 주체라는 주인의식과 함께 지역사회에 대한 공동체의식과 연대의식을 갖게 된다. 또한 자원봉사활동은 구성원들로 하여금 실질적으로 투자하는 에너지 활용 이 외에 함께 고민하고 함께 행동한다는 공동체의식을 불러일으킬 수 있고 동시에 새로운 프로그램을 고안하거나 실행하는 데 도움이 되는 파급효과를 얻을 수 있으며, 또한 다른 프로그램에 대한 참여의식을 고양시킬 수 있다. 나아가 자원봉사는 제반 사회적 현황에 대한 생생한 지식과 정보 및 규범을 배울 기회를 제공하며, 사회계층 간의 간격을 메워 통합으로 나아가는 데 도움을 준다.

② 복지사회 실현을 위한 협력관계 구축

자원봉사를 통해 사회문제 및 사회복지에 대한 교육 및 훈련의 장을 제공함으로써 시민의 이해와 참여를 증진시킨다. 자원봉사자들은 나아가 더불어 살아가는 세상을 만들기 위해 자신은 물론 가족이나 친구 및 이웃들과 함께하는 자원봉사활동을 활성화하여 복지사회로 나아간다.

복지사회의 실현을 위해서는 국가를 포함한 전체 사회의 책임의식과 자발적이고 능동적인 시민의 참여가 전제되어야 한다. 즉 제도에 의한 공적인 사회복지행정 전달체계의 확립과 더불어 민간 및 주민자원봉사자와 협동관계를 유지함으로써 공공부분과 민간부분의 명확한 역할 분담을 통한 상호보완적 협력관계를 구축한다.

국민들의 집단적인 이기심과 의무와 책임을 도외시하는 권리의 주장이 빈번하게 나타나고 있다. 이와 같은 문제를 해결하는 것은 곧 국민들 스스로가 복지의식을 가지는 일이며, 복지사회란 국가뿐만 아니라 사회구성원 모두가 개인은 개인으로서 그리고 집단은 집단으로서 스스로 복지 향상을 추구하는 사회를 말한다. 즉, 복지국가가 가지는 문제점들을 극복하면서 진정한 사회의 이타주의, 즉 도덕성 회복을 추구하는 것으로써 이는 곧 구성원들의 자원봉사에 의해 해결되는 것이다.

이러한 맥락에서 자원봉사자들은 자발적인 봉사활동을 통해서 스스로 책임과 의무를 다하는 생활은 물론 이타주의를 실현함으로써 온전한 복지국가의 형성에 기여하는 가치를 가지게 된다.

③ 인적자원 및 재원의 효과적인 활용

지역사회에 필요한 인적·물적 자원을 자발적 동기에 의해 동원하게 되므로 보다 실제적이고 효과적인 사회복지실천의 목표를 달성할 수 있음은 물론 시민 각자에게는 진정한 민주시민으로서의 훈련과 자아실현에 도움을 주는 다목적 활동이라고 할 수 있다. 또한 현대사회의 다양한 문제나 욕구에 대응함에 있어 문제나 욕구의 정도나 수준에 따라 공적 보상과 더불어 민간자원을 적극 개발하고 활용하여 재원을 효과적으로 사용할 수 있다.

④ 공적 사회복지의 불완전성 보완

공적 사회복지 서비스는 법률이나 조례에 따라 조직적이고 체계적으로 행해진다. 이는 서비스 제공의 평등성과 안정성 및 계속성을 확보한다는 측면에서 긍정적이다. 그러나 획일적인 조치, 창의성의 억제, 사안별 대응능력 부족 등 여러 가지 관료제적 문제를 내포하고 있다. 이러한 문제는 정작 사회복지 서비스의 혜택이 절실한 대상자에게 서비스가 전달되지 못하는 상황을 유발하기도 한다. 자원봉사활동은 법적·제도적 복지서비스 수혜대상에서 제외되는, 이른바 복지서비스 사각지대에 위치해 있는 대상자를 어루만져 줄 수 있어야 한다. 그러나 현대사회에 와서 각종 사회문제가 급증하여 사회복지 수요자가 기대하는 요구를 모두 충족시켜 줄 수 없는 실정이다. 자원봉사는 사회복지제도의 재정과 인력 부족에 따른 이러한 복지제도의 불완전성을 보완, 강화하며 자원이 부족한 공적·민간복지기관의 인력을 보충해 준다.

(2) 자원봉사자 활용기관 및 시설 측면

① 업무의 질적 향상

자원봉사자를 활용하면 기관 및 시설에서 근무하는 직원의 업무에 대한 부담을 경감시켜 주어 긴급한 업무, 전문성을 요하는 업무에 집중할 수 있어 질적 향상을 가져올 수 있다. 복지시설이나 기관에서 예산상의 제약 때문에 최소한의 직원을 충원하게 되어 충분한 서비스 제공이 어려운데 자원봉사자를 활용하면 이러한 문제는 일정 부분 해소할 수 있다. 그러나 예산상의 문제로 직원고용을 최소화하고 많은 부분을 자원봉사자에게 의존한다면 업무에 공백이 발생하고 서비스 질의 저하를 초래하여 전문적인 서비스 제공은 기대하기 어려울 것이다.

② 전문적 서비스 제공

여러 분야의 전문적인 자원봉사자는 일반적인 자원봉사자나 직원이 해결하기 어려운 전문적인 서비스를 제공하고 다양한 서비스 형태로 확산시킬 수 있다. 최근 사회복지 욕구가 상승하면서 자원봉사활동의 종류도 다양화되고 전문화되고 있는 추세이다. 자원봉사는 창의적이고 전문화된 프로그램과 서비스를 통해 대상자들이 만족과 즐거움을 만끽하며 변화를 경험할 수 있는 기회를 제공한다는 점에서 가치가 있다.

③ 운영비 절감

저출산과 고령화의 진전에 따른 사회구조적 변화와 사회복지 수요는 급증하는 반면에 이를 감당한 예산은 턱없이 부족한 실정이다. 자원봉사자를 활용하면 자원봉사활동의 경제적 가치와 재정보완 파급효과가 발생하기 때문에 운영비의 절감효과를 얻을 수 있다. 이렇게 해서 절감되는 운영비를 대상자들을 위해 꼭 필요한 건설적이고 발전적인 부분에 사용하면 자원봉사자의 활용으로 인해 얻어지는 가치는 그 빛을 발휘하게 될 것이다.

(3) 자원봉사자 측면

① 자신과 가족에 대한 사랑 강화

자중자애(自重自愛)란 자신을 소중하게 생각하면서 자신을 사랑하는 일이다. 자신을 자중자애 하기위해서 가치 있는 생각과 행동이 필요한데 자원봉사활동은 이와 같은 마음에서 출발하여 어렵고 힘든 생활을 하는 사람들에게 자발적으로 도움을 줌으로써 그들에게 스스로 자신을 사랑하는 마음을 길러주는 것이다. 자기 자신뿐 아니라 타인을 배려하고 존중하는 마음은 자신과 가장 가까운 가족의 소중함과 사랑하는 마음을 깨닫게 해주고, 스스로 건강생활을 유지하고 사회생활에서의 일탈행위 혹은 사회에 해를 끼치는 행위를 예방할 수 있다.

② 성취감과 자신감 향상

자원봉사자는 자율적 의지에 의해 활동하고 의욕적으로 최선을 다하기 때문에 성공적일 수 있으며 일을 처리한 후에 성취감을 맛볼 수 있고 나아가 새로운 일에 대한 자신감과 즐거움을 느끼게 된다. 즉, 자원봉사자들은 자기가 어떤 집단이나 지역사회에 가치 있는 존재가 되고 있다는 사실을 체험하게 되고 바람직한 일을 스스로 선택해서 실행함으로 인해서 높은 성취감을 경험할 수 있게 된다. 또한 '가치 있는 일을 했다'라는 자부심은 자신에 대한 긍지와 보람을 가지게 되고 만족과 안정된 생활을 영위할 수 있게 된다.

③ 공동체의식 함양

자원봉사자는 집단경험을 통해 다양한 사회 문화적 배경과 가치를 가진 사람들과 상호작용하면서 타인을 이해하고 수용하는 힘을 키우고 인간의 존엄성과 사회적 연대감 그리고 공동체의식을 키우게 된다. 또한 집단성원들과의 의견을 조정하고 타협하는 과정에서 문제해결 능력을 기르고, 자원봉사자 간의 교류를 통하여 서로 정보를 교환하고 사회의식을 고취시키고, 나아가 자신의 문제해결에 도움이 된다. 이렇듯 자원봉사는 사회문제에 접근하고 치료하면서 사회나 국가에 대한 긍정적인 견해를 갖게 되고 결국 '더불어', '우리'라는 공동체의식이 함양된다고 할 수 있다.

④ 지식과 기술 습득 및 나눔

자원봉사자는 자원봉사활동을 통해 새로운 지식과 기술의 필요성을 느끼게 되고, 자원봉사 영역에 대한 학습욕구를 가지게 됨으로써 보유한 기술을 더욱 발전시킬 뿐 아니라 지적인 활동과 교육적 자극을 통해 지식 습득과 지적인 성장의 계기가 된다. 또한 자원봉사활동은 각 개인이 가진 지식과 기술을 필요로 하는 사람들에게 나누어줌으로써 상대방으로 하여금 보다 더 행복한 생활이 되도록 하고 결국 사회의 건전한 발전에 기여하게 된다.

⑤ 자존의식과 정신건강에 도움

인간은 사회적 존재로 사람들이 서로 의존하고 사랑을 베푸는 호혜적 사회생활을 하면서 살아간다. 사람들은 스스로 자신을 판단하기보다는 자신이 다른 사람들에게 필요하고 귀중한 존재라는 사실을 알았을 때, 스스로 보람을 얻게 되고 그와 같은 귀중함을 더욱 잘 활용하기 위하여 노력하게 된다. 이와 같이 타인에게 도움이 되는 삶은 매우 행복한 일이며, 일상생활에서의 정신건강에 매우 바람직한 일이 된다. 따라서 자원봉사는 개인으로 하여금 활동적이고 유용한 여가를 활용함으로써 외로움, 무기력함 등을 떨쳐내고 개인적인 안정감을 증진시킬 수 있다. 또한 건전한 여가 활용으로 자기 개발을 위한 기회를 주어지고, 일상생활은 삶의 활력소가 끊임없이 생성되고 새로운 삶의 목적을 설정하게 되며 따라서 신체적·정신적·정서적 건강을 가져온다.

4) 자원봉사활동의 특성

자원봉사는 인간의 자발적인 의지에서 시작된 만큼 그 형태나 내용 또한 매우 다양하다. 이러한 다양함 속에서 자원봉사활동이 갖는 공통적인 특성을 도출해 보면 자원봉사의 정신이나 본질을 더욱 명확히 알 수 있다. 김성이(2005)는 미국의 『사회사업백과사전』과 한국사회복지협의회(1997)의 『자원봉사 프로그램백과』에서의 자원봉사활동 개념 속에는 자발성, 무급성, 공공성, 인도성이라는 특성이 내포되어 있다고 하였고, 볼런티어협회(1993)에서는 자원봉사활동의 특성을 자발성, 복지성, 무급성, 계속성의 4가지로 제시하였다.

이성록(2007)은 자원봉사활동의 특성과 지향성을 혼동하는 경우가 많다고 하며, 자발성, 공익성, 무급성, 지속성, 일상성을 자원봉사의 지향성이라고 하였고, 자원봉사활동기본법(2005) 제2조 제2항에서는 무보수성, 자발성, 공익성, 비영리성, 비정파성, 비종파성의 원칙 아래 수행될 수 있도록 하여야 한다고 자원봉사활동의 기본방향을 제시하였다. 이처럼 자원봉사활동의 특성은 다양하게 분류되고 있고, 학자에 따라 지향성과 혼용하여 사용되고 있다.

여러 견해를 종합하여 다음과 같이 자원봉사활동의 특성을 구분하였다.

(1) 자발성

자발성은 자주성이라고도 한다. 타인의 명령이나 구속에 의해 마지못해 하는 것이 아니라 자신이 보고, 듣고, 생각하고, 판단하여 자기 의지에 의하여 주체적으로 봉사활동을 하는 것이다. 자원봉사활동이 금전적인 이득과 대가 없이 오랫동안 이어져 오고 있는 것은 개인의 자유스런 의지의 발로이기 때문이다. 따라서 자원봉사활동을 보다 활성화하기 위해서 자원봉사자의 자발적 동기를 어떻게 조직화해서 실천으로 옮길 것인가 하는 부분과 이들의 자발성을 침해하지 않으면서 법과 제도적으로 지원해 줄 수 있는 부분을 고려해야 할 것이다.

만약 자발성이 없다면 자원봉사라고 할 수 없는데, 실제 자원봉사활동은 순수한 자발성만으로 이루어지지 않는 경우도 있다. 사회봉사명령, 교과활동으로 자원봉사를 하는 경우, 졸업을 위한 학점이수 봉사활동 등과 같은 경우에 이를 자발성에 기초한 자원봉사활동이라고 할 수 있느냐 하는 논란의 여지가 있다. 이런 강제성이 있는 활동은 자원봉사활동으로 인정하지 않는 경우도 있지만, 자원봉사활동이 가지는 긍정적 효과나 가치에 그 의미가 있기 때문에 자원봉사활동의 활성화를 위해 참여한 '유도된 자발성'도 자원봉사활동의 범주에 포함시키는 것이 일반적이다. 단, 유도된 자발성에 기초한 자원봉사활동 프로그램 운영에서 주체적 자발성으로의 바람직한 변화를 이끌어 낼 수 있도록 참여자의 자발성과 자주성을 최대한 보장하고 격려하는 노력이 필요하다.

(2) 공익성

공익성은 공공성, 복지성, 공동체성이라도 한다. 자신의 이익이나 일시적 감정이 아니라 이웃과 더불어 복된 삶을 살기 위하여 사회의 일원으로서 책임감을 갖고 지역과 공동체의 일원으로서의 사회적 기능을 수행하는 활동이다. 만약 자발성을 충분히 갖고 있다고 하더라도 공익성을 갖고 있지 못한다면 그것은 자원봉사활동이라고 할 수 없다. 예를 들어 어떤 사람이 강요에 의해서가 아니라 스스로 판단하고 선택하였다고 해서 볼링이나 화초 가꾸기 등 자기 취미에 몰두하는 것을 자원봉사활동이라고 하지 않는다. 자원봉사활동의 공익성이란 특정한 개인, 단체, 종교, 정당의 이익을 위해서가 아닌 사회문제를 해결하여 더욱 인간답게 행복해질 수 있도록 삶의 질을 향상시키는 활동, 즉 공공성에 바탕을 두고 활동하는 것을 의미한다.

(3) 무보수성

자발성 및 공익성과 더불어 자원봉사활동의 3대 특성이라 할 수 있는 무보수성은 무상성 또는 무급성이라고도 한다. 돈이나 대가를 받지 않고 순수한 의미에서 하는 무보수 봉사활동이다. 자원봉사활동에 소요되는 경비를 스스로 부담하는 비영리적 행위로서 금전적 보수를 기대하지 않고 행하는 것이다. 최근에 자원봉사활동에 소요되는 최소한의 경비나 실비를 지원하는 부분에 대한 여론이 많아졌고 약간의 실비를 지급하는 기관이나 시설이 늘어나고 있다. 이는 자원봉사활동의 원래 목적이나 취지에 저해되지 않는 최소한의 비용 지원은 오히려 자원봉사활동을 촉진시키는 매체가 된다고 보는 것이다.

자원봉사활동에 참여하는 사람들의 대부분은 보상을 원하지 않고 자신의 시간을 내어서 참여하고 있고, 교통비나 활동을 위한 실비 등 경비가 소요되는 경우가 많다. 이런 경우 자원봉사자가 활동을 위해 필요한 비용까지 부담하기는 어렵다. 따라서 자원봉사활동에 필요한 실비 정도를 자원봉사자에게 지급한다면 자원봉사활동의 만족도를 높이는 데 도움이 되고, 자원봉사활동의 활성화 및 지속성에도 도움이 될 것이다.

최근 자원봉사의 긍정적인 성과를 기대하고 만족도를 높이기 위해 인정과 보상 방법 중의 하나로 실비보상 등에 대한 논의가 다양하게 진행되고 있다. 자원봉사활동에 대한 효율적 지원이 되면서 자원봉사의 순수한 가치가 손상되지 않는 선에서 합리적 방안이 마련되어야 할 것이다.

(4) 지속성

지속성은 계속성이라고도 한다. 자원봉사활동이 일회성이나 일시적인 활동으로 끝나서는 안 된다는 의미로 한 번 시작되면 일정기간 지속적인 자원봉사가 유지되어야 하고 정기적으로 참여하여야 한다. 자원봉사가 단순한 일시적 행사가 아니라 계획된 활동이고 일정기간 지속되는 프로그램이며 변화를 도모하는 활동으로 대상자, 자원봉사자, 조정자 등 여러 사람이 함께 수행하므로 활동이 시작되면 일방적으로 끝나게 되면 그 목적을 달성하기 어렵기 때문이다.

자원봉사자 스스로 지속성에 대해 책임감을 갖고 정기적으로 자원봉사에 참여하는 자세가 필요하다.

(5) 조직성

현대의 자원봉사활동은 모두 '조직(organization)'을 매개체로 이루어진다. 혼자서 우발적으로 한 활동은 선행이라고 하고 자원봉사활동이라고 하지는 않는다. 예를 들면 조직적으로 계획하고 결정하여 휴지를 줍는 것은 '거리청소' 자원봉사활동의 일환일 수 있지만 길에 버려진 휴지가 지저분해 보여서 누군가가 휴지를 줍고 청소를 했다고 이를 자원봉사활동이라고 부르기는 어렵다.

서비스의 효과성을 증대시키기 위해 잠재적 자원봉사를 모집하여 필요한 교육 후 배치하고 재원마련과 관리 운영하는 조직적이고 체계적인 활동을 조직성이라 한다. 조직적인 활동은 학교, 기업, 자원봉사단체, 사회복지기관, 공공단체 등의 조직을 통해 주로 이루어지고, 일정한 조직을 통해 이루어지는 것은 자원봉사활동의 책임성(responsibility)을 강화하기 위한 시도로 볼 수 있다. 또한 자원봉사활동이 보다 체계적이고 효율적이기 위해서는 자원봉사자를 관리하고 운영하는 조직이 필요하고 이러한 조직을 중심으로 활동하는 것이 더 효과적이다.

(6) 이타성

이타성이란 남을 돕고 싶어 하는 마음으로 자신의 이익보다 대상자를 먼저 생각하는 것을 말한다. 자기를 희생함으로써 타인의 행복과 복리를 증가시키고자 하는 생각이나 행위를 이타성 또는 이타주의(altruism)라고 하는데, 자원봉사활동은 타인을 존중하며 돕는 이타성을 가지고 있다. 그러나 실제로 이타적 측면만 있는 것이 아니라 이기적인 측면도 있다. 자원봉사활동이 지식을 얻고자 하는 욕구, 직업에 도움이 되는 경력, 남을 도왔다는 자기만족 등의 목적도 갖고 있었다면 이것은 분명 이기적인 측면에 해당하는 것이다. 자원봉사활동은 철학과 활동내용에서 이타성을 기본으로 하지만 그렇다고 해서 이기적 속성이 반드시 배제되어야 함을 의미하는 것은 아니다. 진정성 있게 자원봉사활동을 진행하면서 인간의 존엄성과 가치를 깨닫게 되므로, 이타성과 이기성을 동시에 가지고 있는 만큼 양쪽의 가치를 모두 충족시킬 수 있는 활동이 이루어지도록 하는 노력이 필요하다.

(7) 자아실현성

자원봉사활동을 통해 사랑과 겸손의 자세를 배우고 심리적 만족감, 성취감, 새로운 기술과 경험의 습득 등과 같은 보상을 얻게 된다. 또한 각 개인이 사회적 위치에서 자신의 존재를 자각하고 타인을 위해 봉사활동을 경험함으로써 인격적 성장을 가져옴과 동시에 자신의 잠재능력을 발휘하는 자아실현의 기회를 제공한다. 자신을 위하는 이기성과 관련이 있는 자아실현성(self realization)은 자원봉사활동에서 얻을 수 있는 큰 보람 중의 하나이다. 자아실현성은 자원봉사활동에서 만족감과 지속성에 큰 영향을 미치는 중요한 요인일 뿐 아니라 자원봉사자와 자원봉사 대상자의 관계가 일방적이고 수직적인 관계가 아닌 상호보완적이고 대등한 관계임을 자각하게 한다.

(8) 학습성

학습성은 교육성이라고도 한다. 교육, 세미나, 워크숍 등의 공식적인 수단이나 경험과 자기 훈련 등과 같은 비공식적인 방법을 통해 지식, 기술, 태도 및 신념 등을 획득하는 것을 의미하는 것이다.

자원봉사활동을 통해 바람직한 역할과 자세를 배우는 교육의 기능도 수행한다. 자원봉사활동은 직접 참가해서 얻는 모든 과정이 체험학습이며 사회복지에 대한 관심과 이해를 돕는 복지교육이며 우리사회에서 바람직한 역할과 자세를 배우는 시민교육이다. 공동체에 대한 이해, 소속감과 지역사회의 문제를 알게 되고, 대인관계 기술, 새로운 정보, 새로운 기술을 습득하게 된다.

(9) 전문성

자원봉사활동은 누구나 할 수 있는 것 같지만 대상과 활동 영역에 따라 전문성을 필요로 한다. 예를 들면 상담, 학습지도, 간병활동 등은 전문성을 요구하는 자원봉사활동이다. 대상과 활동 영역을 고려한 전문적인 교육을 이수하거나, 자원봉사자 자신의 전문성을 활용하여 자원봉사활동에 참여하면 효과가 높아질 수 있다. 자원봉사활동 영역에서 전문직 지식과 기술을 활용할 수 있는 부분이 점점 더 확대되므로 자원봉사자의 전문성 특성은 매우 중요하다. 그러나 전문성을 논할 경우 유의해야 할 점은 지식이 전문적으로 우수하다 하더라도 자원봉사활동을 진행함에 있어서 자원봉사활동 기관이나 시설의 의견을 존중해야 하며 봉사대상자의 특성을 고려한 자원봉사활동이 되어야 한다.

(10) 개척성

자원봉사활동을 통해 자신의 한계를 극복하고 도전하는 정신을 배울 수 있다. 자원봉사활동은 개별성, 창조성, 실험적인 노력 등을 발휘할 수 있다는 점에서 개척성을 가지고 있다고 할 수 있다. 또한 지역주민들이 함께 하는 자원봉사활동은 지역사회의 문제 발견이 용이하여 이들의 욕구에 쉽고 빠르게 대응할 뿐만 아니라 개별적으로 다루어 왔던 문제들을 사회문제화하고 보다 적극적이고 다양한 대응방안들을 제시하는 등 개척적이고 사회개발적인 기능을 한다.

(11) 협동성

자원봉사활동은 자원봉사자와 봉사대상자, 조정자 등 여러 사람들이 함께 수행하는 체계적인 활동이다. 또한 자원봉사활동은 공동체에 대한 이해, 소속감, 적극적인 사고방식 등 공동체의식을 함양할 수 있는 기회를 제공한다. 모임이나 단체 등 다양한 조직에서 함께 프로그램을 계획하고 목적을 설정하여 자원봉사활동을 하는 경우, 공동체의식 함양을 위해서는 자원봉사자 상호 간의 협동성(cooperation)이 필요하며, 각자 주어진 역할에 충실해야 한다. 또한 자원봉사자만의 협동성을 넘어 기관 간의 협동성의 연계로 확대되어야 한다.

5) 사회복지와 자원봉사

자선적이고 박애적이며 민주주의 정신에서 출발한 자원봉사는, 빈곤의 심화, 인간소외 등의 각종 현대사회가 안고 있는 사회문제나 비복지적 문제를 해결하기 위한 자발적이고 적극적인 시민참여를 포괄하는 것으로 그 외연도 넓어지고 내용도 심화되어왔다. 그러나 자원봉사활동의 대상 영역을 생각할 때 가장 우선적으로 떠올리게 되는 것은 여전히 사회복지 영역이라 할 것이다.

사회복지 분야에서 자원봉사자가 차지하는 비중은 매우 크다. 1990년대 중반을 기점으로 우리 사회에 자원봉사활동의 필요성이 부각되면서 자원봉사와 관련된 저서나 논문들이 많이 출간되고 있다. 이렇게 우리 사회에 자원봉사활동이 전개된 배경은 오래전부터 사회복지계에서 자원봉사자의 필요성을 인정하고 이에 대한 문제를 제기하였기 때문이다(김범수 외, 2004).

따라서 최근에는 환경 자원봉사, 서울올림픽 자원봉사, 선거 자원봉사 등 여러 분야에서 자원봉사자와 관련된 용어를 사용하고 있다. 서구의 예를 제기하지 않더라도 자원봉사의 시작은 사회복지 분야라 할 수 있다. 사회복지계 자원봉사 활동을 가리켜 비유된 말로 '종가집 자원봉사'라는 표현을 사용하기도 한다.

이러한 비유법은 자원봉사의 시작이 어려운 이웃을 도우려고 하는 사회복지계에서 출발하였다는 것을 의미하기도 한다. 그러나 자원봉사, 사회봉사라는 용어를 사회복지계뿐만 아니라 타 분야에서도 확산하여 사용하는 것은 매우 바람직한 현상이다.

(1) 사회복지와 자원봉사의 역할

자원봉사는 그 활동 현장에서의 측면만이 아니라 활동참여 자체가 가지는 과정적 속성과 역할이 사회복지 증진에 중요한 의미가 있다. 사회복지와 연관하여 자원봉사는 다음과 같은 역할을 한다

첫째, 자원봉사는 사회복지 증진을 위한 전 시민적 참여의 방편이 된다. 한 사회의 전체적 생활의 질을 향상시키는 것은 정부제도나 공공 및 민간의 사회복지기관의 노력만으로 이루어지는 것은 아니다. 시민 개개인의 다양한 참여 자체가 사회적 복지 수준을 높이는 기본전제가 된다.

둘째, 자원봉사는 참여하는 개개인에게도 성장효과라는 교육적 측면을 가진다. 자원봉사를 통해 사회적 현황에 대한 생생한 정보를 접할 기회를 갖게 되고 사회적으로 필요한 역할을 수행하는 자신에 대한 자기존중감 향상에 기여하게 되어 개인의 심리·사회적 성장에 중요한 역할을 한다.

셋째, 자원봉사의 활성화는 시민사회운동과 사회개혁운동의 토대가 된다. 시민들의 자원봉사활동은 시민들로 하여금 관료제적 비효율성이나 비복지의 원인을 깨닫게 하고 이는 자생적 시민운동의 촉매제로 작용하여 사회개혁을 위한 활동을 촉발하게 한다.

넷째, 자원봉사는 지역사회구성원 사이의 공동체의식과 연대감을 강화하는

좋은 매개체 역할을 한다. 다양한 자조적 활동에의 참여는 구성원 개개인에게 사회적 책임의 완수라는 의식을 강화시키고 지역사회에 대한 자발적 참여와 책임의식을 고취시킨다. 말하자면 자원봉사활동의 결과로서 얻어지는 성과 이상으로 참여과정에서 얻어지는 공동체의식의 고양도 큰 소득이라고 할 것이다.

다섯째, 자원봉사는 사회복지에 대한 국민적 관심 유인과 공감대를 형성하고 복지증진을 위한 노력의 확대전략으로서도 유용하다. 시민들은 자원봉사를 통해 얻은 현실에서의 경험을 통해 사회문제를 인식하고 이에 대한 해결책을 생각하게 되는 교육적 파급효과를 가져오게 되고 이것은 공공의 여론을 형성하여 사회복지 서비스를 개선시킬 단초를 제공할 수 있다.

마지막으로 자원봉사는 자원이 부족한 공공 혹은 민간복지기관과 사회공익단체들의 인력을 보충해준다. 대개의 사회복지기관은 서비스 대상자의 욕구충족을 위한 충분한 인적·물적 자원을 확보하지 못하고 있다. 때문에 자원봉사자는 사회복지전문 유급인력만으로는 수행할 수 없는 서비스의 제공에 필수적 요소가 되고 있다.

(2) 공공사회복지와 자원봉사의 관계

많은 사람들이 자원봉사나 자원봉사자라고 하면 국가의 사회복지활동을 대행하는 것으로 잘못 이해하고 있는 경우를 많이 볼 수 있다. 시민의 자원봉사는 시민사회 차원에서 공공선과 복지를 증진하기 위해 자발적으로 참여하는 활동으로 이해되어야 하는 것이지, 국가가 책임지는 공공복지 책무를 대체하는 것이 아니다.

일반적으로 자원봉사활동 참여가 활성화되어 있는 사회가 국가의 공공복지 서비스에 대한 지출 수준도 또한 높다. 오히려 공공복지제도와 서비스가 어느 정도 구비된 뒤에야 자원봉사활동을 활용한 프로그램들이 다양하게 기획되고 참여가 활성화될 수 있다. 실제로 현재 수행되는 자원봉사의 많은 내용은 적절한 공공복지의 제도적 기반하에서 이루어지고 있는 것이다. 예를 들어 지역사회복지관은 지역사회의 사회복지 욕구충족을 위한 종합센터로서의 기능을 수행하는 공적 복지시스템이고 이의 건립과 운영을 위해 국가는 많은 재원을 투입하고 있다. 현재 지역사회복지관은 자원봉사의 대표적 활동 현장으로 활용되고 있는데, 사회복지 증진을 위한 공공기관과 서비스 확충을 통해 이를 활용하기 위한 다양한 자원봉사가 생겨나게 되는 것이다.

또한 자원봉사는 사회복지에 대한 국민적 공감대 형성과 복지요구를 증대시키는 역할을 하기도 한다. 자원봉사를 사회복지의 비용절감과 효율성제고 측면에서만 활용하려 한다면 자원봉사 본래의 역할을 수행하지 못하고 자원봉사활동을 단기간에 그만두게 하는 현상을 초래할 것이다. 하지만 자원봉사는 오히려 공공복지서비스의 내용과 질을 풍부하게 하고 시민적 활동을 통해 이를 실현하게 하는 것이다. 국가에 의한 공공복지서비스의 확충은 자원봉사 활성화의 전제조건이 되고, 자원봉사의 활발한 참여는 공공복지서비스를 다양화하는 원동력이 된다.

제 2 장

주요 국가 자원봉사활동의 발전과 현황

최근 세계 각국 자원봉사 동향에서는 다양한 조직들의 활성화가 두드러진다. 이러한 자원봉사의 조직화와 활성화 자체를 목적으로 하는 관련 조직들의 확장은 특히 자원봉사활동의 현대적 동향을 잘 나타내는 것이다.

자원봉사의 역사적 전개를 통해서 현대적 자원봉사 흐름의 몇 가지 특성을 살펴볼 수 있다. 첫째, 자원봉사 관련 조직의 증가, 둘째, 자원봉사활동기본법 제정과 같은 법제적 노력, 셋째, 교육과정과 자원봉사활동의 접맥, 넷째, 기업과 언론 등의 적극적 자원봉사활동 참여와 시민적 캠페인이 바로 그것이다.

이 장에서는 자원봉사의 역사와 동향에 대해 파악하기 위해서 미국, 영국, 호주, 일본 및 한국의 자원봉사 발달과정과 현황을 알아보고 각국 봉사활동의 특성을 살펴보았다.

1 미국의 자원봉사활동

1) 미국 자원봉사활동의 발전과정

역사적으로 미국의 자원봉사활동은 자선의 분화된 형태로서 발전하여 개인적 차원에서 자신의 '노력과 시간을 기부'하는 자발적인 봉사를 중심으로 이루어졌다. 이러한 자원봉사활동은 점차 지역사회를 중심으로 조직화되었으며 민간 차원에서 활발히 이루어지고 있다. 더불어 정부 차원에서도 자원봉사활동에 대한 지원과 개입이 이루어져 왔는데, 이는 '국가봉사단'이라는 명칭을 통해서 차별화되고 있다. 국가봉사단은 정부 차원의 지원이 본격화되면서 정부 영역과 민간 영역(주로 복지 및 사회서비스 단체 및 기관)의 협력을 토대로 구축되었다.

연방정부의 자원봉사활동에 대한 지원은 주로 관련 법의 제정을 통하여 예산 지원, 자원봉사체계의 조직 및 프로그램 개발·보급 등을 내용으로 하고 있으며 지원이 이루어지는 활동 분야는 각 시기별로 조직된 봉사단의 성격에 따라 구분된다.

(1) 국가봉사단 태동기(1933년~1942년)

미국 내 연방정부 차원으로 최초로 설립된 봉사단은 시민자원보존단(Civilian Conservation Corps: CCC)으로 1933년 루스벨트(Roosevelt)의 뉴딜정책의 일환으로 긴급보존사업법(Emergency Conservation Work Act, 1933)을 제정하여 창설되었다. 시민자원보존단은 18~25세의 청년층을 대상으로 농산어촌지역에서 침화된 자연복구, 삼림화, 공공토지의 개간 및 복구, 수로 개발 등의 자연보존사업을 수행하도록 하였다. 참여자들은 월 30달러 수준의 급료를 지급받았으며 최소 6개월부터 최대 2년까지 기간제별로 선택하여 사업에 참여할 수 있도록 하였다.[1)]

시민자원보존단은 1929년 이후 미국의 대공황기에 나타난 대량의 실업사태와 국가의 개간 및 재건이라는 두 가지의 목적을 달성하기 위한 자원봉사활동에 대한 연방정부의 최초 개입으로 운영기간(총 9년간) 동안 총 3백만 명의 자원봉사자가 참여하였으나 미국이 세계 2차대전에 참전하게 되면서 젊은 층의

1) http://www.ccclegacy.org/index.htm 참조.

자원봉사자(남성)를 모집하기가 어려워지면서 종료되었다(Perry & Thompson, 2004).

(2) 국가봉사단 성장기(1961년~1969년)

1960년대 국가봉사단은 여러 가지 주제를 가지고 분화 및 발전하게 된다. 첫 번째로 케네디(Kennedy) 대통령은 평화봉사단법(Peace Corps Art, 1961)을 제정하여 평화봉사단(Peace Corps)을 창설하였다. 이 조직은 미국의 청년들을 교육, 기술훈련, 의료지원 등의 분야에서 자원봉사활동가로 교육시켜 해외의 저개발국에서 교육, 빈곤퇴치, 지역개발 등의 사업을 수행하도록 파견하였다. 그 이후로 평화봉사단은 전 세계의 139개국에서 20만 명의 봉사단원이 참여하여 사업을 수행하여 왔으며 현재까지도 운영되고 있다.[2)]

평화봉사단의 목적은 당초 세계 평화와 우정을 증진시키고자 하는 데에 있었으나 점차 제3세계 국가가 필요로 하는 훈련된 인력을 파견하고, 피파격국에서 미국의 인지도 제고와 미국인의 피파견국에 대한 이해를 증진시키는 것으로 목적이 변화되었다. 파견되는 봉사자는 정해진 기간 동안(현재 27개월) 전임제로 해외의 지역으로 파견되며 소정의 경비(주거, 음식 등)를 제공받게 된다.[3)]

케네디 대통령의 뒤를 이은 존슨(Johnson) 대통령은 '위대한 사회와 빈곤과의 전쟁(Great Society and the War on Poverty)'이라는 정책기조 속에서 국내 평화봉사단 격인 VISTA(Volunteers in Service to America)를 도입하고 대리조부모봉사프로그램(Foster Grandparents Program: FGP), 교사봉사단(Teacher Corps) 등을 구축하는 데 많은 영향을 주었다(Perry & Thompson, 2004).

경제기회법(Economic Opportunity Act, 1964)에 의해 창설된 VISTA는 국내 저소득지역의 봉사기관에 자원봉사자를 지원함으로써 빈곤문제를 해소하려는

2) http://www.peacecorps.gov/ 참조.
3) http://www.peacecorps.gov/ 참조.

목적으로 수행되었다. 청년층의 전임자원봉사자는 1년 동안 빈곤지역에 파견되어 지역사회 및 기관에서 요구되는 활동(교육, 사회봉사 등)을 수행하고 소정의 경비를 지급받는 등 평화봉사단과 유사한 형태로 운영이 되었다. 이후 VISTA는 1971년 설립된 'ACTION'이라는 자원봉사 기구 산하에서 운영되다가 1993년 이후에는 'AmeriCorps' VISTA로 AmeriCorps에 통합되었다.[4)]

노인을 대상으로 하는 봉사단으로는 대리조부모봉사프로그램이 있었다. 본 프로그램은 저소득계층의 노인(60세 이상)을 대상으로 봉사자를 모집하여 발달장애아동 및 기타 장애아동과 할아버지-손자녀의 관계를 맺음으로서 아동에게 사회적·심리적 및 교육적 지원을 제공하려는 목적으로 도입되었다, 참여봉사자는 주 5일, 정해진 시간 동안 봉사활동을 수행하였으며 그에 따른 소정의 수당과 보험혜택 등을 제공받았다. 본 프로그램은 이후 'ACTION'의 산하 기구로 운영되다가 AmeriCorps의 병렬조직으로서 국가 및 지역사회서비스법인(Coporation for National and Community Service: CNCS) 산하 Senior Corps 프로그램으로 흡수되었다.[5)]

교사봉사단은 고등교육법(Higher Education Act, 1965)에 근거하여 저소득 가구 아동의 교육기회를 증진시키고, 저소득 밀집 지역 내 교육인력을 확충하며 교사훈련 프로그램의 질을 제고하려는 목적으로 창설되었다. 참여봉사자는 8주간의 훈련기간을 거쳐 저소득 밀집지역 내 학교에서 인턴교사로 2년간 근무 후 2년간 석사과정에 재학할 수 있도록 하며 교사로 근무하는 기간 동안 급여 및 기타 급료를 받게 된다. 교사봉사단은 이후 비영리조직인 '미국을 위한 교육(Teach for America)'으로 재조직되었으며 AmeriCorps를 통하여 재정적 지원을 받고 있다.

이러한 1960년대의 국가봉사단에 대한 열기는 닉슨(Nixon) 행정부 시기에

4) http://www.nationalservice.gov/about/role impact/history timeline.asp 참조.
5) http://www.seniorCorps.gov/about/sc/history.asp 참조.

접어들면서 젊은 청년을 베트남 전쟁에 파병하게 되는 등과 맞물려 점차 사그라지게 되었다(Perry & Thompson, 2004).

(3) 국가봉사단 정체기(1969년~1989년)

연방정부의 개입과 지원으로 특징져졌던 1960년대의 국가봉사단 활동은 닉슨 행정부 시기에 이르러 정부의 개입이 민간으로 이양되고 중앙의 관리 및 통제가 지방화 및 지역화됨으로써 다소 간의 정체기에 접어든다. 민간 중심의 자원봉사활동을 활성화하기 위하여 닉슨은 전국 자원봉사센터(National Center of Volunteer Action: NCVA)를 설립하고 지역을 중심으로 민간자원봉사단체를 지원하도록 하였다.

1971년에는 국가봉사단을 포함한 국내외의 여러 자원봉사자 프로그램을 관리할 목적으로 'ACTION'이라는 기구를 설립하고 평화봉사단, VISTA, 대리조부모봉사프로그램, 은퇴노인 자원봉사프로그램(Retired Senior Volunteer Program: RSVP), 은퇴경영자봉사단(Service Corps of Retired Executives: SCORE), 경영자봉사단(Action Corps of Executive: ACE) 등의 여러 봉사단을 포괄하였다(염철현, 2009). ACTION은 당시까지 개별적으로 운영되어 왔던 국가봉사단을 통합하여 운영하면서 연방 차원에서 자원봉사활등을 조직화하였으나 1960년대에 비교해 볼 때에 이에 대한 연방정부의 금전적 지원은 감소하였으며 ACTION의 운영비는 점차 대부분 모금활동을 통하여 충당하게 되었다(최일섭 외, 2004).

(4) 국가봉사단 재도약기(1990년 이후)

1990년에 제정된 전국 및 지역사회서비스법(National and Community Service Act, 1990)을 근거로 연방정부 차원에서 자원봉사활동에 대한 지원이 더욱 강화될 수 있었으며, 1992년 들어선 클린턴(Clinton) 행정부의 전국 및 지역사회자원봉사신탁기금법(National and Community Service Trust Act, 1993)은 1990년 제정된 전국 및 지역사회봉사법을 개정하고 AmeriCorps를 출범시키고 AmeriCorps의 관리운영기구로서 국가 및 지역사회공사(Corporation for National and Community Service: CNCS)를 설립하여 4종의 국가봉사단(AmeriCorps, Senior Corps, Learn and Serve America 등)의 활동을 운영 및 지원할 수 있도록 하였다(염철현, 2009).

국가봉사단에 대한 연방정부의 지원 규모가 증대되고, 법적으로나 조직체계적 측면에서 정부의 개입이 공고해지자 AmeriCorps 설립 초기 국가봉사단의 확대에 대한 논란이 거세게 일어나기도 하였다, 비판가들은 자원봉사활동의 왜곡이며 비영리 영역에까지 정부가 손을 뻗히고 있다는 점을 지적하였다. 반면에 옹호론자들은 이러한 클린턴 대통령의 시도는 (지방자치화로 인한) 정책의 파편화를 치유하기 위한 치료약 중의 하나로 민간 영역과 정부가 연합하여 지역사회를 건설하는 데 최적의 공조를 만드는 작업이라고 평가하였다(Perry & Thompson, 2004)

2001년 9 · 11 사건 이후 부시는 AmeriCorps의 참여자 수를 연간 75,000명으로 증원하였으며 특히 2005년 미국의 걸프만(Gulf Coast)을 강타한 허리케인 카트리나 · 리타(Hurricanes Katrina and Rita)로 인한 재난재해 극복의 국가적 역할을 도모하는 데에 큰 도움이 되었다, 허리케인 카트리나로 인한 재난 극복에 총 1만여 명의 AmeriCorps 봉사자들과 이들의 3백만 시간이 투입되었으며 AmeriCorps 봉사자들은 또한 229천여 명의 지역사회 내 자원봉사자를 조직하는 데에 기여하였다(Perry & Thompson, 2004).

국가봉사단에 대한 정부의 지원은 오바마 행정부 이래로 한층 증가되는데 특히 2009년의 미국봉사법(Edward M. Kennedy Serve America Act, 2009)에 따라서 국가봉사단에 대한 예산과 지원이 지속적으로 증대되고 있다.[6]

---

6) http://www.nationalservice.gov/about/role impact/history timeline.asp 참조.

2) 국가 봉사활동단체의 운영실태

(1) 관리조직: 국가 및 지역사회서비스법인

AmeriCorps, Senior Corps 등의 국가봉사단을 관리 및 운영하는 조직은 국가 및 지역사회서비스법인으로 1993년 이전까지 미국의 다양한 국가봉사단 프로그램을 관리해 왔던 ACTION과 부시 집권 시기에 출범한 국가지역사회봉사위원회가 합병·출범하였다. ACTION은 예산의 운영에 있어서도 모금액이 많은 부분을 차지하였으나 CNCS는 많은 부분 연방정부의 지원예산으로 운영되는 국가기관적인 성격을 띠고 있다. CNCS가 관리하는 봉사단의 종류는 AmeriCorps(청년봉사단), Senior Corps(노인봉사단)를 비롯하여 Learn and Serve America(초·중·고 봉사단) 등이 있다.

CNCS가 설립된 법적 근거에는 1990년 국가 및 지역사회서비스법(National and Community Service Act: NCSA, '90)과 이를 개정한 1993년 국가 및 지역사회서비스기금법(National and Community Service Trust Act: NCSTA, '93)이 있으며[7] 최근에 미국봉사법(Serve America Act)이 제정되어 국가봉사단 운영 관련 법조항을 보완하였다.

국가 및 지역사회서비스기금법은 프로그램 및 관련 조항, 조직, 재인준, 관련 기술적 개정, 농촌지역사회서비스, 연방불법사항 등 6개의 Title로 구성되며 CNCS의 설립, 조직, 예산 및 역할 등을 규정하고 있다. 또한 국가봉사프로그램의 참여대상자 연령, 참여자의 봉사시간 규정, 참여자에 대해 지불되는 생활비의 수준 등을 규정하여 연방 전체에 국가봉사단 프로그램의 일관성 있는 운영이 가능하도록 하였다(P.L 103-82, 1993)

7) http://www.nationalservice.gov/about/role_impact/history.asp 참조.

표 2-1 국가 및 지역사회서비스기금법 개요

Title 명칭	내용
Ⅰ. 프로그램 및 관련 조항	101조 • CNCS의 설립 • 예산(연방 및 주정부와의 매칭펀드 조성) • CNCS가 관장하는 국가종사프로그램의 분야 • CNCS의 역할(계획, 운영, 복제, 예산의 하부수령자, 교육훈련, 기술적 지원 및 기타 지원) • VISTA 와 NCCC 참여자에 대한 교육장학금 수여 • 장애인의 참여를 돕기 위한 부가적 지원금 제공 • 서비스 미제공기관: 영리업체, 노조, 정치조직, 종교적 목적 • 대상연령, 서비스 제공시간, 참여자 생활비 수준 102조 • 국가봉사교육장학금 지급기관, 지급액, 지급자격 규정 103조 • Serve-America 프로그램의 개정 104조 • Investment for Quality and Innovation 111-122조 • 본 법안과 관련된 연방법안의 개정
Ⅱ. 조직	201조 • 주 단위의 국가봉사위원회를 설립하여 국가봉사단 관련 예산을 수령하도록 함 202조 • CNCS를 국가법인(Government Corporation)으로 설립하여 본 법안상 제안된 프로그램을 관리하도록 함
Ⅲ. 재인준	• National and Community Service Act(1990) • Domestic Volunteer Service Act(1993)
Ⅳ. 관련 기술적 개정	401~405조 • 법안상의 개념 및 참고사항
Ⅴ. 농촌지역사회서비스	• Higher Education Act(1945) 개정, 농촌 지역서비스 프로그램을 설립함
Ⅵ. 연방 불법사항	• 기타 연방지원서비스 참여자와 동일하게 적용됨

출처: National and Community Service Trust Act, P.L, 103-82, 1993.

미국봉사법은 2009년도에 제정되었으며 국가 및 지역사회봉사법, 국가 및 지역사회서비스기금법, 전국자원봉사활동법 등의 일부 내용을 개정하였다(P.L 111－12, 2009). 국가봉사단 활동자를 연차적으로 확대하여 2017년까지 25만 명을 확보한다는 것과, 프로그램 내용 및 모형에 대한 보완, 연방 정부 기금의 할당비율, AmeriCorps 및 Senior Corps 프로그램의 운영규정의 개정, (일부 국가봉사단)봉사자에 대한 월 지금비용 확대 등의 내용을 포함하고 있다. 본 법안에서는 대체적으로 그간 국가봉사단 관련 법에서 제시되었던 수준과 비교하여 봉사단에 대한 국가(연방정부)의 지원이 더욱 확대되었다고 볼 수 있다.

표 2-2 미국봉사법(Serve America Act) 개요

Title 명칭		내용
Ⅰ. 국가 및 지역사회 봉사법 개정	A. 일반 규정	1101조 • 국가 및 지역사회봉사법의 목적에 9개 항목 추가 * 봉사학습 확대, 노인 봉사기회 확대, 봉사필요지역에 대한 국가봉사 중점, 비영리 지역사회기관 도움, 연방정부의 지원 등에 대한 항목 추가됨
	B. 봉사학습	1201~3조 • 학교 중심 봉사학습 프로그램 보완 • 고등교육기관의 지원금 및 협력에 대한 사항 보완
	C. 국가 및 지역사회서비스 기금법	1301조 • 국가 및 지역사회서비스기금법 개정 • 국가봉사단 활동 건수를 2017년까지 250천 건으로 확대 1302조 • AmeriCorps에 교육봉사단, 건강한미래봉사단, 청정에너지봉사단, 퇴역장병봉사단, 기회봉사단의 5개 봉사단을 지원함 • 봉사단 프로그램 내용 • 봉사단 프로그램 모형 1306조 • AmeriCorps 기금의 할당 비율 * 62.7%는 주와 국가 비영리단체 등, 35.3%는 주의 공식보조금으로 할당되도록 함. 1307~15조 • 봉사자에 대한 교육자금 제공, 취약계층 청소년에 대한 비중 등

Title 명칭		내용
	D. 전국지역사회 봉사단	1503~13조 • 전국지역사회봉사단 연령 규정, 취약계층 확대, 활동 분야 등
	E. 관리규정	1603~12조 • 연방정부 기금 받는 프로그램에 대한 규정, 주정부의 파트너십 요청 등
	F. 국가 및 지역사회 봉사조직 개정	1701~07조 • CNCS의 행정사항에 대한 개정
II. 전국 자원 봉사 활동 법 개정	A. 국가자원봉사 빈곤퇴치 프로그램	• VISTA 프로그램 개정 • VISTA 자원봉사자에게 매월 $123~$150 지급, 봉사리더는 $250 지급
	B. 전국노인 봉사단	• 자원봉사자 지원 자격을 60세에서 55세로 낮춤 • 위탁조부모프로그램 최소 시간당 $3 비용 지급
	C. 관리 및 조정	• 대상지역
	D. 지급금할당의 권한부여	• 예산지원 규모
Ⅲ. 기술적 개정		• 목차에 대한 기술 개정
Ⅳ. 타 법에 대한 개정		• 감사관법에 대한 기술 개정
Ⅴ. 번영을 위한 자원봉사 프로그램		• 번영프로그램(Proeperity Program)에 대한 규정
Ⅵ. 효력 발생일		• 2009. 10. 1.부터 시행

출처: Serve America Act, P.L, 111－13, 2009g.

연도별로 CNCS 예산의 변화 추이를 살펴보면 지난 1994년 $5.7억 수준에서 증가하다가 1996년 다소 하락, 그 이후 다시 증가하다가 부시 행정부 시기에는 하락과 증가를 반복하였다. 그러던 것이 오바마 행정부에 접어들면서 대폭적으로 상승하여 2011년 $14.1억 수준(전년 대비 $243백만 증액)에 이르고 있다. 오바마 행정부의 예산 확대는 AmeriCorps의 참여자 규모를 제고를 목적으로 2009년도 제정된 미국봉사법(Edward M. Kennedy Serve America Act, 2009)을 반영하여 AmeriCorps에 대한 예산지원이 대폭 증대된 데에 따른 것이다.[8)]

표 2-3 2010년 CNCS 예산 현황

회계 구분	FY 2010 Enacted
프로그램 운영비(CNCS 전체)[1]	1,054,021(91.7)
AmeriCorps(전체)[2]	500,621(47.5)
- AmeriCorps State and National[3]	372,547(74.7)
- AmeriCorps VISTA[4]	99,074(19.8)
- AmeriCorps NCCC[5]	29,000(5.8)
Senior Corps[6]	220,900(21.0)
- Foster Grandparents Program[7]	110,996(50.3)
- Senior Companion Program[8]	46,904(21.2)
- Retired Senior Volunteer Program[9]	63,000(28.5)
Learn and Serve America[10]	39,500(3.7)
주위원회 운영비(State Commission Administration)	17,000
장애인 보조금(Disability Grants)	5,000
평가(Evaluation)	6,000
훈련 및 기술지원 보조금(Trainning & Tech Assistance)	7,500
기타 운영비용	60,500
지역사회서비스 신탁 기금(National service Trust)	197,000
인건비 및 기타비용[1]	88,000(7.7)
Office of Inspector General[1]	7,700(0.7)
전체(*)	1,149,721(100.0)

주: 1) 괄호는 각 연도 전체 예산(*) 대비 각 예산항목의 비율임.
2) 괄호는 각 연도 전체 프로그램 운영비(1) 대비 AmeriCorps 프로그램 운영비(3+4+5) 비율임.
3), 4), 5) 각 연도의 ( )에 제시된 비율은 해당 연도 AmeriCorps 사업예산(2) 대비 개별 프로그램의 예산 비율임.
6) 괄호는 각 연도 프로그램 운영비(1)대비 Senior Corps 프로그램 예산(6) 비율임.
7), 8), 9) 각 연도의 괄호 안에 제시된 비율은 해당 연도 Senior Corps사업예산(6) 대비 개별 프로그램의 예산 비율임.
10) 괄호는 각 연도 프로그램 운영비 대비 Learn and Serve America 프로그램 예산(10) 비율임.
출처: Corporation for National & Community Service, Budget Justifition, 2010.

8) CNCS 홈페이지(www.nationalservice.gov)의 예산 내역 참조, 에드워드케네디미국봉사법은 AmeriCorps 참여자의 숫자를 2017년까지 25만 명으로 증가시키는 것을 목표로 2010년에 8.8만 명, 2011년에 11.5만 명, 2012년에 14만 명, 2015년 21만 명, 2016년 23.5만 명으로 연차별 증원 및 예산증액 규모를 명시하고 있음.

2010년 예산을 살펴보면 전체 예산의 91.7%가 AmeriCorps, Senior Corps, Learn and Serve America의 3개 국가봉사단 프로그램의 운영비와 AmeriCorps 참여자에 대한 장학금 지급을 위한 지역사회서비스 신탁기금(National Service Trust), 그리고 주위원회 운영비, 평가, 훈련 등 여러 가지 운영비로 구성된다.

AmeriCorps 운영비는 CNCS 전체 프로그램운영비 중 가장 큰 47.5%를 차지하여 AmeriCorps 세부 프로그램 중에서는 State and National이 AmeriCorps 운영비의 74.4%, VISTA가 19.8%, NCCC가 5.8%를 받아 State and National의 비중이 가장 큰 것을 알 수 있다. Senior Corps 운영비는 AmeriCorps 다음으로 예산 비중이 높으며 CNCS 전체 프로그램운영비 중 21%에 달하는 수준으로 약 2.2억 달러에 이른다. Senior Corps 세부프로그램 중에서는 Foster Grandparents Program이 50.3%, Retired Senior Volunteer Program이 28.5%, Senior Companion Program이 21.2%를 보유하여 Foster Grandparents Program의 비중이 가장 높았다.

AmeriCorps는 프로그램 운영(Program Operation) 부서를 통하여 운영되며 특히 State and National, NCCC, VISTA의 3개 프로그램별로 팀을 두어 관리된다. CNCS는 본사를 Washington DC에 두고 있으며 전국의 주별로 54개 법인 지사 사무소를 둔다. 또한 주별로 State Service Commission(주 서비스위원회)이 있어 AmeriCorps 관련 연방정부 예산의 주령 및 주 예산의 분배 등의 업무를 수행한다.

3) 국가봉사단 프로그램

(1) AmeriCorps 프로그램 현황[9)]

AmeriCorps 프로그램은 3,000여 개 이상의 비영리기관, 공공기관, 종교기관

9) 본 내용은 AmeriCorps 웹사이트(www.AmeriCorps.gov)에 소개된 프로그램 현황을 요약한 것임.

및 기타 지역사회 조직을 통해서 매년 7만 명 이상의 참여자들에게 자원봉사서비스 활동기회를 제공하고 있다. 자원봉사자의 역할은 아동을 위한 학습과외교사에서부터 멘토, 집 건축, 컴퓨터 교육교사, 자연환경 개선, 방과후프로그램 지도 그리고 재난극복 등에 이르기까지 다양한 활동 영역에서 이루어지고 있다. 이러한 자원봉사활동의 유형은 AmeriCorps의 하위 프로그램인 AmeriCorps State and National, AmeriCorps VISTA, AmeriCorps NCCC 등으로 구분된다.

표 2-4 AmeriCorps 프로그램의 개요

프로그램	봉사자	서비스	목적
State and National	18세 이상 - 연 6만 명 이상	[State] 주지사가 임명한 주별 서비스 위원회와 협력하여 공공 및 비영리 기관에 운영자금을 제공하여 각종 서비스를 수행하도록 함. [National] 1개 주 이상에 걸쳐 운영되는 서비스 및 컨소시엄사업, 인디언 부족 등을 대상으로 한 프로그램을 지원하는 공공 및 비영리 기관에 운영자금을 제공함.	제공된 운영자금은 봉사자를 모집, 훈련 및 배치하는 데 사용되며 이들의 역할은 교육, 공공안전, 의료 및 환경 등의 분야에서 직접서비스를 제공하고 지역사회의 역량강화를 위해 기여함.
VISTA	연 6,000명 수준	1,200개 이상의 비영리, 종교관련 등 기타 지역사회기관 및 공공기관에서 봉사활동을 수행함.	저소득계층밀집지역의 탈빈곤을 위하여 관련 프로그램을 수행하고 확대하는 데 기여함.
NCCC	18~24세, 전임제(풀타임)로 팀단위 숙식 - 연 1,100명	550여 개 이상의 지역사회 프로젝트를 통해서 비영리, 종교 및 기타 지역사회 기관/조직과 공공기관에서 봉사활동을 수행함.	재난구호, 환경, 집짓기, 청소년발달 및 기타 지역사회의 요청에 따라 봉사활동을 수행함.

출처: AmeriCorps: Changeing Lives, Changing America, A Report on AmeriCorps' Impact on Members and Nonprofil Organizations, Corporation for National and Community Service, 2007 p.11에서 발췌, 번역 및 재구성.

AmeriCorps State and National 프로그램의 목적은 봉사자들이 지역사회 내에서 직접서비스와 지역사회 역량강화 사업을 수행함으로써 지역사회의 다양한 욕구에 대응하고자 함이다. 봉사 프로그램은 지역사회별로 개발되며 주로 1년 단위 혹은 여름 기간 동안 팀단위로 참여자를 구성하여 봉사 주제를 선정하고 활동을 진행한다. 일례로 아동과외교사, 멘토, 범죄피해자에 대한 지원, 집 짓기 및 공원환경 개선 등의 사업 주제 중에서 선택하게 된다. 이러한 활동을 통해서 지역사회의 자원봉사 참여가 활성화되고 봉사자가 서비스하는 기관(조직)의 역량이 강화되는 효과가 있다.

AmeriCorps State의 예산은 CNCS로부터 주 단위의 State Service Commission을 통해서 지급되며 주별로 설치된 위원회는 주 단위 네트워크를 통해서 AmeriCorps 봉사자를 선발 및 운영하는 지역사회 기관(조직)에 이를 배분한다. 이러한 경로로 정부의 예산을 수령한 기관은 봉사자를 모집하고 선발하며 감독하는 역할을 수행하며 봉사자에 대한 인센티브를 지급한다.

AmeriCorps State and National의 봉사자로서 참여할 수 있는 자격은 18세 이상의 미국 시민권자 혹은 영주권자로서 참여기간은 풀타임 혹은 시간제로 1년 이하의 기간이며 그 기간을 초과할 수 없도록 되어 있다.

현재 매년 60,000명 이상의 청·장년 봉사자들이 활동하고 있으며 이들은 봉사기간 동안 다소간의 생활경비와, 학생대출자금 상환유예혜택, 건강보험 및 자녀보육의 혜택이 주어지며, 봉사기간 동안 활동을 성공적으로 모두 완료한 경우 $5,350의 교육 장학금을 제공 받을 수 있다.

AmeriCorps VISTA의 프로그램은 빈곤문제에 대응하기 위하여 고안된 봉사활동으로 1965년 VISTA(Volunteers in Service to America)로 설립되었으며 1993년에 AmeriCorps의 하위 프로그램 중 하나로 통합되었다.

AmeriCorps VISTA 봉사활동의 주요 원칙은 빈곤퇴치, 지역사회 역량강화, 능력배양, 지속 가능한 문제해결 등 4가지로 구성된다. 따라서 VISTA 프로젝트는 빈곤퇴치를 목적으로 하여 프로젝트의 계획, 개발 및 수행에 있어서 지역사회 주민들의 개입을 통하여 지역사회의 역량강화와 지속 가능한 문제해결을 추구한다. 또한 빈곤퇴치의 방법으로 저소득계층에 대한 직접서비스 제공뿐 아니라 이들을 대상으로 서비스를 제공하는 지역사회의 각 기관 및 조직에 대한 역량강화, 지역사회연계 및 훈련교육들을 제공함으로써 지역사회 반빈곤 인프라를 강화하는 데 중점을 두고 있다.

VISTA 봉사자들은 1년간 지역사회의 기관/조직이나 지역정부기관에 소속되어 문맹퇴치, 보건서비스, 사업 창출, 지역사회그룹의 조직 강화 등에 투입되어 활동을 수행하고 있으며 이들의 활동을 통하여 저소득계층 밀집지역의 빈곤완화를 목표로 하고 있다.

AmeriCorps VISTA의 봉사자로 참여할 경우 1년 동안 생활경비와, 학생대출자금 상환유예혜택, 건강보험, 자녀교육, 연방정부 직업에 대한 취업우선자격 등의 혜택이 주어지며 1,700시간을 완료한 경우 $5,350의 시걸교육장학금(Segal AmeriCorps Education Award) 혹은 봉사기간 종료 시 $1,500의 장려금(End-of-service Stipend)을 제공받을 수 있다.

1965년 이후 총 17만 명 이상의 VISTA 봉사자들이 참여해 왔으며 2010년 현재에는 6,500명 이상의 봉사자들이 미국 전역의 1,200개 이상의 빈곤퇴치 프로젝트에 참여하여 봉사활등을 수행하고 있다.

AmeriCorps NCCC는 1933년에 설립된 시민자원보존단(Civilian Conservation Corps)의 명맥을 잇는 프로그램으로 팀단위의 지역사회서비스를 통하여 지역사회를 강화시키는 데 그 목적을 두고 있다. 봉사참여대상은 18~24세의 청년 남녀로서 덴버(콜로라도), 새크라멘토(캘리포니아), 지역에 캠퍼스를 두고 있다. 캠퍼스에서는 봉사 전 훈련이 진행되는데 훈련의 기간은 8~12주 동안이며 심폐소생술, 구급처치법, 공공안전 및 기타 봉사활동과 관계된 기술을 훈련받게 된다. 실제 봉사대상지역은 미국의 전 지역으로 확대되며 봉사기간은 총 10개월

이고 지역배치 후 해당 지역에서의 봉사활동이 종료될 때까지 거주하면서 환경보호, 위기청소년지원, 주거환경 개선, 재난극복 등의 활동을 풀타임으로 수행한다.

NCCC 봉사자들은 10개월 동안 $4,000의 생활비를 제공받으며, 주거, 식사 및 의료혜택 그리고 필요한 경우 월 $400 수준의 자녀보육 혜택이 주어진다. 또한 봉사를 성공적으로 종료할 경우 시걸 장학금(Segal AmeriCorps Education Award)을 제공받을 수 있다.

매년 1,100명가량의 청년이 NCCC의 일원으로 봉사하고 있으며, 550여 개 이상의 지역사회 프로젝트를 운영하는 비영리, 종교 및 기타 지역사회 기관/조직과 공공기관에서 봉사활동을 수행한다.

(2) Senior Corps 프로그램 현황[10)]

Senior Corps 프로그램은 55세 이상의 노인층을 대상으로 연간 50만 명 이상의 참여자들에게 자원봉사서비스 활동기회를 제공하고 있다. 자원봉사자의 역할을 도움이 필요한 사람들을 대상으로 한 멘토에서부터 봉사자가 보유한 기술과 경력을 바탕으로 하여 지역사회와 지역 기관의 다양한 프로젝트를 지원한다.

표 2-5 Senior Corps 프로그램의 개요

프로그램	봉사자	서비스	목적
Foster Grandparent Program	55세 이상 저소득 계층(최저생계비 200% 이하) - 연 2~3만 명	학교, 병원, 마약중독 치료센터, 교정기관, 보육시설 등에서 도움이 필요한 아동 및 청소년들을 대상으로 1 : 1로 짝지어져 이들의 보조교사 혹은 멘토의 역할을 수행함	저소득계층, 장애아동 및 그 밖의 도움이 필요한 아동·청소년을 위한 교사, 멘토로서 기여함

10) 본 내용은 SeniorCorps 웹사이트(www.seniorCorps.gov)에 소개된 프로그램 현황을 요약한 것임.

프로그램	봉사자	서비스	목적
Senior Companion Program	55세 이상 저소득 계층(최저생계비 200% 이하) – 연 1.5만 명	가정 및 지역사회에서 일상생활이 어려운 노인과 장애인 및 불치병환자 등을 대상으로 1 : 1로 짝지어져 이들의 보조교사 혹은 멘토의 역할을 수행함	가정에서 독립적으로 활동하기 어려운 노인, 장애인 및 환자들을 도우며 이들의 삶을 풍요롭게 하는 데 기여함
RSVP	55세 이상 – 연 45만 명	지역사회 기관에서 다양한 서비스를 제공함. 아동을 위한 가정교사, 집 짓기, 10대 부모 교육, 이웃지킴이, 지역사회 정원사, 창업조언가 등 다양한 서비스 중 선택하여 참여함	노임 자원봉사자의 다양한 경험과 기술을 이용하여 지역사회와에 기여하도록 함

출처: http://nationalservice.gov/about/program/에서 발췌, 번역 및 재구성.

이러한 자원봉사활동의 유형은 Senior Corps의 하위 프로그램인 Foster Grandparent Program, Senior Companion Program, RSVP(Retired Senior Volunteer Program) 등으로 구분된다(표 2-5 참조).

1965년부터 시작된 Foster Grandparent Program의 목적은 저소득계층, 장애아동 및 그 밖에 도움이 필요한 아동·청소년을 위한 경험 많은 교사, 멘토로서 기여하도록 하는 데에 있다. 봉사자는 도움이 필요한 주로 폭력 및 방임 피해아동에 대한 정서적 지원, 문해력이 낮은 아동에 대한 가정교사, 10대 및 미혼모에 대한 멘토, 장애아동 혹은 심각한 병이 있는 아동에 대한 돌봄 등을 수행한다.

매년 2~3만 명의 봉사자가 본 프로그램을 통하여 봉사에 참여하고 있으며 연간 26만 명 이상의 아동 청소년이 이들의 돌봄을 받는다.

Senior Companion Program은 1974년부터 시작되었으며 일상생활이 어려운 노인, 장애인 및 환자 등을 대상으로 이들의 일상 활동을 지원하고 삶을 풍요롭게 하는 데 목적을 두고 있다. 봉사자의 활동은 주로 시장 보기, 은행일 보기 등 가정 내에서 필요한 집안일과 이들의 외출을 돕는 것 외에도 말벗이 되거나 친구역할을 함으로써 이들에게 정서적인 충족감을 제공하는 데에 있다. 매년 15천여 명의 봉사자가 참여하고 있으며 연간 5만 명 이상이 이들의 돌봄을 받고 있다.

봉사자의 기준, 금전적 및 현물지원 내역은 Foster Grandparent Program과 동일하나 한 가지 차이점이라면 Foster Grandparent Program의 경우는 봉사자와 아동이 1 : 1로 한 비교적 장기간 짝을 지워 봉사하도록 하고 있으나 Senior Companion Program은 동시에 2~4명의 성인을 대상으로 한다는 점이라고 볼 수 있다.

1971년에 시작되어 현재 미국의 노인봉사조직 중 상당히 대규모의 조직으로 볼 수 있는 RSVP는 노인이 개인적 경험, 직업상의 경험 및 기술을 보유하고 있는 인적자원이라는 점을 특별히 인식하고 이를 지역사회에 기여할 수 있도록 프로그램을 제공하려는 목적을 가지고 있다. 기타 Senior Corps 프로그램과는 달리 RSVP는 자원봉사자 개인이 자신의 관심과 자신이 가진 기술 및 능력을 최대한 발휘할 수 있도록 봉사방법과 봉사장소 등을 직접 선택할 수 있다.

RSVP의 활동역역은 아동을 위한 가정교사에서부터 집 짓기, 10대 청소년대상 부모교육, 이웃지킴이, 지역사회 정원사, 창업조언가 등까지 다양하며 지역사회 사회복지, 안전 및 행정 등을 담당하는 공공 및 민간기관에서 봉사활동을 수행한다.

봉사자의 기준은 55세 이상의 노인으로서 소득제한이 없으며 주당 최고 40시간까지 봉사활동에 참여할 수 있어 최소시간에 대한 제한도 없다. 봉사에 대한 금전적 대가는 제공되지 않으나 봉사자가 활동을 하는 기관별로 소정의 활동비(교통비, 식비)들을 제공하기도 한다. 연 45만 명의 봉사자가 RSVP로 활동하고 있으며 이들의 봉사시간은 연간 6천만 시간 이상이고 755개 이상의 프로젝트를 수행하는 것으로 나타났다.

2 영국의 자원봉사활동

1) Millennium Volunteers 발전과정

역사적으로 영국은 사회복지 및 자선에 대한 법제도(1601년 엘리자베스 구빈법; 자선법)의 발달과 더불어 오래전부터 민간 영역에서 자원봉사가 뿌리내려 왔으며 민관의 사회적 협약(Social Compact)에 의하여 자원봉사활동이 확립되어 왔다. 공공서비스에 대한 대처정부의 민영화정책은 자원봉사활동의 주요 활동 영역이었던 사회서비스, 공공서비스 및 복지서비스 등의 영역에 있어서 국가개입을 축소하게 됨으로써 민간 중심의 자원봉사활동이 더욱 활성화되었다.

1996년에 이르러 발표된 '새천년봉사자: 시민서비스에 대한 노동당의 제안서' (Millenium Volunteers: Labour's Proposal for Citizen's Service)라는 노동당의 보고서는 자원봉사활동에 대한 정부지원의 필요성을 지적하게 된다. 잇따라 대처 정부의 뒤를 이은 블레어 총리가 1999년 국가자원봉사 위원회(National Survey of Volunteering)의 결과, 1991년도 조사 시와 비교하여 젊은 청년층의 자원봉사활동이 급격히 감소함(Smith, 1998)에 따라서 청년층의 시민의식과 자원봉사활동 활성화의 필요성이 대두되었다. 1991년부터 1997년 사이에 18~24세 청년층의 자원봉사활동 참여자 수는 55%에서 43%로 감소하였으며 주당 자원봉사 참여시간도 2.7시간에서 0.7시간으로 감소하였다(Smith, 1998). 또한 다른 연령층과 비교하였을 때 청년층(18~24세)의 자원봉사참여율이 가장 낮으며 자원봉사활동 자체에 대하여도 상당히 부정적인 의견을 표시한 것이 알려지면서 영국 사회 내에서 더욱 많은 우려를 불러왔다(Gaskin, 1998).

자원봉사활동에 대한 정부개입의 필요성과 청년층의 시민참여 및 참여의식이 저조해진데 대한 우려가 증대됨에 따라서 영국 정부는 청년층을 위한 시민

자원봉사 프로그램의 도입을 논의하였으며 그 결과로 1999년 새천년 봉사단(Millennium Volunteers: MV) 프로그램이 도입되었다. MV 프로그램은 초기 정부예산 52백만 파운드를 투입하여 3개년간 16~24세의 청년층을 대상으로 다양한 자원봉사활동에 참여하도록 지원되었다.

러셀위원회는 청년층의 자원봉사참여 증진을 위하여 발족된 정부기구로 청년층의 사회참여를 위한 국가 기본계획(National Framework of Youth Action and Engagement; Russell, 2005)을 발표하였다. 본 기본계획은 청년층이 지역사회 속에서 자원봉사를 하는 데에 있어서 다양성과 질과 양을 모두 증진시키고자 하는 데에 그 목적을 두고 있으며 추진방안으로 총 16개의 정책적 권고사항을 발표하였다.

권고사항들은 자원봉사에 대한 청년층의 접근성 강화 방안(캠페인 수행, 인터넷포털 설치, 교육과정상 배려 등)을 제시하고 있으며 청년자원봉사활동에 대한 정부의 예산지원과 청년자원봉사를 위한 인프라 개선방안을 제공한다. 특히 취약계층의 자원봉사 유인책으로서 자원봉사기회의 확충과 단기, 시간제, 전일제 등 자원봉사 운영의 다각화 그리고 일부 전일제 자원봉사자에 대한 수당지급을 제안하였고, 장애인 자원봉사를 위한 정부의 부처 간 협력을 통하여 자원봉사자의 다양성을 증진하고자 하였다. 구체적인 내용은 다음 표와 같다.

표 2-6 영국 National Framework of Youth Action and Engagement의 권고사항

구분	내용
권고사항 1.	자원봉사활동의 인식을 높이기 위한 캠페인이 시행되도록 함
권고사항 2.	자원봉사기회에 대한 청년층의 접근성을 높이기 위하여 국가 자원봉사포털(인터넷)을 구축함
권고사항 3.	청년층을 대상으로 자원봉사에 대한 양질의 조언과 지도를 제공하기 위하여 200명의 청년자원봉사지도(youth volunteer adviser)를 두고, 청년자원봉사자를 관리하기 위하여 자원봉사 단체에 200명의 청년자원봉사 개발관리사(Youth Volunteer Development Manager)를 배치함

구분	내용
권고사항 4.	청년층이 상급학교에 재학 중에도 자원봉사활동을 할 수 있도록 학교정책상 자원봉사자를 배려하도록 함
권고사항 5.	청년 자원봉사자의 성취도를 높이기 위하여 매년 청년자원봉사상 시상을 개최하여 자원봉사자의 업적을 드높임.
권고사항 6.	청년층의 자원봉사활동에 대한 접근성을 높이기 위하여 전체 자원봉사활동이 게재된 목록인 '기회의 메뉴(Menu of Opportunity)'를 제공함
권고사항 7.	청년층 자원봉사자의 수와 다양성에 있어서 변화의 기틀을 구축하며 취약계층의 청소년이 자원봉사할 수 있는 기회를 증진함 - 매년 300,000건의 단기간 집단활동에 기반을 둔 자원봉사기회를 구축함 - 매년 80,000건의 시간제 자원봉사기회를 창출함 - 매년 12,000건의 전일제 자원봉사기회를 창출함 ※ 전일제 자원봉사자에 대하여 주당 60파운드의 수당을 제공하고 주거 보조가 필요한 경우 이를 지원하며, 장학금 등을 제공할 것을 권고함
권고사항 8.	국외자원봉사에 대한 가치를 인식하여 최고 1,000건의 국외 자원봉사 기회를 제공함
권고사항 9.	청년 자원봉사자로 하여금 공공 분야(병원, 학교, 공원, 스포츠, 여가 및 아트센터 등)를 위하여 활동할 수 있는 기회를 제공함
권고사항 10.	자원봉사조직은 청년자원봉사에 대한 접근, 참여, 개발 및 보상에 대한 최소기준을 따르도록 함
권고사항 11.	청년 자원봉사활동을 증진하기 위한 가장 강력한 인센티브는 기술과 취업 가능성을 높이는 것이므로 자원봉사자의 기여도 및 취득한 기술을 인정하는 방안을 개발함
권고사항 12.	자원봉사로 인하여 청년 자원봉사자의 가족이 경제적 어려움을 겪지 않도록 배려함(자원봉사자 대상 주거 관련 혜택을 제공할 것을 권고함)
권고사항 13.	장애인의 자원봉사를 위하여 정부 부처 간 연계방안을 확립함
권고사항 14.	본 계획의 수행을 위하여 중앙 기구가 다수의 협약을 체결하도록 함
권고사항 15.	자원봉사활동을 위하여 정부의 예산은 Millenium Volunteers의 예산과 함께 지원되며 청년 자원봉사자의 참여 수 등에 따라서 예산의 규모를 결정함
권고사항 16.	계획을 수행하는 기구는 본 계획에 대한 지속적인 연구와 평가가 진행되도록 함

러셀위원회의 권고사항을 수행하기 위하여 창설된 'V'는 민간기부단체로서 청년자원봉사와 관련된 국가계획을 지원하고 있으며 2007년 4월 1일부로 Millennium Volunteers 프로그램의 관리기구로서 역할을 수행하고 있다.

2) Millennium Volunteers 운영실태

(1) 관리조직

Millennium Volunteers 프로그램은 전 영국에 걸쳐서 수행되는 프로그램이나 그 전달체계 구조와 방법은 영국 내 4개의 연방지역(잉글랜드, 스코틀랜드, 북아일랜드, 웨일즈)별로 상이하게 운영되어 왔다. 이는 프로그램이 각 연방지역별 정부의 독립성과 운영의 독자성에 맞추어 조직되었기 때문이다. MV 프로그램은 기본원칙 등의 기본적 내용은 중앙정부의 관할에 있으나, 각 프로그램에 대한 운영은 각 지역정부에서 선택하여 자율적으로 운영되고 있다.

MV 프로그램에 대한 정부의 예상 또한 각 연방지역별로 상이하다. 초기 4년간의 예산은 잉글랜드가 36백만 파운드로 가장 높았으며 스코틀랜드가 2백만 파운드, 웨일즈가 1백만 파운드, 북아일랜드는 78만 파운드 수준이었다. 잉글랜드의 예산은 2002~2003년도에 증가하여 연간 15백만 파운드를 지원받았으며 2003~2004년도에도 동일한 금액을 지원받았다. 스코틀랜드의 경우 2002~2003년도 예산은 69.5만 파운드였으며 웨일즈와 북아일랜드는 각각 30만 파운드를 배정하였다.

표 2-7 영국 Millennium volunteer의 정부예산지원(1998~2004)

구분	잉글랜드	북아일랜드	스코틀랜드	웨일즈
1998~2002년	36,611	780	2,195	1,063
2002~2003년	15,000	300	695	300
2003~2004년	15,000	300	unconfirmed	unconfirmed

최근의 예산을 살펴보면 MV 프로그램에 대한 2007/8년도 잉글랜드 정부예산은 15백만 파운드로 2004년과 유사한 수준이었고 2008/9년도의 북아일랜드 정부 예산은 67만 파운드로 2004년에 비해 2배 이상 증액되었다.

당초 잉글랜드에서는 중앙정부가 프로그램을 관할하였으며 교육기술부(Department of Education and Skills: DfES)의 새천년봉사부서(Millenium Volunteers Unit)에서 관리해왔으며 현재는 민간 기부단체인 'V'로 이관되어서 운영되고 있다. 스코틀랜드와 웨일즈는 민간자원봉사기구(Volunteer Development Agency)라는 독립적인 기구를 통하여 프로그램이 운영되었다. 연방정부별로 상이한 조직 운영 형태를 알아보기로 한다.

① 잉글랜드

잉글랜드의 MV 프로그램은 민간 기부단체인 'V'를 통하여 운영된다. V는 2006년 3월에 창립되었으며 민간 기부단체로 정부의 지원예산과 민간의 기부금에 의하여 운영된다. V의 운영은 3년간의 임기를 가진 14만 명으로 구성된 이사단에 의하여 이루어지며, 이사단은 전략적 방향과 단체의 정책을 결정하는 역할을 수행한다. 이와 관련된 정부기구로는 영국 국무조정실(cabinet office) 산하 제3섹터위원회(Office of the Third Sector)가 있다. 제3섹터위원회는 자원봉사 및 지역사회 단체, 사회적 기업, 기부단체 등을 지원하고 제3섹터 활동에 대한 예산지원 프로그램을 운영하며 제3섹터에 속한 기관 및 단체 간의 전략적 파트너십을 운영한다.

V20 청년 자문단(V20 Youth Advisory Board)은 20인의 다양한 배경을 지닌 청년으로 구성되어 있으며 이사회에 배석하여 활동을 모니터링하고 V의 운영에 대한 자문의 역할을 수행한다. 또한 재정위원회와 보상위원회, 감사 등의 기구가 또한 V의 운영에 있어서 재정적인 부분과 이사회의 역할에 대한 보상, 기부금과 정부예산의 운영에 대한 감사를 수행한다.

② 웨일즈

웨일즈에서 밀레니엄 봉사단은 민간의 대표기구에 일임되어 독립적으로 운영되고 있다. 웨일즈에서는 웨일즈자원봉사협의회(Wales Council for Voluntary Action: WCVA)가 사업의 중심 사무기구로서 프로그램을 운영하고 있으며 자문기구 안에 소속되어 있다. 본 단체는 연방정부와 계약을 체결하고 MV 프로그램의 운영을 담당한다. WCVA에 참여하는 단체로는 웨일즈 청소년기관(Wales Youth Agency)과 웨일즈 청소년 자원봉사협의회(Council of Wales of Youth Voluntary Services)가 있다.

웨일즈의 밀레니엄 봉사단 프로그램은 네 가지 종류의 구조에 따라서 각각 차별적으로 진행된다. WCVA의 자위조직은 6개의 특별 개발 프로젝트(Special Development Initiatives), 지역연계파트너(Local Coordinating Partners), 전달파트너(Delivery Partners), 청소년리더 프로젝트(Youth-led Project) 등으로 구성된다.

웨일즈의 6개의 특별 프로젝트(Special Development Initiatives)는 홈리스나 장애인 등 소외계층도 적극적으로 자원봉사활동에 참여할 수 있도록 홈리스들의 자원봉사, 웨일즈의 언어를 매개로 하는 자원봉사, 언어장애나 신체적 장애를 가진 사람들이 할 수 있는 자원봉사 프로그램이다.

지역연계파트너(Local Coordinating Partners)는 웨일즈 지방의 각 지역 구마다 하나씩 있는 서비스 전달의 기본구조이다. 이들은 MV 활동을 촉진하고 봉사자를 모집하고, 면접·상담하여 적합한 활동장소에 배치하는 매개역할을 하며 3천 파운드를 지원금을 받는다.

전달파트너(Delivery Partners)는 사회복지시설기관 및 단체, 자원봉사단체 등 직접 서비스를 전달하거나 활동을 기획 실행하는 지역사회 단체 및 서비스를 전달하거나 활동을 기획·실행하는 지역사회 단체 및 조직이 해당된다. 각 조직은 유급 청소년봉사단원 관리비용, 자원봉사 실비용, 교육훈련과 기구 장비

구입 비용 등을 위해서 최대 5천 파운드까지 매년 지원 받는다.

청소년리더 프로젝트(Youth－led Project)는 주로 청소년에 의해서 운영되는 멘토링 프로그램이다. 최대 5천 파운드까지 매년 지원받을 수 있으며 주로 단기 프로그램으로 운영된다.

③ 스코틀랜드

스코틀랜드는 스코틀랜드 자원봉사발전(Volunteer Development Scotland)이라는 기구가 MV 프로그램 사무국의 역할을 맡고 있다. 자원봉사발전기구는 스코틀랜드 지역사회 학습회(Community Learning Scotland), 스코틀랜드 청소년연대(Youthlink Scotland), 스코틀랜드 지역사회봉사단(CSV Scotland) 등의 단체들로 구성된 컨소시엄기구이다.

스코틀랜드 자원봉사발전기구는 스코틀랜드 행정부 관할 소속으로, 웨일즈의 조직구성 체계와 유사한 방식(민간단체의 컨소시엄)으로 운영된다. 스코틀랜드 MV 운영조직의 특징은 운영사무국에 평가그룹과 자문그룹이 직접 연계되어 평가와 자문기능이 강화된 조직형태를 보유하고 있다는 점이다. 평가그룹은 컨소시엄을 비롯하여 MV 봉사에 참여하는 단체와 전국적 자원봉사단체들로 구성되어 있으며 자문그룹은 MV 봉사 참여 단체와 봉사자로 구성된다.

스코틀랜드 자원봉사발전기구의 하위조직으로는 중매자(Matchmakers), 서비스배치 제공자(Placement Providers), 청소년리더 프로젝트(Youth-led Projects) 3개의 조직/프로젝트가 있다. 중매자는 자원봉사 활동처를 청소년에게 연결시켜 주는 모집, 면접, 배치 등의 역할을 하고 서비스배치제공자는 단체 내의 청소년에게 자원봉사 기회를 제공하며 청소년리더프로젝트는 청소년 단체에 의하여 운영되는 프로젝트이다.

④ 북아일랜드

북아일랜드는 자원봉사발전기구(Volunteer Development Agency)에서 MV

프로그램을 관리하고 운영한다. 스코틀랜드나 웨일즈에서는 MV 운영기구가 단체 간의 컨소시엄 소속이었으나 북아일랜드의 자원봉사발전기구는 지역 정부의 하부기관으로서 지역 단체들은 프로그램 조언 역할을 하는 자문그룹 안에 소속되어 기구와 연계되어 있다.

자원봉사발전기구(Volunteer Development Agency)의 재정은 북아일랜드 교육부에서 직접 지원한다. 본 기구의 자문그룹에는 각종 지역 시민 단체, 서비스 기관 및 청소년 단체 등이 포함되는데 자문그룹은 프로그램의 지원과 활동과정, 성과 등을 평가하고 자문하는 역할을 담당한다.

서비스 전달파트너(Delivery Partners)는 자원봉사발전기구와 연계된 조직으로 사회복지시설기관 및 단체, 자원봉사단체 등 직접 서비스를 전달하거나 활동을 기획·실행하는 지역사회 단체 및 서비스를 전달하거나 활동을 기획·실행하는 지역사회 단체 및 조직이 해당된다. 이들은 MV 봉사자의 배치와 활동을 직접 지원한다.

(2) 운영 현황

MV는 영국 전체의 16~25세의 청년들을 대상으로 한 정부 주도의 자원봉사활동 프로그램이다. 프로그램의 목적은 첫째 MV 기본원칙에 부합하는 자원봉사의 기회와 기회를 제공하는 기관의 수와 규모를 증대시키는 것이다. 두 번째 목적은 청소년이 MV 최우수상을 통하여 그들의 자원봉사활동에 대한 전국적 인지도를 획득하고 더 많은 청소년들이 MV 프로그램을 통한 자원봉사활동의 기회를 가질 수 있도록 지원하는 것이다. 마지막으로 MV 프로젝트를 통하여 지역사회에 기여하고 청소년들의 개인적인 성장과 기술개발을 도모하는 데에 그 목적이 있다.

MV은 4개의 지역정부마다 상이한 기준을 가지고 운영되고 있으나, 그 기본원칙은 공통적으로 적용된다. 기본원칙은 9가지로 구성되어 있는데, 지속적 헌신에 대한 약속, 지역사회 이익기반 프로그램 운영, 자발적 참여, 대상포괄성, 청소년의 자기결정권 존중, 봉사활동의 다양성, 기관 간 파트너십 기반, 양질의 봉사활동 제공, 상(award)을 통한 인정체계 확립 등을 포함한다. 구체적인 내용은 표 2-8에 제시되어 있다.

표 2-8 Millennium Volunteers 프로그램의 9개 기본원칙

구분	내용
기본원칙 1.	지속적인 개인적 헌신에 대한 약속 - MV는 연간 200시간의 자원봉사활동 요구
기본원칙 2.	지역사회 이익 - 지역사회의 이익과 필요에 맞는 프로그램 제공
기본원칙 3.	자발적 참여 - 청소년의 참여는 전적으로 자발적 의사에 기반을 둠
기본원칙 4.	포괄성 - 이전에 자원봉사 참여 경험이 없거나, 사회적 배제를 경험한 청소년을 포함
기본원칙 5.	프로젝트에 대한 소유권 - 자원봉사활동 시 청소년의 의사결정권을 존중하고 증진하고자 함
기본원칙 6.	다양성 - 다양한 종류의 봉사기회를 제공함
기본원칙 7.	파트너십 - MV 프로그램은 기관/단체 간 파트너십을 바탕으로 한 프로젝트를 선호함
기본원칙 8.	봉사활동의 질 - 청소년이 높은 수준의 봉사활동을 체험할 수 있도록 함
기본원칙 9.	인정 - 인증서 및 최우수상 수여

MV 프로그램의 봉사활동은 주로 지역사회 스카우트 조직에 봉사하거나, 병원에서 봉사, 지역사회 정원구축, 자원보존사업, 장애아를 대상으로 한 학교 보조교사, 체육활동의 리더, 아동을 위한 여행도우미, Cadet 프로그램 참여 등으

로 다양하다.

활동에 대한 보수는 없으나, 봉사자에게는 2종의 보상이 주어진다. 연간 50시간 이상 및 100시간 이상의 자원봉사활동을 수행할 경우, 각각 '인증서'가 수여된다. 그리고 연간 200시간 이상의 자원봉사활동을 할 경우 영국 총리명의의 최우수상이 수여되는데, 이러한 수상경력은 이력서에 기재되어 향후 구직 및 취학에 있어서 영국 내 여러 기업과 대학교(원)들에 의해 인정받을 수 있도록 하고 있다.

표 2-9 MV 봉사자 및 수상실적: 1999~2002년

구분	잉글랜드	북아일랜드	스코틀랜드	웨일즈	합계
최우수상 수상실적	11,574	560	519	416	13,069
봉사자 수	53,768	992	2,584	2,488	59,832

표 2-10 MV 봉사자의 특성: 1999~2002년

구분	잉글랜드	스코틀랜드	웨일즈	북아일랜드	전체
성별					
남성	38	34	33	34	35
여성	62	66	67	66	65
계	100(41,280)	100(2,433)	100(2,297)	100(922)	100(47,022)
연령					
16~18세	16	62	37	48	48
19~21세	32	23	31	27	28
22세 이상	23	15	33	25	24
계	100(52,577)	100(2,441)	100(2,297)	100(922)	100(58,307)
장애 여부					
장애	7	7	4	9	7
비장애	93	93	96	91	93
계	100(52,577)	100(2,441)	100(2,297)	100(922)	100(58,307)

과거 봉사경험					
유경험	41	-	59	58	53
무경험	59	-	41	42	47
계	100(41,280)	-	100(2,298)	100(992)	100(44,570)
고용형태					
학생	68	62	68	56	64
교육훈련생	3	3	4	5	4
무직	11	20	17	28	19
근로자	13	15	8	11	12
기타	4	0	3	0	2
계	100(41,280)	100(2,433)	100(2,298)	100(922)	100(47,003)

3) 성과

Smith, Ellis & Howlett(2002)의 연구는 MV의 9개 기본원칙에 의거하여 MV의 성과를 평가한 보고서이다. 연구결과에 따르면 MV는 청소년 자원봉사자를 유치하고 이들을 위한 자원봉사활동을 조직하는 데에 있어서 대체적으로 긍정적인 성과를 보인 것으로 나타났다.

MV 봉사자 개인에게는 개인적 발전 및 기술의 습득 등의 도움을 준 것으로 나타났다. 또한, MV 프로그램은 봉사자들로 하여금 컴퓨터, 환경보존 등의 직업적 기술과 팀워크 및 의사소통능력 등의 기술을 습득하는 데 도움을 준 것으로 보인다.

한편으로는 MV 프로그램의 단점도 지적되었다. 다수의 MV 봉사자와 프로젝트 기관은 200시간 단위의 집중적인 자원봉사활동에 대해 찬성하였으나 일부 반대하는 의견도 제시되었다. 이는 MV 봉사활동에서 요구하는 장시간의 봉사활동은 특히 취약계층의 자원봉사경험이 전무한 청소년이 MV 프로그램에 참여하는 데 상당한 불이익으로 작용하였기 때문이다. 또한 200시간의 활동이 1년 내에 종료되어야 한다는 시간제한 규정은 집중적인 자원봉사가 가능하다는 장점을 만들기도 하지만 동시에 청소년들이 MV에 참여하는 데 있어서 장애가 된다는 지적도 있었다. 또한 봉사활동시간을 기반으로 보상이 이루어지는 안정 보상체계에 대해서도 지적이 되었는데, 프로젝트의 특성상 적은 활동시간에 집중적인 노력을 투입하여 종료되는 경우에는 봉사자의 노력과 활동의 질 등이 보상에서 외면될 수 있다는 점 때문이다.

이러한 MV 프로그램의 단점에 대한 지적사항은 러셀위원회(Russell Commission)의 청년층의 사회참여를 위한 국가 기본계획에 반영되어 영국의 청년봉사활동을 증진하기 위한 기틀 마련에 기여하였다. 즉 취약계층의 참여를 도모하기 위하여 제도적. 경제적인 부분에서의 배려를 추진하기로 하였으며 활동완료시간 외에 자원봉사활동을 통하여 습득한 기술과 기여도 등을 인정할 수 있는 방안을 마련하는 등의 조치가 국가 기본계획에 포함된 것이다. 이렇듯 MV 프로그램은 영국의 청년 자원봉사활동의 계획에 필요한 자료를 제공하고 봉사활동의 활성화에 기여하였다는 점에서도 의의가 있다고 볼 수 있다.

3 호주의 자원봉사활동

1) Green Corps의 발전과정

Green Corps 프로그램은 호주의 17~20세의 청년층을 대상으로 자원보존과 환경 관련 사업에 참여할 수 있는 정부 차원의 자원봉사프로그램으로서 청년층의 직업훈련 및 인적자원개발과 전국적 자원보존 및 환경사업 활성화라는 두 가지 목적을 구현하기 위하여 실시되었다. Green Corps 프로그램은 1996년에 시작되었으며 그 이후에는 3차에 걸쳐 실시되어 왔다. 1차 Green Corps 프로그램은 1996년부터 1999년까지 3개년간 실시되었으며, 2차 프로그램은 2002년부터 2005년까지, 3차 프로그램은 2006년부터 2009년까지 실시되어왔다.

기간별로 프로그램의 시행연한을 둔 이유는 각 프로그램 시행차수별로 Green Corps의 관리조직이 상이하였기 때문이다. 즉, 1차의 경우 교육훈련청년부(Department of Education, Training and Youth Affairs: DETYA)에서 관할하며 Australian Trust for Conservation Volunteers가 운영조직이었다. 2차 Green Corps는 교육훈련청년부에서 Job Future를 통하여 Green Corps의 배치 및 운영 등의 업무를 수행하였으며, 3차는 Greening Australia를 통하여 주별로 구분되어 운영된다.

2) Green Corps의 운영 현황

(1) 운영조직

Green Corps는 교육훈련청년부에서 운영의 책임부서 역할을 하고 있으며, 민간 환경단체인 환경호주(Environment Australia: EA)에서 프로젝트에 대한 자문역할을 수행하고 있다. Green Corps의 운영 및 관리는 1차 Green Corps 프로그램의 경우 호주 자원보존 봉사기금(Australian Trust for Conservation Volunteers)이라는 단체가 호주 교육부와 계약을 바탕으로 운영하였으며. 2차 프로그램은 직업적 미래(Job Future)라는 단체와의 SA, WA, NSW, 및 ACT의 4개 주에서 각기 개별적으로 운영되고 있다.

1차 Green Corps 프로그램의 총 예산은 41.6백만 달러로서 행정운영비 등에 22.3백만 달러와 봉사자에 대한 교육훈련수당 지출이 18.8백만 달러로 구성되어 있다. 제 1년차의 지출을 바탕으로 비용의 분포를 살펴보면 1개 프로젝트당 117천 달러 정도의 수준으로서 봉사자 1인당 11천 달러이 소요되었으며 이 중

5.3천 달러 정도는 봉사자 개인을 위한 교육훈련수당이며 6.3천 달러은 계약기관(사업수행기관)에 운영비로 지급된 것이다. 이러한 예산은 점차 증가하여 3차 Greed Corps 프로그램의 예산은 연간 25.4백만 달러 수준이었다.

(2) 현황

Green Corps 프로그램은 1997년 3월에 시작되었다. 1차 Green Corps의 경우 각 봉사활동 프로젝트의 기간은 매 2~3개월 동안 진행되었으며 1999년까지 총 2년간 255개 프로젝트가 종료되었다. 전체 프로젝트 중 80%는 지역에 분포하였거나 외진 지역을 대상으로 하였다. 나머지 19%는 도시지역에 위치하고 있다. Green Corps 프로젝트는 주로 환경 관련 단체, 주정부기관이나 지방정부의 환경과 지역사회 관련 사업으로 이루어져 있다. 프로젝트의 기간은 대규모 사업의 경우 14주이며 소규모 사업의 경우에는 더 짧은 기간 동안 진행되기도 한다. Green Corps 봉사자들은 총 6개월 동안의 봉사기간 동안 팀 단위로 프로젝트를 맡게 되며 프로젝트 종류 이후 다른 프로젝트로 배치되게 된다.

Green Corps 프로그램 봉사활동은 환경과 관련된 다양한 활동으로 구성되는데, 이는 환경 관련 조사 및 자료 취합, 접근성 관리, 수풀지역 재생, 동식물의 서식처 보존, 펜스작업 등과 빌딩 재건 및 야생생물 보호 등 문화적 자산 관련 활동을 포함하였다. 1차 Green Corps 프로그램 봉사활동에는 총 268개 사업수행기관이 관련되었으며 이 중 3분의 2는 주 및 지역 정부기관인 것으로 나타났다.

Green Corps 프로그램의 참여자들은 자발적인 지원을 통하여 봉사활동에 참여하고 있다. 봉사자의 선정은 지원자의 환경에 대한 관심 및 환경에 대한 책임의식, 그리고 팀을 이루어서 일할 수 있는 능력에 따라서 사정이 이루어진다. Green Corps 프로젝트는 10인의 자원봉사자 팀으로 구성되며 해당 기간 동안 환경 관련 프로젝트를 수행하게 된다.

Green Corps 봉사자로 선발되면 관련 프로젝트를 수행하기 위한 최소 134시간의 교육훈련을 받게 되며, 연방교육급여금(Federal National Training Wage Award)에 기초하여 교육훈련기간 동안의 훈련수당을 받는다. 훈련수당은 주당 149~246달러 수준으로 학력 및 졸업연한 등을 고려하여 산정된다. 또한 봉사활동 종료와 함께 향후 추가적인 교육이나 훈련을 위한 $500의 지원금을 받을 수 있다.

1차 프로그램의 총 참여자는 2,550명이며, 봉사참여이유를 살펴보면 '환경을 보존하기 위하여'라는 응답이 32%로 가장 많았으나 '자원봉사활동을 하면서 보수를 받을 수 있기 때문에'라는 응답도 25%로 나타나 봉사활동 자체뿐 아니라 봉사활동을 통한 임금의 확보가 봉사참여인 경우도 4분의 1 수준이 되었다.

표 2-11 Green Corps 봉사자의 특성: 1999년

구분	전체
성별	
남성	57
여성	43
연령	
17세	17
18세	28
19세	27
20세	28
과거 직업상태	
실업	61
비실업	39
최종학력	
Year 10 미만	5
Year 10	21

구분	전체
Year 11	15
Tear 12	59
기타 특성	
원주민 혹은 Torres 해협 및 섬 거주민	5
영어 이 외의 외국어 사용자	4
계	100.0

3) Green Corps의 성과

Green Corps 프로그램의 성과는 봉사자에게 있어서 직업경험, 기술 습득 및 환경보존사업과 관련된 정규직업훈련 참여 등의 직업과 관련한 개인적인 역량 강화의 부분에 있어서 가장 높은 것으로 나타났다. 또한 직업과 교육 및 직업에 대한 자신감 및 자존감의 제고 등의 개인의 사회심리적 발달에도 긍정적인 영향을 미치는 것으로 나타났다.

많은 봉사자들은 Green Corps 프로그램에 참여하게 되면서 환경보호에 대한 의식이 제고되었으며 자신의 삶이 환경친화적인 형태로 변화하게 된 점을 큰 성과로 꼽았다.

개인적 발전, 즉 사회적 기술 및 삶의 기술을 습득하는 변화도 큰 성과 중 하나로 제시되었다. 많은 봉사자들은 Green Corps 프로젝트를 수행하면서 자존감과 성숙감이 제고되었으며 사회적인 태도 및 행동에 있어서 긍정적인 변화가 있었다.

Green Corps 프로그램은 봉사참여경험자의 취업 및 교육에도 긍정적인 영향을 끼치는 것으로 나타났다. 봉사자의 활동 종료 3개월 이후의 모니터링 결과에 따르면 전체의 60% 수준에 이르는 봉사자들이 취업하거나 상급학교에 입학하는 등 긍정적인 결과가 있었다.

특히 전일제 근로자의 비율 증가와 시간제 근로자의 비율 유지가 동시에 이루어졌으며 이에 따른 실업의 감소효과가 나타났다.

표 2-12 Green Corps 봉사 종료 3개월 시점의 근로상태

구분	1 round	2 round	3 round	4 round	계
취업	52	38	33	46	42
상급학교 교육	14	19	25	15	18
긍정적 효과	66	59	59	62	60
미취업	34	42	41	38	40

표 2-13 Green Corps 프로젝트별 환경보호 목적 달성도

구분	GAS 점수	가중치 부여 후 GAS 점수	장기적 효과(가능성)
Big Scrub Rainforest, Lismore, NSW	5	4.6	10
Mary River Catchment, Maleny, Old	4	3.2	5
Kambah Pool, ACT	3	2.6	3
Regent Honeyeater Habitat, Wanaratta, Vic	5	3.5	5
Tookayerta Catchment, SA	5	3.9	7
Bibbulmun Track, Albany	5	3.6	9
Broughton Catchment, SA	4.8	3.5	5
Bundanon Trust, Nowra NSW	4	3.9	8
Cataraqui Point, King Island, Tas	2	2.8	7
Hobart and Hamilton, Tas	5	4.3	8
Six Mile Catchment, Mary River, Noosa, Old	3	3.2	7
South Coast Estuaries, Denmark, WA	4.1	3.3	7
Wentworth Falls, NSW	3	3.3	8
Wimmera Wetlands, Horsham, Vic	5	4.2	6
Wollamai Pt, Wollongong, NSW	5	3.2	7

Green Corps 프로그램은 호주의 환경영향적 측면에서도 긍정적인 효과를 가져왔는데, 이는 각 프로젝트의 Goal Attainment Scaling(GAS) 점수를 측정하며 환경보호의 목적에 대한 성과를 측정한 결과에 따른 것이다. 성과측정 결과에 따르면 거의 모든 프로젝트가 만족스럽거나 혹은 기대하였던 수준(GAS 점수 3점 이상)의 성과를 달성한 것으로 나타났다.

4 일본의 자원봉사활동

1) 발달과정

일본의 자원봉사가 활성화되기 시작한 것은 제2차 세계대전 이후로 전전의 서구의 기독교 종교인들의 영향으로 자원봉사가 본격적으로 활성화되었다고 볼 수 있다. 물론 전전의 사회에서 지역사회를 중심으로 유교적인 전통으로의 상호부조를 통하여 자원봉사활동이 전개되었다고 볼 수 있다.

일본의 자원봉사의 발달과정은 기독교의 영향에 의한 볼런티어가 전개된 시기, 일본의 사회사업 성립기부터 전시 체제하의 볼런티어 상황, 고도 성장기부터 1980년대 사회복지의 확충기 기간, 한신대지진 이후에서 NPO 제정까지(NPO법의 제정은 1998년)로 분류하여 볼 수 있다(米山岳廣, 2006).

1948년 패전 후 혼란스러운 사회를 배경으로 부상자의 원호, 부랑자의 보호를 위한 자생적인 단체가 민간 차원에서 생겨나기 시작했고, 1948년 민생위원법이 제정되어 정부가 위촉하는 관립 자원봉사자인 민생위원제도가 시행되었으며 '오사카 사회사업 볼런티어협회', '적십자 봉사단', '동경 소년보호 사회청년부' 등의 단체가 발족되었다. 또한 1947년에는 '공동모금', 'BBS 운동'이 시작되었고 그 후 Workcamp 활동, 학생인보관운동이 시작되었다. 인보관 활동 중 대표적인 것으로는 1949년 태풍의 피해가 계기가 되어 동경대학을 중심으로 한 인보관운동이 재개됨으로써 1955년에 는 '전국 세틀먼트연합회'가 결성되기도 했다.

1952년 애원현(愛媛懸)에서 청년사회사업가자원봉사조직에서 자원봉사라는 말이 일본에서 최초로 사용되었지만, 자원봉사라는 말이 일반적으로 알려지기 시작한 것은 고도성장기 이후이다. 또한 일본에서의 자원봉사라는 말은 그다지 사용되지 않고 대부분 영어의 볼런티어로 사용되고 있다. 일본에서의 자원봉사활동은 1965년 이전까지는 정부가 주도하고 사회복지법인이나 민생위원회 이외에는 민간인들의 참여와 관심은 거의 전무한 상태였다.

1965년 이후 자원봉사의 양적인 확대가 급속도로 진행되었고, 1962년 사회복지협의회가 일본형 자원봉사센터라 할 수 있는 선의은행(Good Will Bank)이 도쿠시마현과 오이타현에 개설되어 자원봉사를 촉진시키는 데 기여하였다. 그러나 선의은행은 본래의 노력봉사의 예탁이 후에는 금품예탁 중심으로 변질되고, 그 당시의 주민운동과 공해반대운동에서 지역활동으로, 복지활동으로 확산되는 주민참가의 힘을 충분히 흡수할 수 없게 됨으로써 한계가 있었다.

1965년 민간으로 오사카 자원봉사협회가 설립되어 일본의 자원봉사자들의 교육, 훈련에 주력하였으며, 이것은 일본자원봉사학교의 전형이 되었다. 또한 1968년은 자원봉사활동의 일대전환기를 맞이하는 시점으로 전국사회복지협의회에서 '자원봉사자 육성 기본 요강'을 책정하였을 뿐 아니라 전국선의은행연락 협의회가 발족되었다. 이는 종전까지 자의적으로 행해 오던 자원봉사활동에 대해 전국 차원의 통일된 규정과 기준을 제시함으로써 바람직한 발전방향 모색 및 자원봉사활동의 전체적인 수준 향상을 도모하게 하는 계기가 되었다.

1970년에는 일본에서 처음으로 다양한 활동가에 의해 기획된 '제1회 전국자원봉사활동연구대회(현 전국볼런티어 연구집회) — 일본청년봉사협회 주최' — 가 출범하여 현재도 계속되고 있다. 또한 1970년대부터 민간에 의한 볼런티어 활동 추진기관의 설립 움직임도 확산되었다 각 지역의 자원봉사그룹의 연락조직 등이 모체가 되어 지역별로 민간의 '볼런티어협회'가 설립되게 되었으며 사회복지협의회에 의한 '볼런티어센터'의 설립에 박차를 가하였다(박민서, 1998).

1973년에는 14개의 도 · 도 · 부 · 현이 태풍의 피해가 계기가 되어 중앙이나 지방자치단체의 보조에 의해 사회복지협의회를 중심으로 중앙에 '전국자원봉사활동진흥센터', 도 · 도 · 부 · 현 및 지정 도시에 자원봉사센터'를 설립하는 등 자원봉사활동 추진체계가 정비되기 시작했다. 1975년 사회복지사업법에 의해 전국사회복지협의회 내에 '중앙볼런티어센터'가 설치되었으며 자원봉사활동의 양적 확대에서 질적 전환기를 맞이하였고, 1975년부터는 특히 복지교육의 필요성을 강조하였다 이 시기는 후생성이 전국사회복지협의회를 통해 자원봉사활동 육성에 주력하였고, 지방자치단체도 자원봉사활동을 적극적으로 육성해 나갔던 시기로 각지에서 자원봉사자학교가 개최되어 지역에서 활동할 자원봉사자 그룹이 생겨나기 시작했다. 또한 1977년부터는 전국자원봉사활동진흥센터에 후생성이 보조금을 지급하기 시작했으며, 이 시기부터 전국사회복지협의회에서는 안심하고 자원봉사활동이 이루어지도록 하기 위해 '자원봉사보험제도'를 개시하였으며 그 이듬해에는 전국자원봉사정보센터를 설치해 '자원봉사정보센터뉴스'를 발행하였다.

1980년대에 들어서면서 기업과 노동단체에서 시작된 사회공헌활동(Philanthropy)은 국민적 의식 확대에 커다란 영향을 주었으며, 1990년대에 들어와 미국 기업들의 영향을 받아 일본의 많은 기업들이 그들의 사회공헌활동에 관심을 가지게 되었다. 그 결과 제록스, 소니, 미쓰비시 상사, 삿포로 맥주, 리크루트 등 50여개에 이르는 기업의 자원봉사활동 참여가 활성화되었다(米山岳廣, 2006).

1994년에는 사회복지협의회를 포함한 학교, 기업이 참여하는 전국적인 자원봉사활동 조직체인 '광역볼런티어범주' 연락회의가 창립되었다. 이 연락회의는 최근 일본 내에서 늘어나는 각 분야의 자원봉사활동을 더욱 활성화, 조직화하기 위해 사회복지협의회 외에 일본상공회의소, 일본노총, 전국농협중앙회, YMCA 등 전국 규모의 사회단체 41개가 모여 결성된 것이다.

1995년 1월 17일에 발생한 한신대지진은 자원봉사활동의 촉진을 위한 중요한 계기가 되었다. 6,000명이 넘는 희생자를 낸 대지진의 피해자를 돕기 위해 지원한 150만이 넘는 자원봉사자들의 활동이 사회에 새롭게 조명되게 되었다(조추용, 2001). 또한, 대지진으로 자원봉사활동에 대한 경제적 지원을 할 필요가 있다는 목소리가 높아지게 됨에 따라 효고현이 1995년 4월부터 자원봉사활동비의 지급규정을 정하는 등 전국사회복지협의회도 운영비 등을 원조하게 되었으며, 한신대지진을 계기로 자원봉사 코디네이터를 하나의 전문직업으로 여기게 되었으며, 정부도 정부활동과 민간활동 차이를 인식하게 되어 정부와 민간단체와 파트너로 일하는 방법도 익히면서 정부부처 내에 250개 자원봉사 프로그램을 운영하게 되었다(최경덕 외, 2006).

자원봉사단체 등 민간비영리단체 활동의 건전한 발전을 지원하기 위하여 의원입법에 따라 1998년 3월에 특정비영리활동촉진법이 제정되었다 이 법은 자원봉사단체 등 많은 단체가 임의단체로 활동하고 있기 때문에 구좌의 개설과 부동산동기 등의 법률행위를 단체명으로 할 수 없는 불편과 사회적 신용도가 낮다고 하는 문제를 해결하기 위하여 제정되었다 이러한 법에 의하여 많은 비영리조직이 설립되고 이러한 비영리조직에서 자원봉사자들을 활용하고 육성하는 활동을 지속적으로 해 오고 있다.

2) 자원봉사 현황

일본의 자원봉사는 정부의 정책적인 지원과 지역사회 중심의 시민운동이 활발하게 전개되고 있으며, 여기에 기업들의 적극적인 참여로 자원봉사활동이 활발하게 전개되고 있다. 또한 자연재해가 많은 일본에서는 지역을 중심으로 상부상조의 정신이 시민사회에 성숙되어 있어 자원봉사활동에 적극적으로 참여하고 있다고 볼 수 있다. 일본의 자원봉사 조직들은 다음과 같다.

(1) 민생위원제도

민생위원(정식 명칭: 민생위원 및 아동위원)은 1917년에 조직된 방면위원령에 의한 방면위원을 1948년 민생위원법에 의한 민생위원으로 명칭을 변경하여 정부가 위탁하는 일종의 관립 자원봉사로서 활동하게 되었다. 민생위원은 지역사회의 자원봉사자로서 한 지역에 오랫동안 거주한 토착민으로 지역주민에게 모범이 되어야 추천을 받을 수 있는 토착적인 자원봉사이다.

이들의 활동은 지역사회의 생활실태 파악을 위한 조사, 요보호자에 대한 상담지도, 저소득층을 위한 세대갱생자금 대부사업 등과 사회복지 행정기관이나 시설과의 업무연락 및 협력에 관한 것이다. 현재 전국적으로 약 22만 9천여 명에 이르고 있고 도시의 경우 2,707가구당 1인, 농촌의 경우 120가구당 1명씩 임명되어 있으며 민생위원은 도도부현 지사의 추천에 의해 후생노동성 장관이 위촉하며, 임기는 3년이다. 이들에게는 적지만 매월 교통비 등의 소정의 활동비가 지원되었고 집 대문에는 '민생위원의 집'이라는 표찰을 달아 주어 생활이 어려운 사람들은 이곳을 찾아가 상담을 할 수 있도록 하였다(김범수 외, 2004). 또한 아동복지법에 의해 아동위원으로 위촉되어 있어 각종 아동 및 청소년 문제에도 참여하고 있다.

(2) 자원봉사센터

사회복지협의회 내에 1959년 자원봉사연구회가 조직되어 처음에는 '선의은행'으로 불리다가 이후 '자원봉사센터'로 명칭이 바뀌었으며, 후생성이 1973년부터 자원봉사 프로그램 지원비를 지급하고 있다. 자원봉사활동을 좀 더 효율적이고 효과적으로 수행하기 위한 상담, 교육, 연구활동 원조 등의 기능을 하고 있으며, 센터의 설치·운영 주체는 공공기관, 사회복지협의회, 민간육성기관, 시설단체 등의 네 곳이다.

(3) 전국자원봉사활동진흥센터

1975년 전국사회복지협의회 부설기관으로 설립하여 오늘에 이르고 있다. 국민 전체에 대한 계발활동과 광역 및 기초자치단체 사회복지협의회의 활동을 지원한다. 현재 실시하고 있는 주요업무를 살펴보면, 자원봉사 정보지의 발행, 자원봉사에 관한 전화상담, 볼런토피아(Voluntopia: 1985년부터 정부의 보조사업으로 추진되고 있는 '복지자원봉사마을 만들기' 사업을 말함)사업의 추진, 학생들의 자원봉사활동 보급사업 추진, 자원봉사 리더의 양성, 자원봉사 조정자의 연수, 자원봉사에 관한 조사, 자원봉사대회의 개최 등이다.

(4) 일본청년봉사협회

청소년들 특히 중·고·대학생들의 자원봉사활동을 활성화하기 위해 1967년 설립되었고, 일본 교육부가 승인한 전국 단위의 자원봉사단체다. 협회의 활동으로 청소년 자원봉사활동에 관한 각종 교재, 슬라이드, 영화를 제작하여 보급·대여하고 있으며, 10대 자원봉사자 활동문화제 및 기타 자원봉사 학습자료를 개발하고 뉴스레터를 발간하는 등 활발한 활동을 전개하고 있다. 특히 매년 아시아 지역의 청소년 자원봉사 지도자들을 초청하여 실시하는 연수에는 우리나라의 관련 사회복지 업무 종사자도 매번 참여하고 있다. 일본청년봉사협회의 가장 대표적인 활동은 1994년부터 시작된 '자원봉사 365 아시아 교류 프로그램

(V365 Asian Exchange Program)'으로, 아시아의 다양한 국가에서 온 자원봉사자들이 1년 동안 일본의 양로원 · 신체부자유시설 등에서 자원봉사활동을 체험하는 프로그램으로 운영되고 있다(주성수, 2005).

(5) 사협/볼런티어센터

사협/볼런티어센터는 지역복지라는 시각에서 시민참가형 복지사회를 가르치고 시민이 복지활동에 참가하기 위하여 기반을 정비하기 위한, 볼런티어 코디네이터(coordinator)의 확충과 볼런티어 애드바이서(adviser)의 육성, 프로그램 개발, 조사연구, 복지교육, 기업노조와의 협동, 볼런티어활동에 관한 네트워크의 강화 등을 계획적 · 체계적으로 추진하고 있다

2003년 현재 2,278의 시 · 정 · 촌 사협에 볼런티어센터가 설치되었으나 같은 기능을 가진 사협이 839개 있어 모두 3,117개소이다. 또한 전사협 병행으로 도 · 도 · 부 · 현, 지정도시 사협 59개소에도 기간이 되는 사협/볼런티어센터가 설치되어 있다(2003년도 볼런티어활동년보).

또한 매년 볼런티어 페스티발을 개최하여 볼런티어에 대한 시민들의 관심과 참여를 유도하고 있다.

(6) 동경볼런티어 · 시민활동센터

동경볼런티어 · 시민활동센터는 1981년 여러 분야의 자원봉사활동의 추진 · 지원을 목적으로 '동경볼런티어센터'라는 명칭으로 설립되어 사회복지법인 동경도 사회복지협의회가 운영하고 있다. 1998년 4월 현재의 명칭으로 바꾸고, 자원봉사활동뿐만 아니라 시민들이 주체가 되어 다른 사람들과 사회에 대해 공헌하는 비영리활동(시민활동)을 추진 · 지원하고 있다 이러한 활동을 지원하기 위해서 동 센터는 시 · 정 · 촌의 자원봉사센터와 광역의 자원봉사 · 시민활동 추

진단체, 행정, 기업, 노조, 교육기관, 전문가 등과 연계하여 여러 가지 추진·지원 사업에 임하고 있다.

5 한국의 자원봉사활동

1) 발달과정

(1) 1900년 이전

우리가 자원봉사라고 부를 수 있는 최초의 것은 멀리 삼한시대에 상부상조를 목적으로 형성된 계(契)조직(공동 유희나 제례, 회음, 관혼상제를 위한 계 등)에서 비롯된다고 할 수 있는데 이것은 순수한 민간협동체 조직으로서, 주로 혼자서 감당하기에는 너무 비용이 많이 드는 관혼상제의식의 거행이나, 취미나 이해가 공통된 사람들 간의 친목도모를 목적으로 조직되었다. 신라시대로 내려오면 계 이 외에도 촌락단위로 조직되어 농촌사회의 상호협력 및 감찰을 목적으로 활동하는 두레라고 하는 주민협동체가 형성되었으며 일손이 부족한 농번기에 농촌에서 노동력을 서로 교환하는 품앗이 풍습도 오래전부터 우리 사회의 전통적 민간 활동의 하나로서 기능하여왔다. 한편 조선시대에 들어서면 지역주민들의 덕화(德化), 교화를 목적으로 결성된 자치적 협동조직인 향약(鄕約)도 또한 전통적인 자원봉사활동이라고 볼 수 있다. 또한 빈민구제 사업으로 시행된 고구려의 진대법(賑貸法)과 고려의 의창, 제위보, 조선의 상평창, 사창 등 국가 차원에서의 활동도 찾아볼 수 있다. 그러나 이 시기의 자원봉사활동은 서로 품을 팔아 상호 부조하는 경제적 보상의 측면을 강하게 지니고 있다는 점에서 현대적 의미의 자원봉사와는 다르다고 하겠다.

(2) 1900년~1950년

우리 전통사회에서 볼 수 있었던 각종 상부상조 활동을 근대적 의미의 자원봉사의 맹아적 태양이라고 할 수 있다면, 이 어린 싹이 자연스럽게 근대적 자원봉사로 자생적으로 발전할 기회를 우리는 갖지 못하였다. 이는 구한말 이후 진행되던 자생적 자본주의화 과정이 외세의 침탈과 식민지 역사를 거치면서 왜곡되어 버렸기 때문이다. 우리나라에서 현대적 의미의 자원봉사활동이 시작된 시기는 근대화가 시작되는 시점과 일치하게 되는데, 기독교적인 사상과 개화사상의 토대 위에서 교회, 일반 사회단체, 여성단체들이 자원봉사활동을 시작하였으며 특히 지역 중심 활동이 전개된 사회복지관에 의해 자원봉사활동이 조직화, 전문화되기 시작하였다.

그 예가 1903년 YMCA가 주축이 되어 발족된 4H클럽으로서 이 클럽은 5~6년 정도 활동 후 명맥이 단절되었으나 한국전쟁 이후 농촌운동의 전개와 궤를 같이하여 농촌청소년지도사업으로 채택되면서 전국적인 운동으로 확대되었다. 또한 1921년 태화기독교사회관에서는 여성계몽 및 교육, 아동보건사업이 전개되기 시작하였다.

1934년 기독교 조선감리회에 의하여 설립된 평양 애린원은 지역사회를 중심으로 활동하였으며, 1947년 인도주의와 자원봉사를 기본정신으로 하여 발족된 적십자 부녀봉사대는 그 산하에 1,400여 개가 넘는 조직과 3만 명 이상의 봉사자들이 모여서 다양한 형태의 자원봉사활동을 전개하였다. 한편, 일제 식민지 시대에는 일제와 총독부에 의하여 '식민통치를 위한 통제와 통합'의 목적을 띤 관 주도의 구호사업이 나타나기 시작하였고, 이에 대항하는 민족진영에서는 구국계몽운동이나 농촌계몽운동이 전개되었다. 일제하에서 구국운동으로 시작된

학생운동이 광복 이후에는 사회 개량적 성격을 띠고 문맹퇴치를 위한 야학이나 농촌봉사활동, 질병구제 등의 사회봉사활동을 위주로 하는 자원봉사활동으로 전환되었다.

(3) 1950년~1990년

1950년에서 1990년 사이의 자원봉사활동을 개관하면, 사회참여의식이 높은 대학생들이 중심이 되어 주로 방학을 이용한 농활활동, 의료봉사활동을 통하여 문맹퇴치를 위한 야학, 농촌 일손 돕기, 질병치료 및 예방교육 등의 활동을 전개해 왔으며, 그 외에도 각종 사회단체나 기관에서의 자원봉사활동도 함께 시행되었다. 특히 유니세프 한국위원회는 유엔 산하 기구들 중 어린이의 복지증진을 위해 창설되어 어린이를 위한 각종 사업과 기금모집 등을 실시해 왔다.

이 시기에는 또한 적십자운동이 활성화되었고, 생활보호법(1961년), 아동복리법(1961년) 등의 본격적인 사회복지입법이 제정되어 사회복지에 대한 법률적 토대가 마련되기 시작하였으며, 1978년 한국사회복지협의회에 자원봉사안내소가 부설되어 자원봉사인력은행의 기능을 수행하기 시작하였다. 이 기관에서 운영하는 도움의 전화를 매개로 하여 도움을 받기를 원하는 사람과 자원봉사자 지원자들을 전국의 사회복지시설 및 단체로 안내하여 적절한 도움을 주고받을 수 있게 하였으며 자원봉사자를 모집, 훈련하여 사회복지시설 및 단체에 배치하기 시작하였다.

1980년대 들어서는 자원봉사활동이 보다 조직화되는 모습을 보여주기 시작하는데 이는 이 시기에 접어들면서 우리가 아시안게임과 올림픽이라는 범지구적 규모의 대회를 유치하게 되면서, 자발적이고 거국적인 자원봉사자 활용의 필요성이 대두되었기 때문이다. 이 시기부터 본격화된 경제 수준의 향상, 시민의식의 고양, 가족구조의 변화 등 사회·경제적 변화는 국민들로 하여금 한동안

잊고 살았던 '사회공동체의식'에 눈뜨게 만들었고, 시민들은 자발적으로 자원봉사활동에 적극적으로 참여하게 되었다. 1984년에는 한국여성개발원에 자원봉사인력은행이 설치되었고 1985년에는 올림픽 조직위원회에 자원봉사단이 구성 1988년 서울올림픽을 계기로 자원봉사활동에 대한 일반인의 관심이 구체화되기 시작하였다. 이후 한국자원봉사능력개발연구회, 생명의 전화, 사랑의 전화, 각종 사회복지단체와 시설 등에서 자원봉사자교육을 받고 자원봉사활동을 하는 자원봉사자 수가 증가하였다.

(4) 1990년 이후

우리나라의 자원봉사활동은 1990년대에 들어와서 괄목할 만한 발전을 하였다. 먼저 여기저기 흩어져 각자 활동을 펼치던 자원봉사 조직들이 전국적 연계망을 갖고 조직화되기 시작하였다. 먼저 1991년에는 한국자원봉사연합회가 결성되었고, 보건복지부는 1992년에 전국 사회복지관에 부설된 재가복지봉사센터의 관리업무를 한국사회복지관협회에 위탁 · 처리하기 시작하였는데 이는 많은 자원봉사자에게 활동의 장을 마련하여 주었다. 1994년에는 한국자원봉사단체협의회가 설립되어 자원봉사 관련 단체와 일반 자원봉사단체들이 연계하여 자원봉사활동을 활성화하는 계기가 되었으며, 자원봉사 관련 전산정보체계의 구축, 자원봉사자 지도자 교육, 자원봉사활동에 대한 조사연구와 교재 발간, 홍보와 정책 건의 등의 활동이 본격화되기 시작하였다. 1995년에는 학계 · 정부 · 기업 · 사회복지관 등 각계의 자원봉사전문가들이 모여 한국자원봉사포럼을 구성하여 지금까지 활발한 활동을 하고 있다.

한편 교육계에서는 1995년 교육부에서 실시한 5 · 31 교육개혁 조치와 함께 중 · 고교생들을 자원봉사활동에 참여시킴으로써 자원봉사자원이 획기적으로 확산되었으며 학생들의 자원봉사활동은 자연스럽게 봉사학습으로 발전하게 되었다.

대학에서도 자원봉사에 대한 깊은 관심을 갖게 되어 자원봉사가 대학의 전공 또는 교양과목으로 강좌가 개설되기 시작하였고 1996년에 드디어 대학의 총·학장을 구심점으로 한국대학사회봉사협의회가 발족되어 이제껏 각 대학별로 산발적인 활동을 보이던 대학의 자원봉사활동이 조직적이고 체계적인 모습을 갖추어 나가기 시작한 이래 2009년 4월 현재 전국 200개 대학(대학교 145교, 전문대학 55교)이 자원봉사활동을 학점으로 운영하게 되었다(일부 대학 필수, 일부 대학 선택, 일부 대학 자율).

또 다른 한편으로는 1994년 중앙일보사에 의하여 시작된 자원봉사 캠페인은 자원봉사활동에 대한 대중매체의 적극적 참여로 자원봉사활동의 저변이 크게 확대되었으며(중앙일보자원봉사대축제 2011년－16회) 자원봉사활동의 필요성에 대한 국민적 공감대가 확산되면서 대기업들도 신입사원 채용과 기존 직원의 연수에 자원봉사 실적을 반영하기 시작하였으며, 실제로 삼성그룹의 사회봉사단, 제일은행의 자원봉사대 등이 창설되었다.

행정적 지원 차원에서는 자원봉사활동을 통합 관리하는 행정체계 구축이 필요하다고 판단하여 1995년부터 내무부(현 행정안전부) 사회진흥과로 하여금 자원봉사활동 관련 업무를 총괄·관리하도록 하였으며 1996년부터 전국 자치단체당 자원봉사센터 1개소 설치를 목표로 추진되어 2002년 말까지 243개소가 설치되어 98%의 실적 달성률을 보이고 있다(2007년 8월 전국에 249개소가 설치). 이것은 주로 사회복지 분야에 한정된 활동을 보여준 자원봉사활동을 이제는 환경, 문화 등의 전 사회 영역으로 확산시킬 필요성을 인식하여 정부정책도 자원봉사활동 영역의 확대와 활성화 방향으로 나아가겠다는 의지를 나타낸 것으로 보인다. 특히 자원봉사자와 단체들은 88올림픽에서 축적된 경험으로 월드컵대회와 부산 아시안게임 등 국가적으로 중요한 국제대회를 성공적으로 개최하는 데 크게 기여하였을 뿐 아니라 태풍 '루사' 등 각종 수해복구 활동의 영역에서도 많은 활약을 보여 국민화합의 큰 틀을 다지는 데 중요한 역할을 수행하고 있다.

또한 지난 2001년 UN이 정한 「세계자원봉사의 해(International Year of Volunteees)」에서 천명한 자원봉사활동이란 강제가 아닌 자유의지에 의한 선택이라고 가치를 명확하게 전달하고 있다. 그리고 2002년 11월에는 IAVE 세계자원봉사대회 조직위원회 주체로 제17차 세계자원봉사대회를 우리나라에서 개최하여 전 세계 자원봉사단체의 화합과 교류의 장을 마련하였을 뿐 아니라 우리나라 자원봉사활동을 전 세계에 알림으로써 국가위상을 제고하는 데 기여하였다.

그동안 추진되어오던 법제적 노력도 결실을 맺어 2005년 8월 4일 법률 제7669호로 '자원봉사활동기본법'(부록 1)이 제정되고 2006년 2월 5일 시행됨과 더불어 자원봉사활동에 대한 국가적 배려의무와 법률적인 지원과 보상이 보장되었다.

이 법에서는 자원봉사진흥을 위하여 민관이 협력하여 모든 국민이 자원봉사활동에 참여할 수 있도록 하였는데, 국무총리를 위원장으로 자원봉사진흥위원회를 두어 자원봉사의 계획과 심의를 하도록 하였으며 학교, 직장 등에서의 자원봉사활동을 장려하고 포상할 수 있도록 하였으며 자원봉사자를 보호하기 위하여 자원봉사자에게 보험의 혜택을 두었으며 자원봉사단체를 지원하도록 하고 국가기관 및 지방자치단체는 자원봉사센터를 설치 및 운영할 수 있도록 하였다.

2007년 태안기름유출사고와 같은 인재(人災) 및 자연재앙으로 인한 재난ㆍ재해 상황마다 자원봉사활동의 가치와 의미에 대한 더 많은 관심이 오늘날 쏠리기도 하였다. 더불어 우리나라에서도 또한 2011년 7월 1일 기준으로 '자원봉사관리규정'(부록 2)이 개정되어 사회복지자원봉사의 조직적이고 체계적인 운영관리 및 활성화를 도모하고 있다.

2) 조직유형

우리나라에서 자원봉사활동에 대한 조직화 경향은 다른 나라보다 늦은 1990년대 중반 이후부터 나타나 활성화되기 시작하였고 자원봉사 관련 조직들도 아직은 체계적인 모습을 보여주지는 못하고 혼란스러운 양상을 보이고 있다.

(1) 자원봉사정보 안내센터

보건복지부의 예산지원을 받는 민간조직인 사회복지협의회에 자원봉사정보 안내센터가 부설되어 있다. 전국단위 및 광역자치단체 단위에는 모두 설치되어 있으며 기초자치단체에는 임의기구로 설치되어 있다. 이 기구는 사회복지 및 자원봉사에 관련된 정보를 제공하고 있다. 자원봉사활동에서 주요한 현장인 사회복지 분야의 자원봉사활동 관리와 수급조절, 자원봉사자 교육 등의 역할을 담당하고 있고, 자원봉사활동 신청을 받고 자원봉사자 요청도 받고 있으며, 자원봉사에 대한 활동 프로그램과 활동 사례들에 대한 홍보를 통해 잠재적 자원봉사자를 발굴하고, 자원봉사자에 대한 정보를 제공하는 등의 다양한 노력을 하고 있다.

(2) 공공조직의 자원봉사센터

현재 행정안전부 행정체계를 따라서 시·군·구청에는 자원봉사센터가 246개소가 설치되어 있다. 자원봉사활동기본법 제3조에 자원봉사센터는 자원봉사활동 개발·장려·협력 등의 사업을 수행하기 위하여 법령과 조례 등에 의하여 설치된 기관, 법인, 단체를 말한다. 또한 자원봉사활동기본법 제19조에 자원봉사센터의 설치 및 운영을 명시하여 센터 설치를 규정하였다. 그러나 활동 정도는 센터마다 편차가 큰 실정이다. 이 외에도 정부 여러 부처의 행정체계나 관련 산하 민간조직체를 통해 여성, 청소년, 학생, 노인 등에 대한 별도의 자원봉사센터를 운영하고 있다.

(3) 민간자원봉사조직과 한국자원봉사협의회

민간의 각종 자원봉사단체나 조직들도 다양한 활동을 하고 있다. 대표적인 것으로는 볼런티어21, 곰두리봉사단, 밝은빛봉사단, 자원봉사단 애원, 한국자원봉사단체협의회, 자원봉사포럼 등이 있다. 2015년에는 111개 NGO와 자원봉사 관련 단체들이 모여 결성된 한국자원봉사협의회가 대표적 민간 네트워크로서 활동하고 있다(한국자원봉사협의회 홈페이지).

한국자원봉사협의회는 1993년 '한국자원봉사단체협의회'를 설립하여, 2003년 재창립한 비영리민간단체로, 2006년 2월 자원봉사활동기본법 제17조에 명시된 법정 단체이다. 주요사업으로는 각종 조사연구사업, 홍보출판사업, 풀뿌리 자원봉사조직에 대한 인큐베이팅사업 등이 있다.

(4) 국제자원봉사 관련 조직

국제적인 봉사활동에 자발적으로 참여하는 활동을 말한다. 언어, 종교, 정치, 사회·경제적 장애를 뛰어 넘어, 자신의 시간, 능력, 에너지를 사용하여 사회변화, 경제발전, 환경보존 등을 실천하는 것으로 적극적인 의미의 국제협력으로 볼 수 있다. 우리나라의 국제자원봉사 관련 조직으로는 한국국제협력단과 그 산하에 한국청년해외봉사단이 정부 출연으로 활동하고 있다. 국제협력봉사요원제도가 있어 병역 기간 동안 해외봉사활동으로 대신할 수 있는 제도로 운영되고 있다. 민간조직으로는 국제개발협력민간협의회, 글로벌피스메이커스, 서비스포피스, 유니세프한국위원회, 코피온, 한국국제봉사기구, 한국해외봉사단원연합회 등 해외봉사 프로그램 등이 있다.

6 각국 봉사활동의 특성

미국의 AmeriCorps와 영국의 Millennium Volunteers 그리고 호주의 Green Corps의 발전과정과 운영실태를 요약하면 다음과 같다.

첫째, 국가별 자원봉사활동의 연혁과 특성을 반영한 운영조직을 활용하고 있다. 미국은 자원봉사활동에 대한 국가의 개입에 있어서 민간과 국가가 분리되어 온 경향을 나타내고 있다. 민간의 자원봉사활동이 상당히 활성화되어 있으나 국가봉사단 운영조직체계는 이러한 민간의 운영체계와 분리되어 있다. 단, 봉사자의 배치 및 활동 단계에서는 민간단체와 국가(CNCS, 지방정부 등)의 협력이 이루어지는 형태로 운영되고 있다.

영국은 이와는 대조적으로 민간과 국가가 협력해 온 자원봉사활동의 역사적 특성을 반영하여 민간단체와 기구들을 국가봉사단 운영조직상에 포함하고 있다. 즉 V, WCVA 등이 이러한 민간단체로서 정부와의 계약에 따라서 Millennium Volunteer의 운영주체로 역할을 수행하고 있는 것이다.

호주의 경우에도 자원봉사가 활성화되어 있으며 정부가 민간단체와 한시적인 계약을 통하여 국가봉사단의 운영을 위임하고 있어 민간과 국가의 협력이 이루어지는 것을 볼 수 있다.

둘째, 국가봉사단의 대상은 주로 청년층과 노년층으로 구성되어 있다. 이 두 계층의 공통점은 사회참여에 대한 욕구와 필요성에 있다고 볼 수 있다. 즉, 청년층은 국가를 위한 봉사기회와 직업훈련 및 지역사회서비스 등을 통한 인맥, 기술 습득 등을 위한 기회를 필요로 하고 있으며 노년층은 자신이 가지고 있는 전문적 기술, 경험 및 여러 가지 지식 등을 사회에 환원하고 사회적으로 인정받고자 하는 욕구를 보유하고 있다. 또한 공통적으로 근로소득이 없거나 적은 연령대이기 때문에 본인의 사회활동에 대한 금전적인 보상의 필요성도 높은 편이라고 볼 수 있다.

셋째, 국가봉사단의 활동내용 등에 있어서 국가적 요구를 반영한다. 미국의 경우 국가봉사단의 활동내용은 각 시대별 사회적 요구를 반영하여 1930년대부터 구축되어 온 자원보존단, Peace Corps, VISTA, Senior Companion Program 등의 활동으로부터 확대되어 왔다. 자원보존단은 당시 대규모 황무지 개간 및 관개사업, 자원보존사업 등에 필요한 인력을 충원하였고, Peace Corps는 국제적으로 미국의 인지도를 제고하였으며, VISTA는 미국의 경제적 공황 시기에 경제적으로 취약한 계층의 취업과 취약지역에 대한 사회서비스 증진을 위한 봉사인력으로 충원되었다.

영국의 Millennium Volunteers의 경우 1990년 대 사회참여에 대한 사회적 인식 저하와 청년층의 자원봉사활동 규모 감소에 대한 대응책으로서 지역사회의 사회서비스 증진을 위한 자원봉사인력의 확보와 동시에 청년층의 자원봉사활동을 증진시키고자 하는 정부의 요청에 따라 구축되었다. 이는 당시 유럽의 청년 실업률이 점차 증가함에 따라서 청년층의 자원봉사활동 참여를 통하여 이들의 직업훈련과 교육을 실시하고 향후 취업기회를 확대시킴으로써 국가 청년 인력의 역량을 강화시킬 필요성이 대두됨에 따른 것이다.

호주의 Green Corps의 경우 봉사활동 내용이 오랜 기간 호주정부에서 관심을 두고 투자해 온 자원보존과 환경보호를 중심으로 하였으며 또한 젊은 계층의 근로능력 함양을 위한 직업훈련 및 기술개발을 목적으로 한 것은 청년층의 취업률 제고 등 국가적 요구를 반영하였다고 볼 수 있다.

넷째, 국가별로 봉사자에 대한 인정보상체계도 차별성을 가지고 운영하고 있으나 미국, 영국 및 호주 3개국의 경우 특히 취약계층의 자원봉사 참여를 유도하기 위하여 대체적으로 금전적 보상이 바람직하다는 것이다. 미국의 경우 소정의 수당, 의료보험 및 자녀보육 등 혜택과 활동 종료 후 장학금 혜택 등 금전적인 혜택이 부여되며 호주의 경우, 교육훈련 수당과 추가적으로 교육지원금을 받게 된다. 영국의 경우에는 이러한 금전적인 보상보다는 심리사회적 인정보상 방법(상장수여)을 사용하여 왔다. 그러나 영국에서도 청년 취약계층의 자원봉사 활동을 지원할 필요성이 더욱 증대됨에 따라서 최근에는 청년 취약계층 자원봉사자에게는 활동에 대한 금전적 지원에 대한 권고안(Russell 위원회)이 도출된 바 있다.

다섯째, 이들 국가에서는 지역사회 내에서 국가봉사단이 안정적으로 소속되어 이들을 훈련하고 이끌어 줄 수 있는 역량 있는 민간기관이 다수 존재한다. 앞서 살펴보았듯이 국가봉사단의 선발과 예산지원, 초기교육 등은 연방정부와 주정부 등에서 관여하지만 국가봉사단이 선발되어 지역사회 민간기관에 배치되면 이들의 활동은 민간기관에서 주로 관리하게 된다. 국가봉사단은 단체로 움직이기보다는 주로 개별적으로 민간기관에 파견되기 때문에, 이들의 활동성과는 민간기관의 역량과 밀접히 연관된다. 즉, 민간기관이 질 높은 서비스를 제공한다면 국가봉사단 봉사자의 활동도 그러하기 쉽다. 따라서 국가봉사단의 성과는 이들을 교육하고 이끌어줄 뿐 아니라 이들이 참여할 수 있는 질 높은 프로그램을 제공하는 민간기관의 조력이 크다고 볼 수 있다.

마지막으로 미국의 AmeriCorps와 영국의 Millennium Volunteers 그리고 호주의 Green Corps에 대한 긍정적인 투자효과가 있었으며, 봉사활동의 성과로는 특히 봉사자 개인의 역량개발과 기술훈련 등에 있어서 두드러졌다. 그 밖에도 봉사자를 활용하는 기관의 서비스 및 운영적 측면에서 긍정적인 효과가 있었다. 즉, 지역사회에 있어서도 기관의 서비스 질 제고, 서비스 규모의 확대 및 기관간 파트너십 제고, 기관운영의 효율성 증대 등이 이루어졌다.

해외 국가봉사단의 이러한 긍정적인 성과를 토대로 할 때에 국가봉사조직을 우리나라에 도입하고자 하는 논의는 충분히 활성화될 수 있을 것이다. 다만 해외 사례에서 볼 수 있듯이 국가봉사단의 운영조직, 활동대상 및 내용을 고안할 때에, 타국 고유의 자원봉사활동 연혁과 특성을 참고하여야 한다. 즉, 우리나라 국가봉사단의 운영조직이 국내 자원봉사활동의 현실을 반영하는지, 활동대상 및 내용이 국가적 요구에 부응하는지 등이 점검되어야 한다.

우리나라의 과거를 돌아보면, 집약적 노동이 요구되는 농경사회의 특성상 품앗이, 두레, 향약 등 서로 상부상조하는 전통적 제도가 있었음을 알 수 있다. 이러한 상부상조의 전통은 자연스럽게 직업적이지 않은 '자원봉사'의 성격을 띤 참여활동들로 구체화되었다.

서구에서도 노예와 나병환자 혹은 극빈자 등 도움을 절실하게 필요로 하는 사람들의 고통을 줄여주고자 하는 동기에서 봉사활동을 시작했던 로마교회의 프란시스(St. Fransis Acceici)가 부유한 계층의 젊은이들을 동원하여 저개발지역인 북부의 여러 지방으로 봉사활동을 위한 여행을 하였다는 기록을 찾아볼 수 있다. 이러한 기록을 통해 중세시대의 로마 가톨릭 교회활동에서 자원봉사의 기원을 찾아보기도 한다(조휘일, 1997).

자원봉사의 역사적 전개를 살펴보면 현대적 자원봉사의 흐름에는 몇 가지 특성이 있다. 첫째는 자원봉사 관련 조직의 증가이다. 대부분의 나라들은 민간 자원봉사단과 공공 자원봉사단을 다양하게 육성하여 일반 시민들의 자원봉사를 체계화하고자 노력하고 있다. 둘째는 자원봉사활동기본법 제정과 같은 법제적 노력이다. 자원봉사활동은 기본적으로 무보수라는 특성을 가지기 때문에 보수가 아닌 다른 형태로 자원봉사활동에 대한 유인을 높이기 위한 행정적 조치들에 법적 지위를 부여하고 있다. 셋째는 교육과정과 자원봉사활동의 접맥이다. 이는 자원봉사자의 양적 확충만이 아니라 미래 시민에 대한 자원봉사교육이라는 의미도 가지고 있다. '자원봉사를 하자'고 몇 번을 강조하는 것보다 시간이 조금은 더 걸릴지라도 교육을 통해 자원봉사에 대해 알게 하고 경험하게 한다면 이보다 큰 효과는 없을 것이다. 넷째는 기업과 언론 등의 적극적 자원봉사활동의 참여와 시민적 캠페인이다. 이는 과거 기부에 의한 사회공헌을 넘어서는 적극적 활동으로 전 시민적 자원봉사의 활성화에 중요한 역할을 담당하고 있다.

최근 세계 각국의 자원봉사의 동향에서는 다양한 조직들의 활성화가 두드러진다. 자원봉사활동 자체를 조직의 주목적으로 하지 않는 교육기관이나 기업, 종교단체의 자원봉사도 중요한 의미를 가진다. 그러나 자원봉사의 조직화와 활성화 자체를 목적으로 하는 관련 조직들의 확장은 특히 자원봉사활동의 현대적 동향을 잘 나타내는 것이다.

제 2 부

자원봉사활동의 조직

제 3 장

자원봉사활동의 현황

우리나라의 자원봉사에 대한 사회적 인식은 과거에 비해 점점 더 개선되고 있으며, 그에 따라 자원봉사활동 참여자 역시 양적 확대를 보이고 있다. 그러나 자원봉사 참여자의 특성에 있어서 특정 연령, 성별의 편중 문제, 활동 내용상의 불균형, 인적 자원 개발 및 관리체계의 미흡 등이 여전히 문제로 지적되고 있는 실정이다.

그중에서도 자원봉사활동 활성화 방안으로 자원봉사자를 효율적으로 관리하는 방법이 시급한 문제라 할 수 있다. 현재 대부분의 사회복지시설이나 기관에서 자원봉사자를 관리하는 직원이 다른 업무와 겸임을 하고 있거나 질적·내용적인 관리가 어려운 실정이다. 자원봉사에 대한 관심과 참여를 독려하고 활동을 활성화하기 위해서는 자원봉사자를 사회적 자원으로 효과적·효율적으로 관리하는 것이 필요하다.

이 장에서는 자원봉사활동의 현황에 대해 파악하기 위해서, 자원봉사관리 인력 및 자원봉사자의 현황을 살펴보도록 한다. 그리고 자원봉사활동 참여율이 증가하는 것과 병행하여 자원봉사활동의 조직화와 체계화 현황에 대해서 알아본다.

1 자원봉사관리 인력

자원봉사에 대한 관심과 참여가 증가하면서 소중한 사회적 자원인 자원봉사자를 효율적으로 관리하는 것은 자원봉사활동을 활성화시키는 관건이다. 자원봉사활동을 전문적이고 체계적으로 관리하기 위해서는 자원봉사자를 모집, 교육훈련, 배치, 지도감독, 평가, 인정 및 승인의 업무를 수행하는 전문 자원봉사관리자의 배치가 무엇보다도 중요하다.

현재 대부분의 사회복지시설이나 기관에서 자원봉사자들이 부족한 인적 자원을 보완하는 동반자적 역할을 통하여 긍정적으로 기여하고 있는데도 불구하고, 자원봉사자를 관리하는 직원은 전담보다는 업무의 일부로 자원봉사관리업무를 하는 겸직이 많아 전문성에 문제가 있는 것이 현실이다.

전문관리자를 두지 않거나 부족한 관계로 표출되는 대표적인 문제점으로는 표 3-1에서 보는 바와 같이 자원봉사자의 중도 탈락이 높게 나온다는 것과 수요층에 적합한 자원봉사프로그램의 개발과 적용이 미흡하다는 것이다. 이 부분을 보완하기 위해서 전문관리자의 확보와 체계적인 교육 지원이 필요하다고 하겠다.

표 3-1 자원봉사 활용상 애로점

구분	한국여성 개발원 (1993)	서울대학교사회 복지연구소 (1991)	대구사회 복지협의회 (1993)	한국사회 복지협의회 (1988)	서울시정 개발원 (1996)
자원봉사자의 중도 탈락	39.35%		38.4%	32.3%	
예산 부족	17.3%	24.3%			
책임의식 및 봉사의식 결여			12.5%		
자원봉사자의 전문기술 부족	13.0%	6.1%	17.1%		
적합한 프로그램 부족				41.2%	71.1%
전담직원 및 슈퍼바이 부족				5.9%	20.6%

출처: 류기영 외(2005).

행정안전부의 자원봉사활동 실태조사 및 활성화 방안 연구(2017)를 살펴보면 자원봉사활동의 불만족 요인은 활동의 전 과정에 걸쳐 발생하고 있다는 것을 확인할 수 있다. 자원봉사교육은 자원봉사활동에 가장 기본적인 중요한 준비과정이지만, 자원봉사자 중 교육 이수는 "자원봉사교육이 일반화되어 있지 않아 교육을 받은 적이 없다는 사례"가 2014년 66%에 이어 2017년에도 51.7%에 달했다. 시작단계에서 "처음부터 내가 원해서 활동을 시작한 것이 아니었다"는 응답이 32.4%로 시작단계 중 가장 높은 불만 요인이었고, "내가 원했던 활동이지만 생각보다 힘들었다"(20%), "나에게 적합한 봉사활동에 배치되지 않았다"(10.3%), "나의 과정을 지원하는 담당자가 없거나 있어도 도움이 되지 않았다"(9.4%), "기관에서 나의 재능이나 역량을 잘 활용하지 못했다"(5.3%), "나의 활동이 기관(단체)에 큰 도움이 되지 못했다"(6.2%) 등으로 나타났다.

자원봉사활동은 시작단계인 봉사자의 모집부터 배치, 교육, 평가에 이르기까지 시간과 노력을 투자하여 확보한 자원봉사자에 대한 관리가 효율적으로 이루어져야 기관이나 대상자의 욕구 충족과 자원봉사자의 입장에서 역량 발휘, 재능활용, 체계적인 교육지원 등으로 만족도를 높일 수 있고, 자원봉사가 지속적으로 유지될 수 있을 것이다.

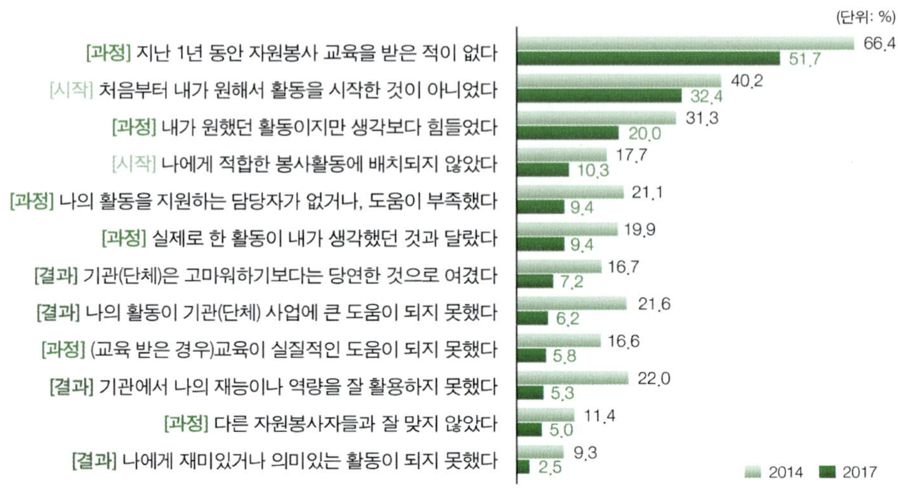

출처: 주성수 외(2017).

그림 3-1 자원봉사활동 불만족 이유(활동시작부터 결과까지): 2014, 2017

2 자원봉사자 현황

자원봉사에 참여하고 있는 국민은 매년 늘어나고 있다. 2018년 자원봉사 등록인원이 12,831,501명으로 주민등록 인구대비 등록률은 24.8%로 남자보다 여자의 등록율이 높게 나타났다(**표 3-2, 그림 3-2**). 전국자원봉사센터에 등록한 만 20세 이상 성인 자원봉사자는 2008년에는 4,396,633명, 2011년에는 7,085,162명으로 증가하다가 2014년에는 10,295,144명으로 천만 명을 넘어섰고, 2017년 12,016,428명에서 2018년 12,831,501명으로 계속 증가하고 있다. 이는 인증사업 결과에 따른 통계수치이므로 실제로는 이보다 훨씬 더 많은 자원봉사자가 해당 영역에서 활동했다고 보아야 할 것이다.

표 3-2 시도별 자원봉사 등록 활동 현황

(단위: 명)

구분	주민등록 인구 (2018.12.31.일 기준)			등록인원 (A)			등록률 (%)	실인원 (B)	활동률 (%) (B/A)	연인원
	총계	남	여	총계	남	여				
총계	51,826,059	25,866,129	25,959,930	12,831,501	5,525,397	7,306,104	24.8	4,290,985	33.4	30,619,226

출처: 행정안전부(2019). 자원봉사센터 현황.

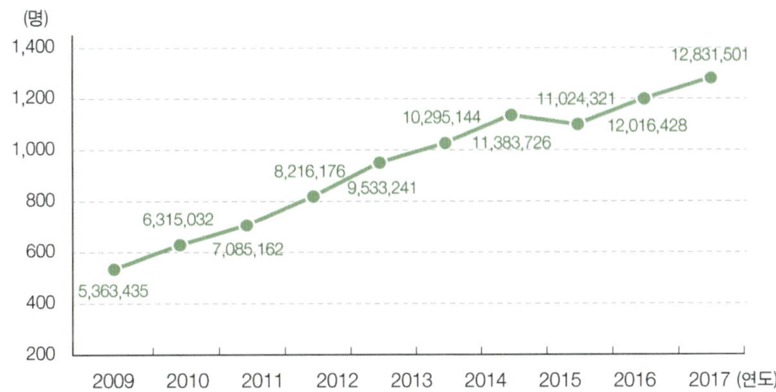

출처: 행정안전부(2019). 자원봉사센터 현황.

그림 3-2 연도별 자원봉사 등록 활동 현황

2017년 자원봉사 참여율은 21.4%로 만 20세 이상 성인 1,500명 중 321명이 지난 1년간 자원봉사활동을 하였다(그림 3-3). 자원봉사자로 등록하는 등록률은 꾸준히 증가하고 있으나, 등록자 중에 자원봉사 참여율은 1999년의 14%에서 2014년 22.5%로 빠른 속도로 증가하였다가 2017년 21.4%로 약간 하락하는 추세를 보이고 있다.

자원봉사 참여율의 변동에 대해서는 여러 가지 이유가 논의되고 있는데, 교육과정에 자원봉사활동시간이 의무적으로 포함되어 있는 학생층과 경력관리를 위해 취업준비생들이 많이 지원한 결과로 풀이된다.

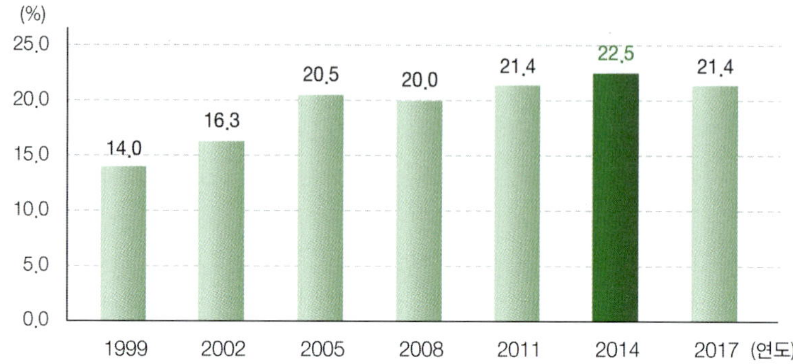

출처: 주성수 외(2017).

그림 3-3 자원봉사 참여율 추이: 1999–2017

2017년 자원봉사 실태조사에 따르면 자원봉사자 가운데 "정기적으로 활동한다"는 51.4%로 2014년 37.7%에 비해 많이 늘었다. 또한 2017년의 정기봉사자 중 주 1회 이상 활동 자원봉사자는 32.1%, 월 1회 이상 활동 자원봉사자는 46%로 나타나 2014년의 주 1회 이상 활동자 30%, 월 1회 이상 활동자 42.5%에 비해 정기 활동자 수가 다소 늘었다(그림 3-4 참조).

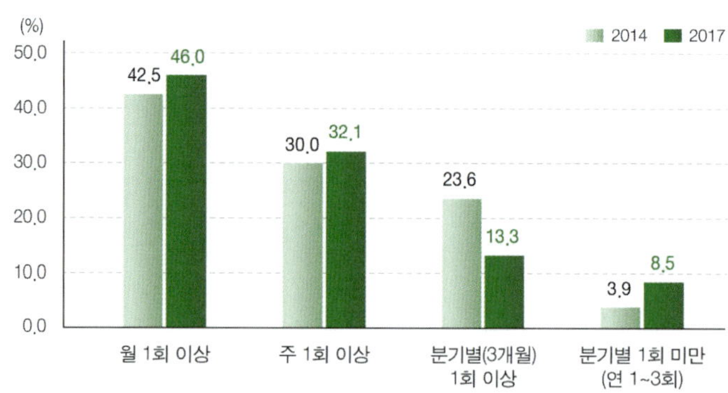

출처: 주성수 외(2017).

그림 3-4 정기적 자원봉사 참여율: 2014, 2017

2018년 자원봉사자 등록현황을 보면 전체 30,619,498명 중에 여성이 56.9%, 남성이 43.1%이고, 연령별로는 10대가 가장 많은 27.7%로 나타났으며, 이어서 60대 이상(20.2%), 50대(20%), 40대(16.4%), 20대(10.2%), 30대(5.5%) 순으로 나타나 60세 이상 노인들의 자원봉사활동이 활발하다는 것을 알 수 있다(그림 3-5 참조). 활동현황을 직업별로 살펴보면 자영업 16.7%, 농수산 15.5%, 무직(퇴직자 포함) 12.9%, 주부 12.4% 순으로 자원봉사자로 많이 활동하고 있는 것으로 나타났다(표 3-3 참조).

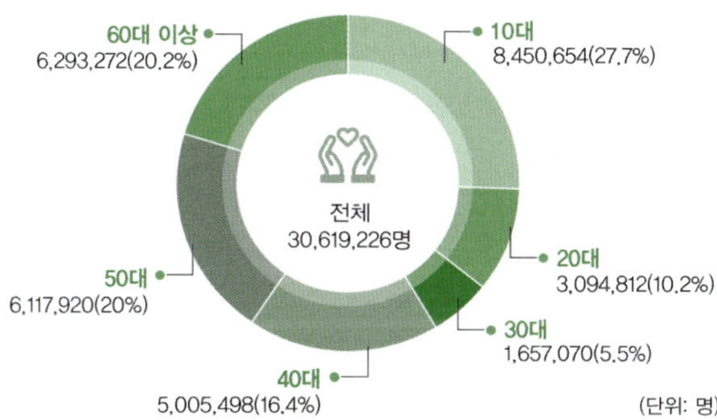

출처: 행정안전부(2019). 2019년 자원봉사 현황.

그림 3-5 시도별 자원봉사자 등록 현황(성별/연령별)

표 3-3 직업별 자원봉사자 활동 현황 (단위: 명, %)

구분	초중고	대학생	사무직	자영업	전문직	공무원	농수산	주부	군인	서비스	무직	기타
실인원	1,070,176	176,615	56,741	35,344	54,418	65,902	6,963	165,510	8,699	31,438	13,790	2,605,389
연인원	4,730,236	1,059,873	356,102	590,497	478,567	321,252	108,227	2,063,543	55,187	330,248	178,181	20,347,313
참여도	4.4	6.0	6.2	16.7	8.7	4.8	15.5	12.4	6.3	10.5	12.9	7.8

출처: 행정안전부(2019). 2019년 자원봉사 현황.

자원봉사자를 충원할 적합한 방법을 개발하기 위해서는 자원봉사자들이 활동에 어떤 경로를 거쳐 참여하는가에 대해서도 연구해 볼 필요가 있다. 우리나라의 경우 자원봉사활동에 참여하게 되는 경로는 2017년 말 현재 '누군가의 요청(42.4%)', '단체, 조직, 학교, 직장(40.8%)' 또는 '가족이나 친구의 권유(20.6%)' 등 대인 접촉을 통한 방법이 주된 경로이다(그림 3-6 참조). 즉, 사람들은 사회적 연결망을 통하여 자원봉사활동에 참여하게 된다는 것이다. 그렇다면 자원봉사 리더, 자원봉사 조언자 등과 같이 지역주민과 가까운 곳에서 언제든지 필요할 때 자원봉사자의 활동을 지원해 줄 수 있는 인적자원을 개발하고, 이들을 자원봉사자 모집에 적극 활용하는 것이 바람직하며, 자원봉사포털(1365, VMS)의 홍보나 대중매체를 통해 참여하는 비율이 매우 낮다는 것은 현재 행해지는 자원봉사단체의 홍보 전략상의 문제, 모집 방법상의 문제점 등을 간접적으로 시사한다고 하겠다.

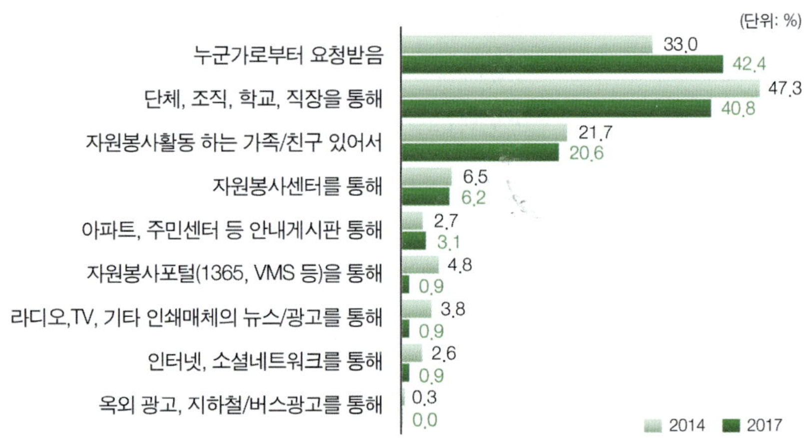

출처: 주성수 외(2017).

그림 3-6 자원봉사 처음 참여경로: 2014, 2017

2018년 자원봉사자 1인이 한 해 동안 활동한 자원봉사자 1인당 연간 평균봉사 시간을 살펴보면, 성별은 남성평균 22.2시간, 여성평균 23.8시간으로 여성의 평균봉사 시간이 더 많았고, 연령별로는 10대 이하가 12.0시간, 60대는 56.9시간으로 60대 이상이 더 많이 자원봉사활동을 하는 것으로 나타났다.

표 3-4 1인당 연간 평균 봉사 시간(성별/연령별) (단위: 시간)

구분	총계	성별		연령별					
		남	여	10대 이하	20대	30대	40대	50대	60대 이상
총계	23.1	22.2	23.8	12.0	26.7	14.7	24.2	43.1	56.9

출처: 행정안전부(2019). 2019년 자원봉사 현황.

분야별 자원봉사활동 현황은 2018년에 문화행사분야에 744,630명이 13,775,785시간의 자원봉사를 실시하여 가장 많이 활동한 것으로 나타났는데, 이는 2018년 평창동계올림픽, 동계패럴림픽, 아시안게임 등 대규모의 국내외 행사로 많은 자원봉사자가 활동했다고 보아야 할 것이다. 이어서 생활편의, 환경보호, 안전방범, 행정보조 분야에서 많이 활동했음을 알 수 있다.

표 3-5 분야별 자원봉사활동 현황 (단위: 명, 명, 시간)

구분	총계	생활편의	주거환경	상담	교육	보건의료	농어촌	문화행사
실인원	4,290,985	668,027	124,545	17,106	239,868	41,560	43,097	744,630
연인원	30,619,226	7,502,257	1,402,224	309,062	1,908,674	388,545	189,077	3,444,343
시간	99,326,986	25,851,547	4,378,869	869,421	4,994,957	1,393,649	997,892	13,775,785
구분	환경보호	행정보조	안전 · 방범	인권 · 공익	재해 · 재난	국제협력	멘토링	기타
실인원	478,582	266,439	369,687	31,031	22,394	17,499	41,762	1,184,758
연인원	2,094,078	1,913,451	4,515,205	107,588	88,623	85,752	330,986	6,339,361
시간	5,418,051	6,144,286	12,153,957	332,930	345,876	430,446	937,665	21,301,655

출처: 행정안전부(2019). 2019년 자원봉사 현황.

3 자원봉사활동의 조직화와 체계화

우리나라에서는 자원봉사활동 참여율이 증가하는 것과 병행하여 1990년대 중반 이후부터 자원봉사활동이 조직화와 체계화되는 현상이 부각되기 시작하였다. 이전에는 산발적·즉흥적·무체계적으로 행하여지던 자원봉사활동이 이 시기부터는 기업과 학교 등 자원봉사활동에 참여하는 단체들이 활동에 참여하기 전부터 봉사활동의 내용, 대상, 방법론 등에 대한 프로그램을 갖고 조직적·체계적으로 활동하는 모습을 보여주기 시작한 것이다.

한편, 자원봉사활동의 활성화를 위한 각종 법적·행정적 조치나 지원체계들도 정부차원에서 지원되고 정비되고 있다. 이러한 조직화와 체계화 경향은 외국의 자원봉사활동 발전 역사에서도 유사하게 나타났던 경험으로, 이를 다음과 같은 다섯 가지 경향으로 정리할 수 있다(한국사회복지협의회, 1995).

① 자원봉사진흥 입법과 정부지원
② 공공자원봉사단의 조직화
③ 민간자원봉사단의 조직화
④ 교육과 자원봉사활동의 접목
⑤ 기업체의 임직원자원봉사자 육성

우선 정부의 자원봉사활동에 관한 진흥 및 지원의 정책적 태도는 법률제도의 정립과 보완이라는 측면으로 나타난다. 1996년 7월 이후 사회보장기본법 제27조 "민간의 참여"에 국가와 지방자치단체는 사회보장에 대한 민간부문의 참여를 유도하기 위하여 '자원봉사 등 나눔의 활성화를 위한 각종 지원사업'이 포함된 시책을 수립·시행할 수 있다고 규정되어 있다. 또한 사회복지사업법

제9조 "사회복지 자원봉사활동의 지원육성"에서는 '사회복지 자원봉사활동의 지원 · 육성' 조항을 두어 정부의 책임을 지우고 있다. 1995년에는 내무부에서 자원봉사활동지원 법안을 별도의 독립 법안으로 입법을 추진했으나, 선거와의 관련성 등 정치적 이슈와 맞물려 통과되지 못했다. 2005년에 자원봉사활동기본법이 제정되어 우리나라도 자원봉사활동에 대한 독립된 법률을 가지게 되었다.

법제적 측면 말고도 행정적 지원도 다양하게 나타났다. 행정안전부는 1995년 이후 지역단위별로 자원봉사센터의 설립과 운영을 지속적으로 늘리고 있다. 보건복지부에서는 사회복지협의회 부설로 '자원봉사정보안내센터' 설립을 지원하여 자원봉사자와 중간지도자 교육, 조사업무, 자원봉사전산망 운영, 자원봉사자와 사회복지현장 연결 등의 업무를 수행하고 있다. 문화관광부는 청소년자원봉사센터를 설립하여 운영하고 있으며, 법무부에서는 '범죄예방자원봉사단체협의회'의 결성 및 지원과 사회봉사명령제 및 퇴소원생 자원봉사 등의 활동을 지원하고 있으며, 여성가족부에서는 여성자원활동센터를 개설하였다.

이처럼 1990년대 이후 많은 정부부처가 해당 분야에 대한 자원봉사센터의 건립, 관련 법에 자원봉사조항 신설, 자원봉사활동에 대한 지원 등의 활동을 펴서 외형적 측면에서는 자원봉사활동에 대한 다양한 지원체계를 마련하고 있으며, 어느 정도 자원봉사활동의 양적 성장에 기여하고 있다.

특히 교육부의 활동은 우리나라의 자원봉사자 확충에 엄청난 파급효과를 가져왔다. 1995년 이른바 5 · 31 교육개혁조치에 따라 중 · 고등학생들은 내신 성적과 관련하여 자원봉사활동에 의무적으로 참여하게 되었다. 이는 학생들의 인성교육을 강화하고 다양한 실천학습의 경험을 제공함으로써 사회에 대한 봉사효과와 봉사경험을 통한 학습효과를 동시에 높이기 위한 취지에서 이루어졌다. 학생들의 사회봉사활동을 생활기록부에 기록하고 이를 입시에 반영하는 자료로 삼은 것이다. 이는 상급학교에 진학하기 위해서는 자원봉사활동이 의무화된 것이나 마찬가지로, 특히 대학 진학을 앞둔 고등학생들의 자원봉사활동은 전면화되었다. 그 후 각 시도에 청소년자원봉사센터와 시 · 군 · 구에 종합자원봉사센터가 설립되면서 이에 대한 지원을 강화하고 있다.

중 · 고등학교뿐만 아니라 대학에서도 자원봉사활동을 정규교육과정에 포함시키면서 대학생들의 자원봉사활동이 활성화되고 있다. 1996년 7월에는 총장들의 모임인 '한국대학사회봉사협의회'가 창립되어 대학별로 운영되던 자원봉사 프로그램을 상호연계하며, 정보교환을 할 수 있도록 조직화되었다. 현재 대부분의 대학에서는 자원봉사활동 혹은 사회봉사과정에 교양학점을 부여하거나, 학점을 부여하지는 않더라도 졸업을 위한 필수과정으로 개설하고 있다.

정부나 교육계에서의 활동 이 외에도 자원봉사활동의 조직을 위한 흐름은 다양하게 나타나고 있다. 1990년대 중반부터 전문 자원봉사단체나 지원연구모임 등의 결성이 두드러지고 있다. '한국자원봉사단체협의회', '한국자원봉사연합회', '한국자원봉사포럼', '한국사회복지프로그램연구회', '대학사회봉사협의회', '볼런티어 21', 'V타운 21세기운동' 등이 있어 각기 독특한 지원활동이나 시범적인 지역의 조직활동 등을 펼치고 있다. 2003년 6월에는 99개의 NGO 및 자원봉사단체들이 모여 '한국자원봉사협의회'를 창립하였다.

1990년대 이후 우리나라의 자원봉사활동을 활성화하는 데 기업과 언론이 큰 영향을 준 것은 주지의 사실이다. 이제 기업들은 과거의 단순 기부나 협찬 수준에서 벗어나 직원들이 직접적으로 지역사회에 존재하는 각종 문제해결에 동참하도록 유도하고 있다. 신입사원 채용이나 인사고과에 자원봉사 경력을 반영하는 기업이 나타나기 시작했고, 임직원들의 교육과 훈련에 자원봉사내용을 포함시키는 기업이 늘어났다. 또한 사회공헌팀이나 자원봉사팀 등의 자원봉사활동 기관을 기업 내에 상설하여 사회봉사와 직원개발에 활용하는 움직임도 나타났다. 언론에서도 자원봉사 캠페인을 전개하고 자원봉사활동에 관한 특집을 기획하여 연재하는 등 사회의 각 구성원들에게 자원봉사활동에 대한 평가와 참여의지가 확산될 수 있는 분위기를 조성하고 있다.

제 4 장

자원봉사활동의 일반적 사항

현대사회의 빈곤, 무지, 소외문제의 해결을 위해서 국가나 지방자치단체 등의 공적 부분뿐만 아니라 공동체의식을 자각한 시민 개개인 또는 조직된 시민단체의 역할이 있어야 가능하다. 이러한 측면에서 자원봉사활동의 중요성은 더욱 증대되고 있다.

성공적인 자원봉사활동을 위해서는 활동 시작 전 분명한 목적을 세우고 그 목적을 이루기 위한 노력이 필요하다. 또한 자원봉사자는 자원봉사활동 현장에서 새로운 사람과 환경 사이에서 관계를 형성하는 것이기 때문에 여러 요소들과의 관계맺음에 대한 기본적인 이해가 필요하다. 자원봉사자들은 자원봉사활동에 임하는 기본자세를 바르게 갖추고 자원봉사자 윤리강령을 숙지하여 모든 자원봉사활동 현장에서 자원봉사자의 활동원칙으로 준수해야 할 것이다.

이 장에서는 자원봉사활동의 목적과 자원봉사자의 자세에 대해 파악하기 위하여, 자원봉사활동의 필요성 및 목적 그리고 자원봉사활동에 대한 전반적 이해, 자원봉사자의 기본자세 및 자원봉사자 윤리강령에 대해 알아본다.

1 자원봉사활동의 필요성

자원봉사활동이 갖는 사회적 기능과 의의는 현대사회에서 점차적으로 커져가고 있다. 현대사회가 산업화, 도시화, 개인화에 따라 공동체적 생활양식이나 부조제도는 그 기능을 상실하고 소외감, 심리적 고립감, 인간관계의 단절은 점점 더 심각한 문제로 인식되고 있으며, 인구의 고령화, 가정해체, 빈부격차의 심화 등 사회경제적 문제에 환경오염, 생태계파괴 불안까지 가중되고 있다. 현대사회의 복잡한 사회문제들을 해결하기 위해서는 국가나 지방자치단체 등 공적 부문의 제도적 개입만으로는 해결될 수 없고, 사회구성원 각자의 공동체에 대한 관심과 자발적 노력을 필요로 하는데, 적극적인 사회참여의 일환으로 자원봉사활동의 수요가 증가하고 있다.

자원봉사활동의 필요성은 무엇이고 어떤 의미를 갖는지 알아본다.

1) 개인의 자기 발견

자원봉사활동은 자신의 지식, 기술과 자원의 일부를 제공하는 과정에서 다양하고 새로운 인간관계를 경험하고, 보람과 성취감을 느끼며 자신의 인격 성장과 잠재능력을 발현하는 기회를 갖게 해준다. 더불어 사는 사회를 위한 나눔의 봉사를 통해 심리적 안정을 도모하고 건전한 삶을 영위할 수 있다.

2) 사회적 책임의 연대

현대사회가 도시화·산업화됨에 따라 아동, 청소년, 노인, 장애인, 결혼이민자, 탈북주민 등에 대한 케어나 부양문제, 각종 오염과 먹거리 등 환경문제, 지역사회문제 등 다양한 사회문제가 속출하고 있다. 그러나 이러한 사회문제 해결을 위한 국가나 공공부분의 조직적인 노력은 그 한계가 있어, 시민의식 수준의 향상으로 인한 자발적이고 적극적인 참여를 통해 사회적 책임을 공유하고 해결해야 할 필요성이 확대되었다. 이는 자원봉사 참여 동기에 관한 조사결과에서도 '사회문제해결', '시민의 의무와 책임' 등 사명감 관련 내용에 뚜렷하고 강한 동기를 보여주고 있다(행정안전부, 2017). 이처럼 현대사회의 여러 문제 예방과 해결에 자원봉사활동은 매우 큰 의미를 가지고 있다.

3) 사회적 생산성 증대

자원봉사활동은 사회구성원들이 자신의 인적·물적 자원을 사회에 환원하여 사회 공동체 발전에 기여하는 활동으로, 사회의 가용자원을 효율적으로 활용하여 사회의 생산성을 증가시키는 것이다. 각자의 적성과 능력을 살린 봉사활동에 참여하면 사회적 생산성이 증대될 뿐만 아니라 참여의 효능감 제고 및 새로운 사회적 가치가 창출될 수 있다. 전문지식과 실무능력을 보유한 조기퇴직자나 은퇴자들도 증가하고 있는데, 풍부한 사회경험과 역량을 살려 봉사활동에 참여하면 사회적 생산성이 증대될 뿐만 아니라 은퇴자들의 사회참여와 자기계발의 기회가 될 수 있다. 은퇴자들이 제2의 인생을 보낼 수 있도록 봉사활동 방안도 다양하게 마련되어야 한다.

4) 지역사회 공동체 건설

사회의 기능적 분업화·다기화에 따라 사회적 응집력이 약화되고 개인적·이기주의적 양식이 사람들의 삶을 지배하게 되면서 인간소외, 물질만능주의, 계층간 대립과 갈등 등 다양한 사회문제들이 심해지고 있다. 사회구성원이 적극적으로 참여하는 자원봉사활동을 통하여 우리는 다양한 사회구성원 사이에서 지역사회문제에 대한 공통된 인식을 형성하고, 문제해결을 위한 노력을 모아갈 때 '고립되고 소외된 나'가 아닌 '더불어 사는 우리'를 존중하는 공동체사회를 만들 수 있을 것이다.

2 자원봉사활동의 목적

자원봉사자의 수는 점점 증가하는 추세이며 다양한 분야에서 자원봉사활동이 이루어지고 있다. 사회복지 영역에서 주를 이루었던 자원봉사활동이 지역사회, 보건, 환경, 문화, 예술 등 다양한 분야로 확대되었다.

자원봉사활동의 성공적인 관리를 위해서는 봉사활동을 시작하기 전에 분명한 목적을 세우고 그 목적을 이루기 위한 노력이 필요하다. 예를 들어, 노인복지시설에서 노인들 스스로 할 수 있는 활동을 자원봉사자가 대신한다면, 자신이 보유한 능력을 최대한 활용할 수 있는 기회를 상실하고 자원봉사자에게 의존하게 되며, 신체적·심리적으로 위축될 것이다. 따라서 자원봉사활동은 단순한 노인들의 신변수발과 관련된 범위를 넘어 신체적·심리적·사회적 문제를 치료하고 예방하여 노인들의 건강을 증진시키고 삶의 질을 향상시키는 데 목적을 두어야 할 것이다. 이러한 자원봉사활동의 목적을 구체적으로 살펴보면 다음과 같다.

첫째, 스스로 생활할 수 있도록 자립을 지원한다. 자원봉사활동은 대상자에게 단순히 필요한 것을 도와주는 활동을 넘어서 장기적으로는 자신의 문제를 스스로 해결할 수 있도록 돕는다.

둘째, 올바른 성장에 도움을 줄 수 있도록 교육한다. 교육은 지식과 기술 습득, 인성교육 등을 통해 자아성장을 할 수 있도록 도움을 주는 것이며, 적절한 교육을 통해 자신의 역할과 기능을 다할 수 있도록 지원한다.

셋째, 대상자를 존중한다. 자원봉사자는 인격적 성장에 필요한 자원봉사서비스를 제공하여 모든 자원봉사 대상자들이 존중받도록 해야 하고, 봉사를 받는 대상자의 입장을 항상 고려해야 한다.

넷째, 건강한 사회생활을 할 수 있도록 사회화를 돕는다. 자원봉사자는 원만한 대인관계로 대상자를 대하여 수용되고 인정받는 경험을 통해 정서적 안정감과 긍정적인 자아개념을 강화하여 사회적 성숙을 돕는다. 인간관계에 미숙한 사람은 정서적 부적응 상태에 빠지기 쉬우므로, 그들의 입장에 귀 기울이는 공감능력이 필요하다.

다섯째, 사회문제를 예방한다. 안전한 사회환경을 조성하기 위한 성폭력 예방활동, 환경지킴이 예방활동, 약물남용 예방캠페인 등 다양한 예방적 차원의 자원봉사활동을 통해 사회문제의 발생을 줄이도록 사전에 방지하도록 한다.

여섯째, 매개자의 역할을 한다. 도움을 원하는 개인·집단·시설에서 직접 자원봉사를 하면서 그들의 욕구를 파악하여, 사회적 자원과 도움을 필요로 하는 사람들을 이어 주고, 문제를 해결하기 위해 지역사회의 지지를 유발하고 촉진하는 매개자 역할을 해야 한다.

끝으로 변화자의 역할이다. 사회를 올바른 방향으로 변화시키고 사회적 약자가 필요한 서비스를 받을 수 있는 새로운 복지서비스가 개발되도록 하는데 자원봉사활동이 그 효과를 더 높여주는 변화자의 역할을 한다.

3 자원봉사활동에서 관계형성에 대한 이해

자원봉사자는 자원봉사활동 현장에서 대상자, 동료 자원봉사자, 자원봉사활동 기관의 직원 및 활동환경 등 새로운 사람과 환경을 많이 만나게 되고, 이들 사이에서 관계형성이 이루어진다. 다음은 자원봉사활동에서 점검되어야 할 관계형성에 대한 기본적인 이해이다.

첫째, 인간에 대한 이해이다. 자원봉사는 대부분 사람을 대상으로 하므로 사랑을 실천하는 태도, 즉 인간에 대한 이해를 바탕으로 한 순수한 인간애와 상대방을 존중하는 태도를 갖추고 관심과 사랑으로 봉사대상자를 대한다.

둘째, 타인에 대한 이해이다. 인간관계는 자원봉사활동에 대한 만족과 지속 여부를 결정짓는 중요한 요소 중 하나이다. 자신의 편견을 인정하고 다른 사람들, 사회적 약자, 소수자, 외국인 등 차이를 두지 않고 다양성을 존중하고 타인을 이해하며, 수용과 신뢰로 타인에게 귀를 기울이는 겸손한 자세, 온정과 믿음 그리고 친절로 서로의 마음을 열고 존중하는 자세를 가져야 더불어 살아가는 세상에서 우리의 삶을 더 풍요롭게 만들 수 있다.

셋째, 자원봉사활동 환경에 대한 이해이다. 주어진 업무환경, 활동 장소 및 대상 등 자원봉사활동 내용에 대한 기초적인 정보의 수집이 필요하다. 봉사현장은 사회적으로 소외된 약자들을 돌보는 일이 대부분이어서 열악한 환경이나 육체적인 노동, 여러 가지 잡무 등을 하는 경우가 많아 활동 환경에 대한 내용을 모르고 시작하면 흥미를 잃거나 자원봉사활동을 지속적으로 이어가기 어렵기 때문이다. 자원봉사자는 주어진 업무에 대한 객관적인 이해를 바탕으로 인내심을 가지고 적극적이며, 긍정적인 자세로 봉사활동에 임해야 한다.

마지막으로 자신에 대한 이해이다. 자원봉사자는 자신의 장점과 단점 등 스스로에 대한 객관적인 이해를 바탕으로 내가 가지고 있는 것에 대해 감사하는 마음을 가진다. 자신이 가진 유무형의 자산, 즉 마음, 시간, 재능, 지식, 기술 등을 다른 사람을 위해 나누고자 하는 자세가 자원봉사활동의 기본이다. 자원봉사는 도움을 주는 것만이 아니라 자신의 인격 성장과 잠재능력을 발현하는 기회를 갖게 해준다. 의사소통의 원리, 대인관계, 대상자에 대한 이해 등 봉사활동에 관련된 지식과 정보에 지속적으로 관심을 갖고 공부하면 이해의 폭을 넓힐 수 있다.

4 자원봉사자의 기본자세

자원봉사자들은 주로 인간을 대상으로 활동하게 되며, 활동을 시작하기 전 준비단계에서 활동을 하는 단계와 마무리하는 평가단계까지 자원봉사활동에 임하는 자세와 태도를 바르게 갖는 것이 중요하다. 다음은 자원봉사자가 가져야 할 기본자세를 자원봉사활동, 대상자와의 관계 그리고 자원봉사활동 장소로 구분하여 자세히 살펴보고자 한다.

1) 자원봉사활동을 위한 자원봉사자의 기본자세

자원봉사자는 보다 효과적인 자원봉사활동을 위해서 다음과 같은 기본적인 자세를 갖추고 유지해야 한다(김영호, 1997; 오효근, 2006 재인용).

① 자신이 관심 있는 일에서부터 시작한다.
② 자기 주위에 있는 가정, 이웃, 지역사회의 일부터 시작한다.
③ 상대방의 필요에 따라 상대방의 입장에서 활동하되 상대방이 의타심을 갖지 않도록 한다. 이를 위해 먼저 신뢰관계를 형성하는 것이 필요하다.
④ 활동은 세밀한 계획하에 서비스를 마칠 때까지 계속해서 하되 무리를 하지 않아야 한다.
⑤ 매사에 약속을 지키며 책임 있는 언동과 신뢰받는 활동이 되어야 한다.
⑥ 활동에 있어서는 한계를 정한다. 즉, 일의 양, 시간, 목적, 사람 수 등의 한계를 정하여 시작할 것이며, 서로 이해가 우선되어야 한다.
⑦ 활동을 점검하고, 일의 경과를 기록하여 평가와 지도, 발전의 자료로 비치한다.

⑧ 자원봉사자는 계속하여 학습하고 자신을 성장시킨다.
⑨ 자원봉사활동은 겸손한 태도와 감사한 마음으로 기쁘게 시작하고, 상호간의 감사함과 보람으로 마칠 수 있도록 노력한다.
⑩ 활동을 시작하기 전에 가족과 직장의 이해를 얻는다.
⑪ 자신의 올바른 활동은 모든 자원봉사자를 대표한다는 마음으로 한다.
⑫ 가족과 이웃 그리고 전 국민의 자원봉사자화를 목표로 적극적인 자세를 갖는다.
⑬ 활동 중에 알게 되는 비밀을 보장한다.

이 외에도 자원봉사의 동기를 점검하고 처음의 순수함을 되새기는 자세를 가지며, 임무와 권리를 상기하고 그날그날의 봉사를 준비하는 자세를 가진다.

2) 대상자와의 관계에서 자원봉사자의 기본자세

① 대상자의 인격을 항상 존중하며 신뢰감을 형성한다.
② 대상자가 가장 필요로 하는 일부터 시작하고, 부담감이 없는 일에서부터 시작하여 보다 구체적인 욕구 및 문제를 파악한다.
③ 대상자의 자기선택 및 자기결정권을 존중한다.
④ 대상자의 입장에서 자원봉사를 하되 의구심이 생기지 않도록 해야 하며, 이를 위해서는 먼저 대상자를 존중하고, 신뢰관계를 형성한다.
⑤ 봉사활동 중에 알게 되는 대상자의 비밀을 보장한다.
⑥ 자신이 할 수 있는 활동의 한계를 명확히 한다.
⑦ 정보를 제공할 때에는 신중을 기한다.
⑧ 끈기 있게 활동한다.
⑨ 자원봉사는 대상자와 합의하에 세밀한 계획을 가지고 행동하되, 계획목표

가 달성될 때까지 무리한 활동을 삼가야 하며, 1차 목표가 달성되면 2차, 3차 목표를 설정하여 활동한다.

⑩ 일의 양, 시간, 목적과 목표, 참여 인원 등의 한계를 정하여 시작하며, 서로 간의 충분한 이해 속에서 시작한다.

⑪ 대상자가 사회에서 필요한 존재로서 역할을 할 수 있도록 조력한다.

⑫ 가족이 있는 대상자는 사전에 가족과 상의하고 공동계획을 수립한다.

⑬ 가능한 한 대상자와 지역사회, 가까운 이웃과 연결하도록 노력한다.

⑭ 봉사자와 대상자 사이의 금품거래는 삼간다.

⑮ 대상자에게 특정 정치활동 및 선교활동을 하지 않는다.

⑯ 무분별하고 일방적인 약속은 하지 않도록 하고, 대상자와의 약속은 반드시 지키며 불이행 시에는 그 사유를 설명해야 한다.

⑰ 대상자가 없을 때는 함부로 방에 들어가지 않도록 하고 메모를 남기고 돌아온다.

또한 봉사대상자와 올바른 관계, 즉 좋은 관계를 맺기 위해서 다음과 같은 몇 가지 중요한 원칙이 지켜져야 한다(이창호, 1997; 오효근, 2006 재인용).

(1) 포용력과 인내심

잘 알지도 못하고 무리한 요구를 하는 상대를 항상 넓은 가슴으로 포용하고 이해하려는 마음가짐 그리고 겸손한 자세와 인내심을 가져야 한다.

(2) 상대의 말과 행동에 대한 긍정적인 평가

긍정적인 사고는 내 자신이나 남과의 관계에서 건강한 삶을 가져온다. 상대의 말이나 행동에 대한 긍정적인 생각과 긍정적인 평가를 하도록 노력한다.

(3) 감사하는 마음과 상대의 유익을 위한 노력

자원봉사를 꾸준히 하다 보면 자원봉사자가 현장 속에서 여러 가지 느끼고 깨닫고 배우게 되며, 그러한 경험들이 인생에 도움이 되며 자신을 개발시키고 성숙시킨다. 누군가와 자신을 위해 무언가를 할 수 있다는 것에 감사하며, 봉사대상자를 진심으로 위하는 것이 무엇인지에 대한 끊임없는 노력이 필요하다.

(4) 자신의 한계를 인식하고 봉사대상자와의 명확한 관계 설정

자원봉사자는 대상자의 모든 것을 책임지는 전문직원이 아니라 시간제 봉사자라는 사실과 자신이 모든 것을 책임지고 해결할 수 없다는 것을 자원봉사자 자신뿐만 아니라 대상자에게도 확실하게 인식시켜야 한다. 그렇지 않고 자원봉사자가 봉사대상자나 기관에서 일어나는 모든 문제들을 책임을 질 수 있는 것같이 행동했다가는 활동기관에도 폐가 될 수 있고, 자원봉사자 자신이나 대상자에게 상처가 될 수도 있다.

3) 기관과의 관계에서 자원봉사자의 기본자세

자원봉사자들이 자원봉사활동의 장소인 기관(기관, 시설, 단체 등)과의 관계에서 지켜야 할 기본자세를 살펴보면 다음과 같다(조휘일, 1997; 오효근, 2006 재인용).

① 활동하는 기관에 정성과 신의를 다한다.
② 조정·관리자 및 기관의 안내와 결정에 따른다.
③ 직무 안내 및 훈련에 적극 참여한다.
④ 매사에 약속을 지킨다.

⑤ 활동하는 기관의 업무와 관련된 비밀을 보장한다.
⑥ 상대방이 필요로 하는 활동을 한다.
⑦ 활동의 한계를 명확히 한다.
⑧ 신속하고 확실하게 업무를 수행한다.
⑨ 활동을 점검하고 기록한다.
⑩ 겸손한 태도로 상대방의 입장을 이해하며 지나친 자만심을 갖지 않는다.
⑪ 자원봉사자 간에 서로 존중하고 이해하며 공감대를 형성한다.
⑫ 항상 웃는 얼굴로 공손한 언어를 사용하고 검소하며 단정한 복장을 한다.

이 외에도 전문가의 지원이나 다른 사람들의 지원이 필요할 때 또는 어려움이 생겼을 때는 담당자와 상의해야 하며, 자원봉사활동을 중단할 때에는 반드시 기관과 대상자에게 미리 알려야 한다.

5 자원봉사자 윤리강령

자원봉사자 윤리강령은 1998년 개최된 제1회 한국자원봉사전국대회 실행위원회에서 초안을 작성한 후 전문위원회의 연구검토를 거쳐 1999년 자원봉사자 전국지도자대회에서 채택·선포되었다. 자원봉사자 윤리강령은 자원봉사자가 항상 숙지해야 하며, 모든 자원봉사활동 현장에서 자원봉사자의 활동원칙으로 존중되어야 할 것이다.

첫째, 자원봉사자는 생명의 귀중함과 모든 사람은 평등하다는 것을 인정하며, 차별을 두지 않고 상대방의 입장을 이해하는 겸허한 자세로 활동해야 한다.

둘째, 자원봉사자는 사회를 구성하는 모든 영역과 분야에서 삶의 질 향상과 건강한 지역사회 조성 및 더불어 살아가는 공존·복지공동체 구현을 위해 활동하며 전통문화의 존중과 새로운 문화 창출에도 이바지해야 한다.

셋째, 자원봉사자는 올바른 가치관과 윤리관을 가지고 자신의 능력과 자질을 향상시키기 위한 노력을 해야 하며, 스스로 참여하고 활동하는 일에 대하여 투철한 사명감을 가지고 책임과 의무를 충실히 이행해야 한다.

넷째, 자원봉사자는 민주시민정신의 실천가로서 지역사회의 다양한 욕구에 부응하고, 사회적으로 발생되는 제반 문제에 대하여 예방과 치료 및 지원, 협조, 대책을 강구하는 활동의 제공으로 특정한 보수나 대가를 대신한다.

다섯째, 자원봉사자는 활동대상의 권익과 사생활을 보호하고 관련된 인격존중과 기관의 규칙을 준수하여야 하며, 활동 중에 알게 된 비밀을 지켜야 한다.

여섯째, 자원봉사자는 자신의 참여와 활동을 통하여 봉사대상이 새롭게 보호, 변화, 발전하는 것이 곧 자신에게 보람과 긍지를 주고 삶의 의미를 인식케 하는 것이며, 또한 자신의 발전과 바람직한 인격을 갖게 하는 원동력이라는 확신을 가져야 한다.

일곱째, 자원봉사자는 지역사회공동체와 국가와 사회발전에 기여하고, 나아가 세계평화와 인류애를 실천하는 봉사자가 되어야 한다.

6 자원봉사관리자 윤리강령

자원봉사관리자 윤리강령은 자원봉사관리자들이 새겨야 할 윤리적 가치로서 한국자원봉사의해(2016~2018)의 성과를 공유하고 자원봉사계의 논의를 바탕으로 우리나라 자원봉사의 방향을 새롭게 성립한 것으로, ‘시민성’, ‘성장과 변화’, ‘자율과 공평’, ‘개방과 연대’를 강조하고 있다(2018. 12. 5. 전국자원봉사대회, 행정안전부).

자원봉사관리자 윤리강령

자원봉사는 시민의 권리와 책임에 기반한 활동으로, ‘건강한 시민’들이 ‘좋은 사회’를 만들어 가는 동력이다. 자원봉사관리는 자원봉사가 일상의 문화로 자리잡아 긍정적인 사회변화에 기여할 수 있도록 지원하고 촉진하는 과정이다.

이에 자원봉사관리자는 자원봉사의 가치를 수호하고, 자원봉사자와 함께 일하며, 개인·가족·집단·지역사회 등 공동체의 공존과 변화를 촉진하는 역할을 수행함에 있어, 다음과 같은 윤리적 가치를 되새겨 우리 양식(良識)의 원천으로 삼는다.

시민성

자원봉사관리자는 더 많은 시민들이 자원봉사활동의 기회를 충분히 누리도록 안내함으로써, 스스로 사회적 문제와 욕구 해결에 기여하는 시민임을 인식한다.

성장과 변화

자원봉사관리자는 지식과 기술을 갖춘 전문가로서 모든 이해관계자와 함께 상호 성장하고, 변화함으로써 시민사회 발전에 이바지한다.

자율과 공평

자원봉사관리자는 자원봉사의 정책과 실천 현장에서 자율성을 최우선 가치로 두며, 자원봉사가 지닌 공공성에 걸맞는 책임성을 가질 수 있도록 공평한 자원봉사 환경을 제공한다.

개방과 연대

자원봉사관리자는 다양한 주체 및 영역과 연결될 수 있는 열린 자세를 가지고, 정부·기업·시민사회의 다양한 주체와 영역 간의 적극적인 협력을 이끌어낸다.

2015년 11월 5일 제정
2018년 12월 5일 개정

출처: 행정안전부(2018). 자원봉사대회.

제 5 장

자원봉사활동의 구조

과거 자원봉사활동을 종교적 신념이나 희생정신이 투철한 사람들, 즉 특별한 사람들이 하는 일로 여긴 적도 있었다. 그러나 사회공동체에 대한 참여가 사회구성원 개개인의 의무로 인식되는 지금 자원봉사활동은 더 이상 특별한 사람들이 하는 특별한 행위가 아닌 시민들의 일상적인 사회참여활동으로 받아들여지고 있다.

자원봉사의 영역은 사회복지 분야가 주를 이루고 있으나, 지역사회 분야, 환경 분야, 문화예술 분야, 보건·의료서비스 분야, 교통 분야, 국제협력과 난민구호 분야 등 그 활동 영역이 매우 다양해졌다.

자원봉사활동 주체가 개인적 참여를 넘어 조직적 참여가 증가하면서, 연령층이나 참여형태 등의 구분으로 조직화된 자원봉사활동 주체들 간의 일정한 유형적 모습이 존재하기도 한다. 이 장에서는 자원봉사활동 주체들의 특징을 알아본다. 또한 점점 다양화되고 있는 자원봉사활동의 각 영역별 내용 및 특징을 살펴보고, 다양한 자원봉사활동 현장 및 기관에 대해 알아본다.

1 자원봉사활동의 주체

자원봉사활동을 종교적 신념이나 희생정신이 투철한 사람들, 즉 특별한 사람들이 하는 일로 여긴 적도 있었으나, 사회공동체에 대한 참여가 사회구성원 개

개인의 의무로 인식되는 지금 자원봉사활동은 특별한 사람들이 하는 특별한 행위가 아니라 시민들의 일상적 사회참여활동으로 받아들이고 있다. 나아가 개인적 참여에서 조직적 참여가 증가하고 있다. 자원봉사활동 참여자의 참여 동기나 욕구는 다양하지만, 연령층이나 참여형태의 구분에 따라 일정한 유형적 모습을 보이기도 한다.

1) 청소년

청소년의 자원봉사활동은 '1995. 5. 31 교육개혁조치'로 학생자원봉사활동의 제도화를 통해 비약적으로 발전하기 시작하였다. 그 결과 현재는 모든 연령층 중에서 청소년층(15~19세)의 참여율이 가장 높고 자원봉사활동 수요처의 입장에서는 주요한 자원이다. 이들의 자원봉사활동은 수요처에 대한 직접적 도움이 되는 것은 물론이고, 자원봉사활동을 통한 참여자의 내적 성장과 학습이라는 교육적 측면에서도 큰 의의를 갖는다는 점에서 봉사학습(service learning)이라는 용어가 강조되고 있다. 그러나 현재 입시위주의 교육환경에서 청소년의 봉사활동이 의무적인 활동으로 치우치는 경향이 있고, 활동기관과 프로그램이 다양하지 못하고 이들을 담당할 자원봉사 관리자가 부족하여 청소년 봉사활동의 질적 저하를 초래할 수 있어, 청소년 대상 자원봉사 프로그램의 다양화와 전문관리 인력의 육성이 필요하다.

2) 대학생

사회현실에 대한 비판과 참여의식이 강한 대학생층은 과거부터 전통적으로 중요한 자원으로, 주로 동아리활동 등을 통해 자원봉사활동에 참여해 왔다. 1990년대 이후로는 대학교에서도 '사회봉사' 과정을 학점제 교과목으로 운영하거나 학점을 부여하지 않더라도 졸업을 위해 이수해야 하는 필수과정으로 개설하는 경우가 늘고 있다. 대학생의 봉사참여는 개인의 사회 경험 축적, 공동체 의식 제고, 리더십 함양 등의 다양한 이점을 지니고 있다. 대학생의 해외자원봉사도 증가하고 있는데, 지구촌시대에 국제경쟁력과 봉사능력을 향상시키고 국가 간 문화교류를 통해 민간외교에 기여하고 자아개발에도 도움이 된다.

3) 여성

전통적으로 여성이 남성보다 자원봉사활동에 높은 참여를 보여주었다는 것은 봉사활동이 이른바 '여성적'인 영역이라는 인식과 여성이 직업을 가지고 사회활동을 하는 경우가 적어 상대적으로 자원봉사활동에 참여할 기회가 많았기 때문이라는 면도 있었다는 것을 부정할 수는 없다. 오늘날 여성의 자원봉사활동은 우리 사회에서 잠재된 유휴인력의 활용, 여성의 적극적 사회활동 증가라는 측면에서 중요한 의미를 함축하고 있다. 특히 사회복지시설에서의 자원봉사활동 참여는 남성보다 여성이 훨씬 많아 클라이언트에 대한 돌봄(care)의 측면에서 남성보다 훨씬 큰 역할을 담당하고 있다.

4) 노인

평균수명의 연장과 산업화에 따른 정년제도의 보편화로 인해 사회적 활동의 능력과 경험이 있는 많은 은퇴자와 노인들이 여전히 일할 능력이 있는데도 불구하고 일선의 경제활동에서 물러나게 되었다. 이는 사회적으로도 심각한 낭비이며 동시에 노인 개인적으로도 보람 있고 자아를 실현할 수 있는 활동의 기회가 제약되는 문제를 낳고 있다. 이에 따라 노인들의 자원봉사활동 참여가 강조되고 있다. 외국의 경우에도 'RSVP' 같은 노인 자원봉사단의 활동이 활발하고,

자원봉사가 정년준비 프로그램 중의 하나로 소개되고 있다. 우리나라에서도 노인단체 등 조직체에서 자원봉사활동 조직화가 나타나고 있으며, 기업의 퇴직자에 대한 프로그램이나 지역사회 단위의 노인 프로그램 등에서 시니어 봉사단 조직이 점점 늘어나고 있다.

5) 종교계

종교계의 자원봉사활동은 예로부터 가장 강력한 복지자원으로 기능을 담당해 왔고, 지금도 사회복지기관의 역할을 보완하거나 보충적인 기능을 수행하고 있다. 가톨릭, 불교, 기독교, 원불교 등 종교계의 자원봉사활동은 각 종교의 가치나 사상적 기반으로 인해 상호적인 유대나 소속감 아래 매우 헌신적이고 지속적이라는 특성을 보인다. 각 종교단체에서 자원봉사활동의 참여율이 비교적 높은 편이지만, 개인의 신앙 성장에 더 초점을 맞추는 경향이 있다. 따라서 종교계 내부를 넘어서 지역사회복지활동과 연계하는 제도적인 장치가 요구되고, 예산의 확보와 사회복지 전담인력의 충원이 보완된다면 그 기능과 역할이 더 크게 공헌할 수 있을 것이다.

6) 전문직

전문직의 자원봉사활동은 점점 활성화되고 있다. 전문직의 자원봉사인 프로보노(Pro Bono, 공익을 위하여)는 공공의 목적을 위해 법률, 회계, 세무, 노무, 인사, IT 등의 전문가가 자신의 전문기술을 활용하여 수혜받는 기관의 문제해결뿐 아니라 기관의 역량을 강화시켜 기반 구축에 기여하는 활동이다. 프로보노는 자신의 경험, 지식, 기술 등 전문성을 기부하는 사회공헌 모델로 인도주의실천의사협의회, 민주사회를 위한 변호사 모임, 한국공인노무사회 등과 민간기업의 프로보노 전담세무사팀, 프로보노 경영자문봉사단 등 다양한 전문직 자원봉사활동이 중요한 역할을 하고 있다.

7) 기업

기업의 자원봉사활동은 기업홍보 차원과 기업의 사회적 책임완수가 강조되는 사회분위기 속에서 다양화되고 있다. 기업의 사회공헌활동은 단순한 시혜적 차원을 넘어서 정부, 시민사회, 고객 등 기업의 내·외부 이해관계자와 사회로부터 긍정적인 영향을 이끌어내는 중요한 경영활동의 하나로 인식되고 있다. 임직원에게 자원봉사활동 참여를 장려하고 현금, 물품기부, 재난 구호 등의 이벤트성 활동을 진행하는 단순한 봉사활동을 진행하는 기업도 많지만, 사회복지사를 채용하고 사회공헌팀을 만들어 전문적으로 사회문제해결을 위해 전문적으로 노력하는 등 그 활동이 확대되고 있다. 이밖에 교육지원, 안전문화, 문화예술, 산림복지, 해외기술교류지원, 문화예술 등 다양한 분야에서 지원이 이루어지고 있다.

8) 장애인

장애인은 자원봉사활동의 주체라기보다는 대상으로 생각하는 것이 일반적이다. 최근 장애인이 자원봉사활동에 참여하는 경우가 늘어나고 있으며, 장애인단체 등에서 이를 조직화하고 있다. 특히 비장애인과의 차별 없는 사회참여가 장애인복지의 주요 이념이므로 장애인의 자원봉사활동 참여는 앞으로 더욱 확대될 것으로 전망된다. 장애인 상호 간의 자조활동은 수요자의 욕구에 보다 적합한 자원봉사활동 프로그램을 수행할 수 있고, 장애인인식개선활동과 더불어 함께 사는 사회를 만들어 가는 캠페인 진행 등 활동 영역이 다양해지고 있다.

9) 기타

이 밖에도 지역공동체 실현을 위해 지역사회단위의 자원봉사조직체를 운영하거나 각종 시민단체 운영에서 조직적 자원봉사활동이 나타나는 경우, 가족단위의 자원봉사활동 프로그램 조직화 등 자원봉사활동의 주체는 매우 다양한 형태로 나타나고 있다.

2 자원봉사활동의 영역

자원봉사활동을 영역별로 나누면 사회복지 분야가 주를 이루고 지역사회 분야, 환경 분야, 문화예술 분야, 보건·의료서비스 분야, 교통 분야, 국제협력과 난민구호 분야 등 활동 영역은 다양하다.

1) 사회복지 분야

사회복지사업법 제2조에서는 "사회복지시설이란 사회복지사업을 할 목적으로 설치된 시설을 말한다"고 명시하고 있으며, 이러한 사회복지시설은 생활, 이용 등의 일정한 사회복지서비스를 제공하는 기관이다. 사회복지시설의 유형은 운영주체, 이용자의 부담여부와 정도, 시설규모, 사회복지서비스법의 규정, 시설서비스의 기능 및 서비스제공대상자 등에 따라 매우 다양하게 분류되고 있다. 서비스제공대상자에 따라 노인복지시설, 아동복지시설, 장애인복지시설, 청소년복지시설 등으로 나누고, 시설의 이용방법에 따라 노인주거복지시설, 아동양육시설, 중증장애인거주시설, 청소년 쉼터 등의 생활시설과 재가노인복지시설, 지역아동센터, 장애인직업재활시설 등의 이용시설이 있다.

봉사활동의 내용은 어르신 말벗, 사무보조, 안내, 나들이 지원, 외출 돕기, 학습지도, 식사보조, 환경 정리 등과 활동하는 장소와 대상에 따라 매우 다양하다.

2) 환경 분야

지구온난화, 물 부족, 생태계 변화, 식량 부족, 유해 화학물질 증가 등 지구의 환경과 인간생활을 위협하고 있는 환경오염문제에 대해 세계인의 관심과 우려가 고조되고 있다(신용승, 2015). 환경의 문제는 인간 생존의 문제라는 시민의식이 높아지면서 생물다양성을 보존하고, 우리가 살고 있는 지구를 조금이나마 보호하기 위해 환경보호활동을 하는 자원봉사자들이 많이 늘어나고 있다. 환경보호를 위한 자원봉사활동은 개인적인 차원뿐만 아니라 공익단체 같은 네트워크에 참여하여 정확한 환경지식과 정보를 실천하고 주위에 전달하고 환경교육과 홍보활동을 통해 환경보호문제를 근본적으로 접근하여 가족, 이웃, 지역사회, 국가와 나아가 우리가 사는 이 지구의 환경을 유지하고 보호하기 위한 활동으로 발전시켜 가는데 일익을 담당해야 할 것이다.

환경보전을 위한 사전예방활동은 유원지와 하천주변 쓰레기 줍기, 겨울철 야생동물 먹이주기 등과 같은 직접적인 활동, 샛강 살리기, 하천변 불법투기 감시활동, 등산객대상 산불예방 캠페인 등과 같은 계몽활동, 환경캠프 등의 환경교육활동, 재활용품 분리배출지도 등과 같은 재활용 운동 등이 있다. 사후활동은 오·폐수 무단방류, 오염토양의 투기, 폐기물 불법 매립, 국립공원 내 자연훼손 등을 감시하거나 고발하는 활동, 시민단체에서 관련 고발접수를 받는 활동 등이 있다.

3) 문화 · 예술 분야

문화 · 예술 분야 자원봉사는 통역, 안내, 해설, 보존, 편의제공 등 문화예술현장에서 다양하게 이루어지는 자원봉사활동으로, 개인에게는 문화감수성을 증진시키고 사회참여의 기회를 높여주고, 사회적으로는 창의성과 활력을 제공하여 다양한 문화활동을 활성화하며, 문화공동체 형성에 기여하는 활동이고, 문화 분야의 소외계층으로 하여금 문화 · 예술 분야에 접근할 수 있는 기회를 확대시켜 줄 수 있다.

역사, 미술, 과학 박물관, 유적지 등의 견학을 안내, 해설하는 일과 문화재, 유적지 등을 보호하는 활동, 역사자료를 정리하는 일 등의 문화시설을 보존하는 자원봉사, 국제행사에서 외국 관광객의 언어불편 해소와 문화교육 등 언어 · 문화 통역 자원봉사, 문화행사나 공연의 지원, 공연안내, 해설, 홍보, 기획 등 운영지원 자원봉사뿐만 아니라 공연, 문화예술교육 등 문화예술적인 재능을 나누거나 기부하는 것도 자원봉사활동이다.

4) 보건 · 의료서비스 분야

건강에 대한 사회적인 관심이 증가하면서 건강을 관리하고 질병을 예방하는 것이 수명을 연장시키고 삶의 만족도를 증진시킨다는 점에서 건강증진에 대한 관심이 증가되고 있다. 보건 · 의료서비스 분야에서 자원봉사활동은 개인의 자아실현을 돕고 정보부족으로 서비스를 제대로 이용하지 못하는 대상자들에게는 보건 · 의료서비스의 질적 향상에 이바지하고 지역사회 결속력에 영향을 주는 활동이다.

보건서비스 분야는 사회여건 변화와 고령인구 증가에 따른 지역주민의 다양한 건강욕구를 충족시키고자 독거노인 관리, 여성건강지도, 인구정책 홍보에 방문관리지원, 홍보지원, 접수안내, 교육지원 등의 자원봉사가 있다.

의료 분야의 자원봉사는 의학연구단체나 장애인을 위한 기금조성활동을 수행, 노인, 장애인, 몸이 불편한 환자를 위해 차량봉사, 방문봉사, 간병, 식사보조, 접수안내, 병원업무보조 등의 자원봉사가 있다. 의료 분야의 봉사활동으로 잘 알려진 호스피스(hospice)활동은 완치가 불가능한 말기 환자와 그 가족들의 고통을 사랑으로 돌보는 활동으로 병실안내, 환자지원, 식사서비스, 환자 접수와 안내, 입원환자 위문, 도서대출과 회수, 기록정리, 주변정리, 서류발송 등의 일상업무 보조, 가족돌봄 등이 있다.

의사, 한의사, 치과의사, 간호사 등 의료인들의 전문봉사도 무의촌, 사회복지시설이나 난민, 노숙자 등을 대상으로 개인 또는 단체 차원으로 국내외에서 활발하게 진행되고 있다.

5) 정치 · 행정 · 경제 분야

정치 분야에서 공명선거 계몽, 홍보, 부정선거 감시활동, 선거관리 업무지원, 사무보조 등이 자원봉사자들의 중요한 활동이다. 공명선거실천시민연합, 한국유권자연맹과 같은 시민단체에서 민주선거정착운동에 참여하거나 언론모니터활동 등과 지방의회의 회의에 참석하여 의정활동을 모니터하고, 지역주민의 의견을 반영하여 살기 좋은 지역 만들기활동에 참여 등이 있다.

행정 분야의 자원봉사활동은 관공서에서 업무 보조, 민원안내, 상담, 행사 보조, 서류 정리 등과 공공도서관의 도서정리, 안내 등의 활동이 있다. 이는 인적자원의 한계를 극복하고 질 높은 서비스를 제공하는 데 기여한다.

경제 분야에서의 자원봉사는 구직자, 취업의사를 가진 실업자, 중 · 노년 은퇴자들에게 상담, 정보제공, 기술 훈련을 통해 직업을 알선해 주는 활동, 소비자보호운동, 경제정의를 위한 시민운동 등을 들 수 있다.

6) 범죄예방 및 교정 분야

범죄예방을 위한 자원봉사활동은 건강한 사회를 만들기 위해 지역의 안전지수를 높여 범죄를 예방하는 학교주변 정화활동, 아동안전지킴이활동, 유해환경 퇴치 및 계몽활동에서부터 우범지역 방범순찰활동, 우범소년 선도 및 결연 활동, 자경단활동, 정책 건의 등이 있다.

교정 분야에서의 자원봉사활동은 재소자들의 사회적 재활을 도와줌과 동시에 출소자들이 다시 범죄에 빠져들지 않도록 하는 활동이 있다. 활동내용으로는 보호관찰대상자를 위한 보호관찰위원, 교도소의 자원교사, 가석방자의 지도요원, 교도소의 교화방송, 재소자 상담, 법정후견인 등이 있다.

7) 교통 분야

차량의 증가와 운전자의 부주의로 학교 앞 어린이 보호구역에서 교통사고 등 어린이, 장애인, 노인들의 안전사고가 끊이지 않고 있다. 교통 분야에서는 교통안전, 교통여건의 개선, 공동체 의식 함양을 위해서 자원봉사활동이 요구되는데 교통 분야의 봉사활동은 인근 지역의 학부모, 모범운전자회, 녹색어머니연합회 등 교통자원봉사단체가 활동하거나 지방자치단체나 국가의 대규모 행사에 팀을 구성하거나 개인적으로 신청하여 참석한다. 교통 분야에서의 자원봉사활동은 교통정리, 주정차안내, 등하교 횡단보도 지도, 교통여건 개선활동, 각종 교통 캠페인, 카풀, 차량봉사(장애인, 노인, 환자이송활동), 교통안전교육 등이 있다.

8) 교육 분야

교육 분야의 자원봉사는 다양한 배움의 기회를 제공하고 교육자원봉사 참여

분위기를 조성하고, 교육공동체 활성화 기반을 마련하는 데 도움이 된다. 교육 분야의 자원봉사 대상은 방과후 학교 초등학생, 지역아동센터 학생들, 취업중인 청소년, 학교폭력 피해자, 교육의 기회를 놓친 주부와 노인들, 한국어를 배우려는 외국인 노동자 등 다양하다. 이들을 위해 다양하고 체계적인 지도 프로그램이 개발되어야 할 필요가 있다. 활동분야는 수학, 과학 등 학습교육, 수업보조, 멘토링, 돌봄지원, 전래놀이지도, 특수교육지원, 현장체험학습 인솔, 방과후 돌봄교실지원, 어학교육, 시각장애인을 위한 점자도서와 음성도서의 제작, 컴퓨터 교육 등이 있다.

9) 스포츠 및 행사 분야

스포츠나 행사 분야의 자원봉사는 개인이나 동호회가 기관이나 행사를 지원하거나 개별적으로 다양한 스포츠나 행사 관련 자원봉사를 수행하여 건전한 여가문화 풍토 조성에 기여한다. 전현직 운동선수, 심판, 체육전공자, 생활체육동호인이 재능을 기부하여 스포츠활동을 진행하기 어려운 지역주민을 찾아가 스포츠활동을 교육하고 지도하거나, 특별한 재능이 없더라도 스포츠 및 행사 분야에서 안내, 운영지원 등의 봉사활동을 행한다.

국내외적으로 대규모의 올림픽, 월드컵, 전국체전이나 각 지역을 특화하는 지역축제 등 각종 스포츠 및 행사에는 많은 인력과 비용이 필요하므로 자원봉사활동은 큰 자원이 된다. 구체적 활동내용으로는 접수, 통역, 안내, 운전, 진행, 방송, 경기 보조, 운영지원 등 거의 모든 영역에 해당된다.

10) 국제협력과 난민구호 분야

국제협력과 난민구호 분야의 봉사활동은 국경을 초월하여 자신의 시간, 능력,

에너지를 사용하여 사회변화, 경제발전, 환경보존, 교육, 정보통신, 보건의료, 농촌개발, 난민교육, 구호물자 전달 등의 자원봉사활동하는 것을 의미한다. 국가자원에서는 나눔과 배움을 통한 인류의 공동번영을 목표로 2009년에 KOICA 봉사단, IT봉사단, 세계태권도봉사단 등 각 행정부처의 해외봉사단의 통합브랜드인 월드프렌즈코리아를 출범하고, 개발도상국 주민들의 빈곤해소와 교육, 농촌개발 등 지식, 기술 전수를 통해 발전을 지원하여 개발도상국과 우리나라의 우호협력 및 상호이해를 증진하기 위해 전 세계 개발도상국에서 활동하고 있다.

지구촌 난민을 돕기 위한 봉사활동에는 모금활동, 긴급시설복구, 식수개발과 위생, 전쟁을 겪은 국가에서 의료봉사를 비롯한 각종 봉사활동 등이 있다. 국제기구나 민간구호단체들이 해외자원봉사활동을 할 수 있도록 가난과 굶주림으로 고통받는 우간다, 방글라데시 등 난민지역에 자원봉사팀을 보내 국경을 초월한 사랑의 봉사활동을 펼치기도 하고, 모금활동을 통해 식량, 의류, 의약품 등 구호품 지원활동을 한다.

1365 자원봉사포털에서는 자원봉사의 주요 활동 영역을 다음과 같이 구분하고 있다.

① 생활편의
② 주거환경
③ 상담
④ 교육
⑤ 보건의료
⑥ 농어촌
⑦ 문화행사
⑧ 환경보호
⑨ 행정보호

⑩ 안전 · 방범
⑪ 인권 · 공익
⑫ 재해 · 재난 · 응급
⑬ 국제협력
⑭ 멘토링
⑮ 기타

또한 자원봉사활동기본법 제7조에서 정한 자원봉사활동의 범위를 다음과 같이 구분하였다.

① 사회복지 및 보건증진에 관한 활동
② 지역사회개발 및 발전에 관한 활동
③ 환경보전 및 자연보호에 관한 활동
④ 사회적 취약계층의 권익증진 및 청소년의 육성 · 보호에 관한 활동
⑤ 교육 및 상담에 관한 활동
⑥ 인권옹호 및 평화구현에 관한 활동
⑦ 범죄예방 및 선도에 관한 활동
⑧ 교통 및 기초 질서계도에 관한 활동
⑨ 재난관리 및 재해구호에 관한 활동
⑩ 문화 · 관광 · 예술 및 체육진흥에 관한 활동
⑪ 부패방지 및 소비자보호에 관한 활동
⑫ 공명선거에 관한 활동
⑬ 국제협력 및 해외봉사활동
⑭ 공공행정 분야의 사무지원에 관한 활동
⑮ 그밖의 공익사업의 수행 또는 주민복지의 증진에 필요한 활동

제 6 장

자원봉사활동의 체계

자원봉사활동은 자원봉사 지원자, 자원봉사 수요기관, 자원봉사 공급 및 조정기관 그리고 이들을 둘러싼 외부 환경과의 상호작용 속에서 이루어진다. 체계론적 관점으로 볼 때 자원봉사활동의 체계는 크게 추진체계, 관리체계, 지원체계로 나눌 수 있다.

자원봉사 추진체계는 자원봉사활동을 육성하고 추진해 가는 것을 주목적으로 하는 기관이나 단체를 말한다. 이는 자원봉사활동의 구심점으로서 자원봉사활동을 조직화하여 효율적이고 효과적인 자원봉사서비스가 수행되도록 하는 역할을 한다. 자원봉사관리체계는 자원봉사관리자와 자원봉사관리과정으로 구성된다. 이는 자원봉사자를 효과적으로 활용하기 위해 행하는 모집, 홍보, 교육, 배치, 평가, 인정과 승인 등의 관리과정과 이런 과정을 다루는 인력을 포함한다. 자원봉사지원체계는 자원봉사활동과 관련된 외부환경으로 법적·물적·인적 지원을 행하는 기관이나 단체를 말한다.

이 장에서는 자원봉사 추진체계, 관리체계, 지원체계의 의의와 역할에 대해 알아본다.

자원봉사활동은 자원봉사 지원자, 자원봉사 수요기관, 자원봉사 공급 및 조정기관 그리고 이들을 둘러싼 외부 환경과의 상호작용 속에서 이루어진다. 이를 체계론적 관점에서 보면 추진체계, 관리체계, 지원체계로 나누어 논의할 수 있다.

1 추진체계

1) 추진체계의 의의

자원봉사활동을 육성하고 추진해 가는 것을 주목적으로 하는 기관이나 단체를 추진체계라 한다. 자원봉사활동은 봉사자나 수요자 어느 한쪽의 일방적 욕구로 수행되는 것이 아니다. 자원봉사자의 입장에서는 언제, 어디서이건 자원봉사활동의 참여 기회를 발견하고 실행에 옮길 수 있도록 해야 할 것이며, 자원봉사 수요자의 입장에서도 도움이 필요할 때 이를 요청할 수 있는 공식적인 채널이 필요하다.

추진체계에 해당하는 기관이나 단체들은 민간에 의해 자발적으로 만들어지기도 하고, 정부나 지방자치단체에 의해 설치·운영되기도 한다. 이러한 기관이나 단체에는 자원봉사단체협의회나 자원봉사 수요자의 역할을 겸하는 자원봉사 활용기관 등도 포함되지만, 자원봉사센터가 그 중심이라 할 수 있다. 자원봉사센터는 지역자원봉사센터와 전국자원봉사센터가 있다.

2) 추진체계의 역할

추진체계는 자원봉사활동의 구심점으로서 자원봉사활동을 조직화하여 효율적이고 효과적인 자원봉사서비스가 수행되도록 해야 한다. 추진체계에 해당하는 기관이나 단체들의 역할은 여기에 집중되어야 한다. 추진체계의 중심인 자원봉사센터의 역할을 중심으로 정리해 보면 다음과 같다(볼런티어 21, 2001).

① 자원봉사정신과 가치, 자원봉사활동의 기회를 홍보하고 고취하여, 다양한

계층의 많은 사람들이 자원봉사에 참여하도록 수시로 자원봉사자를 모집하고 발굴한다. 또한 자원봉사활동의 저해요인들을 해결하고 자원봉사자의 입장을 대변하고 옹호하며, 자원봉사활동에 필요한 제도적 기반을 조성한다.

② 지역사회의 욕구에 부응하는 자원봉사 프로그램을 개발한다.

③ 자원봉사자를 필요로 하는 지역사회의 수요를 파악하고, 수요처 기관들이 자원봉사자를 효과적으로 관리하도록 지원한다.

④ 지역사회의 민간단체 및 공익기관, 자원봉사단체 등에게 단체역량강화, 자원봉사관리기술교육 및 자문을 행한다. 또한 자원봉사자들을 대상으로 활동을 위한 상담과 교육 및 훈련을 실시한다.

⑤ 자원봉사 수요와 공급의 연결 및 조정을 조직적이고 체계적이면서 일관성 있게 주도해 나간다.

⑥ 지역사회 삶의 질 향상에 기여한 자원봉사자의 공헌을 인정하고 보상하며, 격려한다. 이를 위해 표창, 기념품 보급 등 격려행사를 실시하며, 지속적으로 인센티브 제도를 개발한다.

⑦ 자원봉사를 하고자 하는 개인들이 조직화되어 활동할 수 있도록 지원하고 촉진하다. 즉, 자원봉사팀이 활동할 수 있는 기회개발이나 조직운영기술, 지도력육성, 모임 공간 등을 제공한다.

⑧ 기업, 종교, 활동 분야 등 부문별 자원봉사단체들의 네트워크, 자원봉사실무자들 간의 네트워크, 지역사회 문제 중심의 네트워크 등을 구축하여 자원봉사 관련 정보를 공유하고 유기적인 관계를 유지하도록 지원한다.

⑨ 기타 자원봉사와 관련된 자료와 정보를 최대한 개발하고 확보하여 충실히 제공한다.

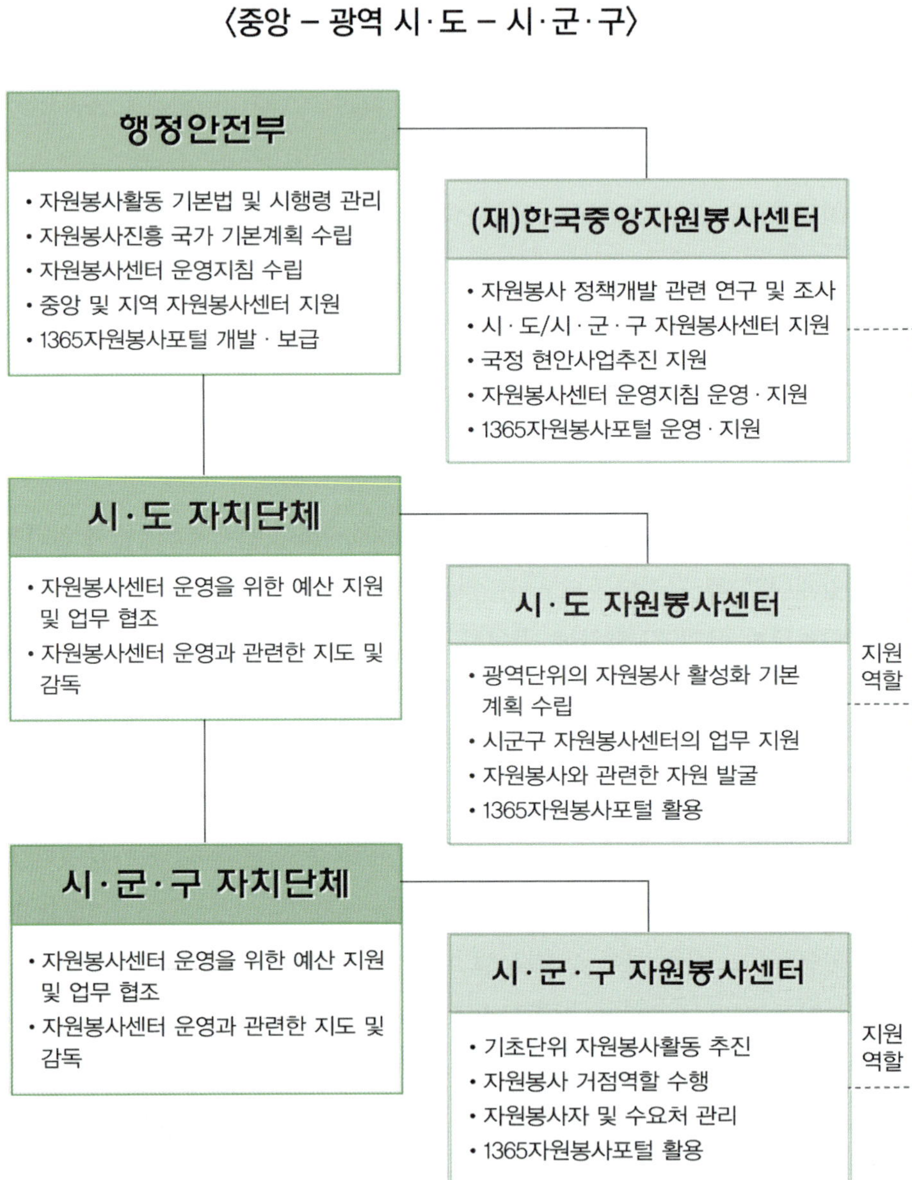

출처: 행정안전부(2019). 자원봉사활성화를 위한 자원봉사센터 운영지침.

그림 6-1 자원봉사센터 추진체계

2 관리체계

1) 관리체계의 의의

자원봉사 관리체계는 자원봉사관리자와 자원봉사관리과정으로 구성된다. 즉, 자원봉사활동 관리체계는 자원봉사센터, 복지시설이나 기관 등에서 자원봉사자를 효과적으로 활용하기 위해 행하는 모집, 홍보, 교육, 배치, 평가, 인정과 승인 등의 관리과정과 이런 과정을 다루는 인력을 포함한다. 자원봉사자의 심리적 동기와 관리과정의 효율성은 활동의 지속성과 서비스 효과에 많은 영향을 미친다. 관리체계의 미비는 낮은 자원봉사 참여율과 높은 중도 탈락률 등 자원봉사 활성화에 많은 지장을 초래한다(류기형 외, 2013).

2) 관리체계의 역할

최근 자원봉사활동에 대한 사회적 요청과 지역주민의 인식 전환으로 인하여 자원봉사활동이 증가함에 따라 자원봉사자들을 효과적으로 관리해야 할 필요성이 증대되고 있다. 일반적으로 자원봉사관리자란 모든 사람이 더불어 잘 사는 공동체 사회를 형성하기 위하여 가능한 많은 사람들이 자원봉사활동에 참여하도록 하고, 그들을 효과적으로 관리하기 위해 노력하는 사람을 말한다. 이러한 자원봉사관리자는 전문성의 정도에 따라 전문가, 준전문가, 리더로 구분된다(남미애, 1997). 자원봉사전문가는 자원봉사활동 전반에 대한 전문적인 교육과 훈련을 받고, 기관이나 시설에서 자원봉사자 관리 및 조정에 관한 일을 주된 업무로 하는 유급직원이다. 자원봉사전문가는 다시 자원봉사슈퍼바이저, 자원봉사감독자, 자원봉사조정자 등으로 세분된다. 자원봉사슈퍼바이저는 자원봉사 교육이나 사례관리에 초점을 두고, 자원봉사감독자는 기관의 행정가와 같은 역할을 수행한다. 시설 또는 자원봉사센터에서 활동하게 되는 자원봉사조정자는 자원봉사자를 비롯한 지역사회 자원을 복지기관이나 시설 또는 기타 자원봉사활동의 수요처에 연결하는 역할을 수행한다. 이를 위해 자원봉사조정자는 자원봉사활동 관련 계획을 수립하고, 그에 따른 직무를 설계하여 위임·조정하며, 그 직무에 적합한 인력을 모집, 교육, 배치 및 지도·감독하고 평가하는 기능을 담당한다. 그러나 이들의 역할은 기관이나 시설에 따라 조금씩 상이하며, 그 역할이 명확히 구분되는 것이 아니라 중복된 경우가 많고, 한 사람이 이들 역할을 동시에 수행하기도 한다.

자원봉사 준전문가는 자원봉사업무를 부차적인 업무로 행하는 사람들로 사회복지사, 종교지도자 등이 여기에 해당되는데, 자신의 고유한 업무를 수행하면서 자원봉사자 관리도 겸하는 사람들이다. 자원봉사리더는 자원봉사자들 중에서 자원봉사자에 의해 선출되는 사람으로, 자원봉사조언자가 대표적이다. 자원봉사조언자는 자원봉사자로서 활동에 참여하면서 리더의 역할을 행하고 활동욕구를 지닌 사람들의 상담에 응하기도 한다.

자원봉사관리자의 역할에 관한 견해는 학자들에 따라 다소 차이를 보이는 바 이를 정리하면 다음과 같다(김영호, 1996).

① 지역사회의 각 개인, 단체, 기관에게 자원봉사활동에 대한 관심을 유발시킨다.
② 자원봉사자들을 육성하기 위한 총괄적 계획을 입안한다.
③ 자원봉사자와 클라이언트를 연결하고 조정한다.
④ 자원봉사자 각 개인의 특성을 파악하고 그들이 능력을 발휘할 수 있는 기회를 제공하고 지원한다.
⑤ 자원봉사자 개인의 문제를 상담해 주고 이를 해결을 위하여 지도·지원한다.

⑥ 필요에 따라 자원봉사센터 내의 소그룹이나 지역사회의 여러 집단을 조직화하고, 그 집단의 운영이 활성화될 수 있도록 지도·지원한다. 자원봉사자 또는 소그룹 리더를 위한 교육훈련 그리고 봉사활동 과정상의 문제처리 능력을 향상시키는 전문지도자의 역할을 수행한다.
⑦ 기쁘고, 즐겁고, 보람 있는 자원봉사활동이 될 수 있도록 격려하고 촉진한다.
⑧ 자원봉사활동 프로그램을 연구·개발하고, 지도·평가한다.
⑨ 자원봉사센터의 사업방향을 계획하고 자문한다.
⑩ 보험가입 등을 통하여 자원봉사활동과정 중에 발생할 각종 위험으로부터 자원봉사자를 보호한다.

3 지원체계

1) 지원체계의 의의

자원봉사활동과 관련된 외부환경으로 법적·물적·인적 지원을 행하는 기관이나 단체를 지원체계라고 한다. 이는 다시 정부나 지방자치단체 등의 공공기관으로 구성되는 공적지원체계와 민간시설이나 단체로 이루어지는 민간지원체계로 구분할 수 있다. 자원봉사활동이 공적·제도적 서비스를 보완한다는 측면에서 보면 국가나 지방자치단체가 자원봉사활동의 지원에 대한 법적 기반을 마련해 주고, 행정과 재정적 지원을 통하여 일관성 있고 지속적인 지원을 하는 것은 매우 중요하다.

2) 지원체계의 역할

국가마다 다양한 모델을 가지고 있으나 대체적으로 중앙기구역할을 수행하는 정부기관, (재)한국중앙자원봉사센터가 있고, 각 지역별로는 지역자원봉사센터가 구성되어 있다.

(1) 정부기관의 역할

1980년대 중반 이후 자원봉사가 단순히 복지적 차원만이 아닌 인간성 회복 및 지역공동체의 상생 메커니즘으로 파악되면서 민관의 제도화 노력이 시작되었다. 미국, 영국, 일본을 중심으로 각종 제도화가 시작되었는데 정부가 법과 재정지원으로 자원봉사자를 육성하거나 기업 등 민간이 조직적으로 참여하는 형태를 보이고 있다.

정부기관은 자원봉사 관련 법을 제정하거나 각종 지원제도 등을 마련하여 자원봉사활동을 진작시키기 위한 토대를 구축한다. 구체적인 봉사활동 지원책에는 재정지원의 기준과 지원방법, 봉사활동 과정에서 발생할지도 모르는 불의의 사고 및 과실에 대비한 기금 확보, 보험가입의무화 등의 안전장치 마련, 자원봉사자의 사기진작과 저변 확대를 위한 정부 차원의 포상제도, 자원봉사활동에 대한 사회적 경력인정과 이를 위한 평가체제의 구축과 재정적 후원자의 발굴 및 확산을 위한 각종 세제상의 혜택 부여 등이 있다.

자원봉사활동을 지원하는 주 부처는 행정안전부이며, 이외에도 보건복지부, 여성가족부, 교육부, 법무부 등 관련 부처에 개별적으로 자원봉사업무 담당부서를 두고 자원봉사활동을 지원하고 있다.

미국은 1993년 전국자원봉사 트러스트법(National Service Trust, ACT)을 제정하여 자원봉사에 대한 각종 지원 및 사회적 보상체계를 마련하고 정부주관의 자원봉사 프로그램 작성 등의 지원책을 사용하고 있다.

영국은 민간사회사업기관, 단체를 보호하고 육성하는 것을 목적으로 1960년에 제정된 자선법(Charity Act)에 의하여 자원봉사활동을 지원하고 있다. 자선위원회에 등록된 단체는 이 법률에 따라 모금허가와 조세감면의 혜택을 받고 있다.

일본은 자원봉사 관련 법을 제정하지는 않고 있으나 1948년 정부에 의해 제정한 민생위원법에 의하여 정부가 위촉하는 관립 자원봉사자격인 민생위원제도가 1950년부터 시행되고 있다. 이 위원은 사회봉사정신으로 요 보호자를 보호 · 지도함으로써 사회복지 증진에 기여하는 것을 목적으로 하는 제도적 자원봉사자였다. 또한 이 위원은 지역주민과 행정기관을 연결하는 조정자의 역할을 수행하였다. 그러나 일본 민생원의 역할은 나름대로 긍정적인 측면도 있었지만, 정부는 이들의 기능을 활용하여 사회통제의 수단으로 사용했다고 하여 비판하는 학자도 있다.

(2) (재)한국중앙자원봉사센터의 역할

지원체계로서의 한국중앙자원봉사센터는 2020년부터 운영형태를 재단법인 한국중앙자원봉사센터로 전환하여 국민의 자원봉사참여문화 활성화와 더불어 사는 공동체 확장을 위한 전문성과 인프라를 강화하게 되었다. 한국중앙자원봉사센터는 자원봉사활동기본법에 따라 2010년 출범한 후 한국자원봉사센터협회에 민간위탁방식으로 운영되었다. (재)한국중앙자원봉사센터는 정부의 자원봉사 지원 시책과 연구를 보조하고, 중앙과 지역자원봉사센터 간의 네트워크를 구축하는 등 전국 자원봉사업무의 허브 기능을 수행하는 기관이다. 주요기능으로는 ① 자원봉사 정책개발 및 연구, ② 중앙단위 자원봉사기관 · 단체와의 협력체계 구축, ③ 지역자원봉사센터 지원 및 협력, ④ 지역자원봉사센터 관리자 교육훈련, ⑤ 자원봉사 프로그램 개발 · 보급, ⑥ 자원봉사 아카이브 운영, ⑦ 자원봉사 국제교류 및 협력, ⑧ 나눔포털 1365 자원봉사시스템 운영지원, ⑨ 그밖에 자원봉사 진흥에 기여할 수 있는 사업 추진을 들 수 있다.

한편 주요사업은 다음과 같다.

표 6-1 (재)한국중앙자원봉사센터의 주요사업

구분	주요사업
문화와 확산	안녕 캠페인 · 네트워크사업
	자원봉사 홍보콘텐츠 개발 보급
	재난 시 현장자원봉사센터 통합관리 운영
인프라와 관리	자원봉사 인정과 안전보장
	자원봉사 이그나이트 V-Korea
	자원봉사 통합정보시스템 운영
	자원봉사센터 지원사업
	자원봉사 현장연계 협력사업
연구와 평가	자원봉사 아카이브 운영
	자원봉사 정책개발
	한국중앙자원봉사센터 10주년 기념사업

출처: 행정안정부(2020). 민간협력과 2020.1.1.

(3) 지역자원봉사센터의 역할

지역자원봉사센터는 지역사회의 문제해결을 위하여 시민참여와 지도력이 집중되는 곳으로, 지역사회 자원봉사활동의 수급을 조정하는 역할을 한다. 지역사회 문제를 탐색하고 문제해결을 위해 자원봉사자를 즉시 투입할 수 있는 자원봉사시스템을 갖추고 있어야 한다. 주로 다루는 사회문제로는 청소년 선도, 범죄, 마약, 가정폭력, 공공기관 봉사, 방과후 교육 등 다양하다. 해당 지역이 갖는 특성을 중심으로 프로그램을 개발, 운용해야 한다. 지역자원봉사센터의 구체적인 역할은 ① 지역사회의 문제점 파악 및 발전기획 수립, ② 홍보자료의 개발, 보급 및 홍보, ③ 자원봉사자의 모집, 상담, 교육훈련 및 수요처 파악, ④ 자원봉사정보망 구축, ⑤ 자원봉사자의 수급조정, ⑥ 자원봉사 프로그램의 효과적 관리, ⑦ 활동 중의 사고에 대한 안전보장조치, ⑧ 자원봉사자에 대한 인정, 대변 등 다양하다.

제 7 장

자원봉사활동의 과정

자원봉사활동의 과정은 자원봉사활동을 위한 기획, 자원봉사자의 모집, 교육 및 훈련, 자원봉사자의 배치, 관리 및 평가의 5단계 과정으로 이루어진다. 자원봉사활동은 과학적이고 전문적인 활동으로서, 체계적인 관리과정을 통해 활동의 효율성을 높이고 효과적인 활용방안을 강구해야 한다.

이를 위해 첫째, 자원봉사활동 기획은 자원봉사활동 내용 및 수혜기관, 자원봉사자를 파악하고, 자원봉사자의 시간적 여유와 기관 선정 및 교통편의 등 기관의 부대 혜택에 대한 파악이 이루어져야 한다. 둘째, 자원봉사자 모집은 프로그램 목적에 맞는 복지서비스를 위해 자원봉사자를 발굴하는 활동으로 자원봉사활동을 지속적으로 참여할 수 있도록 해야 한다. 셋째, 교육훈련단계에서는 자원봉사자의 동기를 강화하고 자원봉사활동의 사회적 의미를 이해하여 기술적·심리적으로 준비될 수 있도록 돕는다. 넷째, 자원봉사자 배치는 자원봉사자들의 기대, 능력, 기관의 욕구를 고려하여 적절한 업무에 배정하는 것이 필요하다. 마지막으로 자원봉사자 관리 및 평가는 자원봉사활동 지도, 평가, 보상 및 인정의 내용이 포함된다.

이 장에서는 이러한 자원봉사관리(Management) 과정상의 각 단계의 내용 및 그 중요성을 알아보고 자원봉사 프로그램 개발의 과정도 살펴본다.

자원봉사활동의 과정은 자원봉사활동을 위한 기획, 자원봉사자의 모집, 교육 및 훈련, 자원봉사자의 배치, 관리 및 평가 등 5단계의 과정으로 이루어진다. 자원봉사활동은 단순한 일로 여겨서는 안 되며, 과학적이고 전문적이어야 한다.

또한 직접적으로 필요한 대상자들에게 서비스를 제공하며 관계를 이루는 활동으로, 체계적인 관리과정을 통해 자원봉사활동의 효율성을 높이고 효과적인 활용방안을 강구해야 한다.

1 자원봉사활동 기획

기획은 자원봉사자를 모집하기 전에 자원봉사자들이 하게 될 업무를 세부적으로 계획하고 설명하는 과정으로, 자원봉사 업무설계(job design)를 하는 것을 말한다.

자원봉사 업무설계란 자원봉사자에게 의미와 만족을 부여하고 자원봉사대상자에게 질 높은 서비스를 제공하는 것을 목적으로 자원봉사자가 하게 될 업무를 세부적으로 계획하고 설명하는 과정이다. 업무설계 과정은 자원봉사자가 적절히 수행할 수 있는 일에 대한 아이디어를 개발하는 데 직원을 참여시키면서 시작된다. 직원과의 상담하기, 직원의 지속적인 참여 유도 등은 업무설계 과정의 중요한 기능 중 하나이다. 자원봉사자에게 적절한 업무를 부여하기 위한 업무설계와 유의사항을 살펴보면 다음과 같다(김범수 외, 2004).

1) 업무설계의 요소

자원봉사 업무에 따라서 또는 같은 업무일지라도 지루하거나 불만족스럽고 소진되어 중도 탈락할 수 있는 반면, 흥미롭고 도전적이며 만족을 주고 높은 열의와 좋은 성과를 이끌어낼 수도 있다. 이처럼 업무에 따라 다르게 느낄 수 있는데, 이것은 사람들은 서로 다른 참여 동기와 욕구를 가지고 있어 흥미를 느끼거나 지루하게 여기는 업무가 서로 다르다는 것이다. 자원봉사자들이 원하고 만족하는 업무를 수행하고 있을 때 성공할 가능성이 높다. 만약 자원봉사자에게 그런 업무를 제공하지 못한다면 중도 탈락과 불신 그리고 낮은 의욕 등을 경험하게 될 것이다.

자원봉사 업무설계를 할 때는 스스로 원해서 시간과 재능, 물질을 사용하도록 동기화해 주는 것이 필요하다. 그러기 위해서 다음의 4가지 요소를 포함하도록 노력해야 한다.

첫 번째 요소는 주인의식(ownership)을 갖도록 하는 것이다. 주인의식을 심어줄 수 있는 방법 중 하나는 자원봉사자 자신이 담당할 일을 통해 자부심을 느낄 수 있도록 하는 것이다. 자원봉사자가 스스로 통제하고 책임지는 자신만의 프로젝트나 독립된 책임을 부여받도록 자원봉사 프로그램을 제공하는 것이다.

두 번째 요소는 기획할 수 있는 권한(the authority to think)을 갖는 것이다. 개인과 팀의 차이는 자신들의 일을 계획, 평가 그리고 실행할 일에 대해 동의하는 권한, 즉 '생각할 권한'을 가진다는 점이다. 이 권한은 단지 일을 하는 것만이 아니라 하기로 결정하는 데 참여하는 것까지를 말한다.

세 번째 요소는 결과에 대한 책임의식(responsibility for result)을 갖는 것이다. 결과에 대한 책임이란 자원봉사활동 그 자체보다는 자원봉사활동 결과에 주목하여 자원봉사자로 하여금 목적을 달성하도록 그들을 격려하여 자원봉사자에게도 기관의 사명과 목표달성 결과에 대한 직접적인 책임이 있음을 자각하게 한다.

네 번째 요소는 업적과 활동 결과를 측정(keeping score)하는 것이다. 자원봉사자의 참여와 노력의 성과를 어떻게 측정하는가를 분명히 밝힘으로써 자원봉사자 자신이 기여한 가치를 평가할 수 있도록 해야 한다. 참고로 자원봉사관리자들은 자원봉사자들의 업적 향상을 위한 상담 시 사용할 측정도구를 가지고 있는 것이 바람직하다(최유진, 2000).

2) 자원봉사활동의 업무설계

업무설계는 자원봉사자를 모집하기 전에 행해지는 것으로써, 시설 및 기관의 목적달성에 이바지함과 동시에 자원봉사자들의 욕구충족 및 동기부여에 적합하도록 해야 한다. 이를 위해 구체적인 자원봉사활동과 절차를 설정한다. 즉, 업무설계에는 자원봉사 활동시간, 활동기간과 예산, 구체적 업무 등을 구상하고, 각 자원봉사자들의 역할에 따른 업무설명서를 작성한다. 업무설명서는 직책명, 활동목적, 구체적 활동내용, 자격, 담당자 및 연락처, 훈련유무 및 내용, 소요시간, 평가 및 혜택, 관리체계, 정책 및 규정 등으로 구성되어 있다(볼런티어21, 2001).

자원봉사활동을 통해 성취하기를 원하는 결과들에 초점을 맞추어 자원봉사 업무설명서를 작성하는 것이 좋다. 자원봉사활동 업무설명서의 구성요소는 다음과 같다.

(1) 직책명

자원봉사의 업무를 나타내는 이름으로 자원봉사자의 지위를 표현하기도 한다. 단순히 자원봉사자가 아니라 가능한 재미있는 표현을 사용하는 것이 좋다. 또한 자원봉사 경험을 자신의 경력에 포함시키기를 원하는 이들을 위해 정중한 표현을 사용하기도 한다.

(2) 목적

업무 수행을 통해 얻고자 하는 것으로 업무의 구성요소에서 가장 중요한 부분이다. 자원봉사활동이 기관과 봉사 대상자에게 왜 중요하고 필요한가를 인식할 수 있어야 하며, 활동을 통해 무엇이 변화될 수 있는지를 분명히 알려주는 것이 좋다.

(3) 업무내용

목적을 달성하기 위해 자원봉사자가 수행해야 할 과업을 구체적으로 서술한다. 무슨 활동을 어떤 기술을 가지고 누구와 함께 하게 되는가를 설명한다.

(4) 자격

자원봉사지원자가 활동을 성공적으로 수행하는 데 필요한 지식, 기술, 태도 등을 기록한다.

(5) 관리체계

누가 자원봉사관리자인지를 알려준다. 활동을 중단하거나 상의할 문제가 있을 경우 자원봉사관리자가 누구인지 그 자원봉사관리자는 전체 조직체계 중 어떤 위치에서 어떤 역할을 하고 있는지에 대해 알게 한다.

(6) 훈련 제공

자원봉사자가 주어진 활동을 감당하는 데 필요한 준비를 어떻게 갖추게 되는가의 문제이다. 자원봉사지원자는 자신이 훈련을 통해 새로운 기술을 배우고 새로운 활동을 경험할 수 있는지 여부를 관리자와 함께 판단해야 한다.

(7) 소요시간

활동을 수행하는 데 필요한 시간, 주 또는 월 몇 회, 1회당 몇 시간 등을 구체적으로 밝힌다. 또한 활동기간 중 활동시간이 조정 가능한지도 밝혀 둔다.

(8) 활동기간

자원봉사자가 얼마의 기간 동안 활동해 주기를 원하는지 명시한다(최소 6개월 혹은 1년). 기간을 밝히는 것은 자원봉사자와 자원봉사관리자 모두에게 유익하다. 자원봉사자는 기간이 끝나갈 때 부담을 느끼지 않고 활동을 종료할 수 있고, 자원봉사관리자는 활동의 종결이나 변경을 무리 없이 준비할 수 있는 장치가 된다.

(9) 해고조건

자원봉사자가 반드시 지켜야 할 기관의 정책이나 규정을 명시할 수 있다. 특히 기관의 기밀을 다루거나 봉사대상자의 사생활을 알게 되는 경우에는 비밀보장의 내용을 명시할 수 있다. 또한 이 항목을 통해 자원봉사자가 맡는 활동의 중요성을 분명히 인식시킬 수 있다.

(10) 평가

자원봉사자들이 성취하고 있는 결과들을 관리하고 표시하게 될 방법이나 활동수행의 성공기준이 있다면 서술해 준다.

(11) 담당자 및 연락처

자원봉사관리자와 함께 일하게 될 직원의 이름, 전화번호, 전자우편 등을 알려준다(최유진, 2000).

2 자원봉사자 모집

모집이란 자원봉사활동 제공자가 기획하여 프로그램의 목적에 맞는 사회복지시설이나 기관이 복지서비스를 위해 자원봉사자를 발굴하는 활동으로 자원봉사활동을 지속적으로 참여할 수 있도록 한다. 자원봉사자 모집에 있어서의 문제는 자원봉사자가 충분하지 못하다는 점과 적합한 자원봉사자를 충분히 찾기 어렵다는 점이다. 효과적인 모집은 적합한 자원봉사자를 충분히 확보하는 것이다(McCurley & Lynch, 1996; 조학래, 1998).

1) 모집 전 준비사항

자원봉사자 모집 기능은 자원봉사자와 대상자(client)가 만나도록 연결해 주는 과정을 말한다. 즉, 자원봉사활동을 하고자 하는 사람들에게 동기를 부여하고 기관이나 시설에서 제공하는 일거리와 만나도록 주선하는 것이라고 할 수 있다. 자원봉사자를 효율적으로 관리하고 활용하기 위해 모집 전 준비사항을 알아보면 다음과 같다.

첫째, 기관 내 직원들에게 자원봉사의 이해에 관한 교육이 필요하다. 자원봉사란 이웃과 지역사회의 협동 분위기를 조성하는 핵심적 활동이며, 국민들의 나태를 예방하고 정신건강을 증진하며 왜곡된 것을 정화하는 활동이다. 그리고 빈곤, 무지 등의 사회적인 문제해결을 돕고, 창의력과 잠재력을 계발하고 실천하는 활동이라는 것을 인식시키는 것이 필요하다. 또한 자원봉사자와 관계형성에서 종속관계가 아닌 상호보완적인 관계에서 의견 대립의 발생을 차단하고 서로 협동할 수 있는 분위기 형성이 중요하다.

둘째, 자원봉사자의 사회적 지위, 경제적 수준, 교육 정도 등에 따라 적절히 활용할 수 있는 자리가 필요하다. 또한 자원봉사자의 통찰력과 비판의식을 최대한 수용할 수 있는 자세가 필요하다.

셋째, 자원봉사자가 안정감을 갖고 자신의 능력을 최대한 발휘할 수 있도록 기관 내의 정보를 제공해 줄 수 있어야 한다.

마지막으로 자원봉사자가 활용할 수 있는 방이나 비품, 명찰(배지), 자원봉사 일지, 출근부, 자원봉사시간표, 자원봉사신청서 및 자원봉사자가 참여할 수 있는 프로그램이 준비되어 있어야 한다.

2) 모집방법

자원봉사 모집 전 준비사항이 완료되면 자원봉사자를 어디에서 어떻게 모집할 것인가를 계획해야 한다. 자원봉사자의 모집은 자원봉사활동 제공자와 수요자의 목적에 따라 다르다. 자원봉사자 모집에 따른 업무설계나 업무분장이 끝나고 나면 바로 자원봉사자 모집활동에 들어간다. 모집방법은 몇 가지로 구분해 볼 수 있다. 먼저 일슬리(Ilsley)와 니에미(Niemi)에 의하면 자원봉사자의 모집방법은 여러 사람을 한 번에 모집하는 대중적 모집과 특정 대상과 범위를 정하여 모집하는 개별적 모집으로 구분된다(Ilsley & Niemi 1981). 스텐절(Stenzel)과 피니(Feeney)는 스스로 강한 동기를 가지고 자원봉사에 참여하는 자기모집(self recruitment), 기존의 자원봉사자나 기관의 직원들을 통한 비공식적 모집(informal recruitment), 지역사회 내에서의 공고광고를 통한 일반적 모집(general recruitment)으로 구분한다(이번송 외, 1995 재인용).

일반적으로 자원봉사자를 효과적으로 모집하기 위한 방법은 다음과 같다(고재욱 외, 2017).

첫째, 홍보활동을 통해 모집하는 방법이다. 홍보활동의 종류로는 TV, 라디오, 신문, 기관지, 지역홍보지, 광고지를 통한 홍보방법과 지역주민 대상으로 직접 홍보하는 방법 등 여러 가지 방법이 있다.

둘째, 자원봉사센터나 타 기관을 통해 모집하는 방법이다. 현재 우리나라에는 지역사회복지협의회, 자원봉사센터, 각 대학 부설 사회봉사센터, 사회봉사단 등과 같이 자원봉사자를 모집·훈련하여 타 기관과 연결해 주는 역할을 하는 기관이 많이 있다.

셋째, 기관별로 후원회를 조직하여 활용하는 방법이다. 대부분의 사회복지시설이나 기관에는 재정 또는 모금 자원봉사로 후원회가 조직되어 있는 곳이 많다. 프로그램에 따라 적절한 봉사자를 모집하기란 그리 쉬운 일이 아니라고 본다. 자원봉사에 관한 의욕은 있으나 기관 내 프로그램과 일치하지 않을 경우에는 후원회를 조직하여 활용할 수 있는 방법도 모색해야 할 것이다.

표 7-1은 자원봉사자의 모집방법을 나타낸 것이다.

표 7-1 자원봉사자 모집방법

모집분류	내용
대중적 모집	여러 사람을 동시에 모집
개별적 모집	특정 대상과 범위를 정하여 모집
자기모집	스스로 강한 동기를 가지고 자원봉사에 참여
비공식적 모집	기존의 자원봉사자나 기관의 직원들을 통한 모집
일반적 모집	지역사회 내에서의 공공광고를 통한 모집

성공적인 자원봉사자 모집에 있어서는 적정한 시기 역시 매우 중요한데, 특히 모집 시기를 결정할 때는 잠재적 자원봉사자의 생활주기를 파악하여 적절한 시기를 선택해야 한다. 예를 들어, 주부의 경우 방학보다는 학기 중 시기가 좋고, 대학생 혹은 고교생 등은 학기 중보다는 방학 때가 더 적합하다. 또한 모집 시기는 1년에 한 번 집중적으로 모집하는 경우, 필요한 프로그램마다 그때그때 수시로 모집하는 경우, 일정한 기간마다 정기적으로 모집하는 방법 등이 있다.

3) 모집과정

자원봉사자 모집과정은 다음과 같이 7단계에 걸쳐서 행해진다(볼런티어 21, 2001).

(1) 모집의 목표 수립

활동 분야 및 업무, 필요한 인원 및 자격, 모집기한 등을 결정한다.

(2) 모집대상 선정

모집의 성패는 업무에 적합한 대상층의 파악에 달려 있다. 모집정보가 업무에 적합한 대상층에게 전달되면 모집은 쉬워진다. 요청되는 자원봉사활동의 업무에 적합한 유형의 자원봉사자를 파악하게 되는데, 이때에는 연령, 성별, 종교, 기술, 직업 등의 다양한 관점에서 가능한 세분화하여 고려되어야 한다. 모집대상의 유형이 결정되면 그들을 어디에서 어떻게 모집할 것인지에 대해 생각해야 한다.

(3) 홍보수단 선택

모집을 위한 홍보수단으로는 TV나 라디오 혹은 신문 등의 대중매체, 정기간행물, DM, 모집캠페인, 인터넷, 인쇄물 등 매우 다양하다. 이러한 홍보매체는 저마다의 특성을 지니고 있다. 홍보효과를 극대화하기 위해서는 모집 대상층에 적합한 홍보방법을 선택해야 한다. 또한 비용문제도 고려해야 함은 물론이다. 비용이란 직접 소요되는 금전 말고도 모집과 관련된 시간, 노력 등을 총칭하는 개념이다.

(4) 홍보자료 제작

홍보자료에는 전달하고자 하는 메시지가 함축되어 있어야 한다. 홍보자료에는 우선 자원봉사가 필요한 업무의 중요성을 언급하여 자원봉사자의 동기를 유발할 수 있어야 한다.

(5) 홍보물 배부 및 홍보활동 수행

홍보활동을 위해서는 조직 내외의 충분한 자원을 활용할 필요가 있다, 이 점에서 보면 자원봉사자나 프로그램 이용자 및 기관의 임직원이 가장 효과적인 홍보활동자원이라고 할 수 있다. 홍보물 배부대상 및 장소, 메시지의 효과적인 전달방법 등을 홍보활동가에게 주지시킬 필요가 있다.

(6) 모집활동의 점검 및 조정

모집의 목표를 달성하기 위해 모집과정 중에 중간점검을 할 필요가 있다. 목표인원의 확보가 가능한지, 어렵다면 그 원인은 무엇인지(매체의 문제인지, 표적 집단 선정의 문제인지, 홍보의 수량 문제인지 등)를 점검한 후에 조정하여 다시 홍보를 한다. 사람들이 어떤 새로운 것을 인식하기 위해서는 최소한 3회 이상의 접촉이 필요하다고 한다. 즉, 지속적인 반복이 필요한 것은 홍보에 있어서도 마찬가지이다.

(7) 면접

면접은 자원봉사자와 기관이 서로 기대와 욕구가 맞는지를 구체적으로 확인하는 과정이다. 즉, 자원봉사자와 기관은 면접을 통해 서로에 대해 생각하고 기대했던 바가 서로 잘 맞고 일치되는지를 확인하며 최종 결정을 짓게 된다.

면접과정에서는 상호의견 및 정보교환을 통하여 자원봉사자 개개인의 동기,

의욕 그리고 구체적 목표가 결정되고 이들 정보를 바탕으로 최종적으로 업무가 배정되어야 한다. 이와 같이 각 기관의 면접은 적절한 배치를 결정할 수 있도록 구조화되어야 하며, 자원봉사자로 하여금 업무를 보다 잘 이해하고 업무가 실제로 자신들이 원하는 것인지 그리고 자신들이 수행할 수 있는 자격이 있는지를 결정할 수 있게 해야 한다(조휘일, 1998).

표 7-2 잠정적 자원봉사자와의 면접에서 물어볼 사항

- 왜 이 업무에 흥미를 갖는가?
- 해당 분야의 과거 경험이 있는가?
- 특정 업무에서 얻으려는 것이 무엇인가?
- 이 기관의 업무에 어떻게 기여할 수 있는가?
- 자신의 취미와 관심사는 무엇인가?
- 자원봉사 업무에 6개월 또는 1년 동안 책임 있게 봉사할 수 있는가?
- 기관, 클라이언트 그리고 업무에 대해 알고 싶은 것은 무엇인가?
- 현재 자신의 생활에 자원봉사업무가 여전히 적합한가?

출처: 류기형 외(1999) 재인용.

4) 자원봉사자 모집의 유의점

자원봉사자 모집에서 호기심만을 가지고 자원봉사에 대한 이해 없이 참여하는 사람들이 있다. 때로는 자신의 경력과 사회적 지위 등으로 볼 때 내가 이런 일을 하러 왔나 하며 자신의 이미지와 기대에 맞는 일거리를 찾는 경우도 있다. 그러나 자신이 기대하는 일을 찾지 못할 경우 실망하고 중도에서 자원봉사활동을 포기하는 경우가 있다. 그래서 자원봉사활동 참여를 원하는 이들에게 자신의 사회적 지위보다 눈높이를 낮추어서 참여하도록 이해를 시켜야 한다.

또한 모집에서 유의할 점은 자원봉사자의 요구에 부응하는 것과 적합한 자원봉사자를 발굴하는 것이 중요하다. 자원봉사자의 요구에 부응하기 위한 전제조건은 자원봉사활동의 업무가 의미 있는 것이어야 한다는 점이다. 자원봉사자에게 어떤 일을 하고 싶은지 물으면 대부분은 가치 있는 일, 의미 있는 일, 자신의 기술을 증진시키거나 개발할 수 있는 일 등이다. 자원봉사자들이 하고 싶은 의미 있는 일을 개발하지 않고 모집하는 것은 결국 모집 기관이나 자원봉사를 희망하는 사람 모두에게 실망만 안겨줄 것이다.

다음은 적합한 자원봉사자를 발굴하는 것으로, 많은 자원봉사기관에서 모집에 있어 충분한 자원봉사자가 없고, 업무에 적합한 자원봉사자가 없어 어려움을 겪는다. 자원봉사대상자에게 가장 알맞고 자원봉사자 요구에 부응하는 다양한 프로그램을 갖추고 나서 자원봉사지원자들 가운데 적합한 자원봉사자를 발굴하는 능력이 요구된다.

3 자원봉사자 교육훈련

자원봉사자는 서비스 대상자를 대하는 방법, 자원봉사자의 자세와 역할, 직원이나 동료와의 관계, 자원봉사활동의 규칙과 의무, 업무에 필요한 실천적 기술 습득에 대한 교육이 필요할 것이다. 자원봉사자에 대한 교육훈련은 자원봉사활동에 대한 동기를 강화하고, 자원봉사활동의 사회적 의미를 이해할 수 있도록 도와주며, 자원봉사자로 하여금 수행하게 되는 업무에 대해 기술적으로나 심리적으로 준비되도록 돕는다(류기형 외, 2003).

1) 교육훈련 내용

교육과 훈련은 그 시기에 따라 업무 전 교육, 업무 중 교육으로 구분할 수 있다. 업무 전 교육을 살펴보면 오리엔테이션, 사전훈련 등이 포함되며, 업무 중 교육은 초기훈련과 인서비스훈련이 포함된다.

(1) 오리엔테이션(Orientation)

오리엔테이션은 기관의 사명과 목적, 기관의 구조, 프로그램 등에 관한 설명 등이 제공되는 것으로, 기관의 전반적인 소개과정이라고 볼 수 있다. 또한 자원봉사자가 일할 영역뿐만 아니라 전체 기관과 친숙해지기 위해서는 기관이나 센터 사무실 방문, 관련 직원과의 인사와 소개 등은 기본적으로 이루어져야 한다.

(2) 사전훈련(Preservice Training)

사전훈련은 오리엔테이션 후 자원봉사자들이 활동을 행하기 전에 활동에 필요한 지식, 기술을 습득하도록 고안된 연수훈련이다. 훈련내용은 자원봉사자의 욕구와 특성, 기관에서 필요한 업무, 자원봉사자의 경험 정도에 따라 다양하게 구성되며, 훈련 시기는 단시일 내에 집중적으로 진행되는 방법과 분산해서 실시하는 방법이 있다(류기형 외, 2003).

(3) 초기훈련(Startup Training)

자원봉사자가 활동에 앞서 교육과 훈련을 받았다 할지라도 봉사활동에 참여하는 초기단계에는 매우 미숙한 상태이므로 어려움을 겪을 때 도움이 필요한데 이에 대한 교육이 초기교육(Startup Training)이다. 이런 교육은 활동을 마친 후 자원봉사자가 자원봉사관리자와 직접 만나거나 전화를 통해서도 행해질 수 있고, 활동에 참여한 자원봉사자들이 그룹별로 모여 토의를 하거나 단기모임을 통해 행해진다. 또는 자원봉사활동 초기부터 경험이 많은 직원과 짝을 지어 활동을 하면서 서로가 관찰하고 경험한 사실에 대해 토의할 수 있다.

(4) 인서비스 훈련(Inservice Training)

인서비스 훈련은 자원봉사자의 활동이 진행되는 중에 지식, 기술, 태도를 강화하고, 새로운 지식, 기술, 태도를 소개함으로써 자원봉사자의 기술을 향상시키고, 매너리즘에 빠지지 않도록 함으로써 자원봉사자활동의 계속성과 서비스의 질을 고양시키는 데 기여하는 것이다. 또한 자원봉사자 단기안식제(short-term)를 도입하여 일정 기간 휴식하면서, 지역사회의 다른 기관, 조직을 방문하여 새로운 아이디어를 얻게 하거나 훈련세미나 등에 참여하도록 하는 것이 있다.

(5) 정기적인 점검과 피드백(Periodic Review & Feedback)

자원봉사활동의 전 과정에 대하여 정기적으로 점검하고 이에 대한 피드백을 이후 자원봉사활동에 반영하는 것 또한 중요하다. 예를 들어, 자원봉사활동을 정기적으로 녹화하여 관찰한 뒤 그 결점을 분석할 수 있는 기회를 제공할 수 있다. 정기적인 점검은 자원봉사자에게 가장 필요한 훈련의 종류를 결정하는 데 도움을 준다. 또한 이러한 점검을 통해 나타난 새로운 제안과 피드백을 실천에 옮기는 것이 무엇보다 중요하다. 피드백은 사전훈련에서부터 기능전환훈련에 이르는 전 훈련과정에서 모두 중요하다.

(6) 기능전환훈련(Transition Training)

자원봉사자가 새로운 직무로 옮겨가는 경우 새로운 지식과 기술을 습득할 필요가 발생한다. 그러므로 새로운 과업을 추진할 수 있도록 준비시켜야 하는데,

이를 위해 토의, 관찰, 역할극, 인터뷰 또는 그 외의 다른 방법을 통해 새로운 과제를 잘 수행할 수 있도록 전환한다.

또한 자원봉사자 프로그램의 효과와 성공을 위해서는 자원봉사자뿐만 아니라 정규 직원들에 대한 훈련도 함께 이루어져야 한다. 또한 정규 직원에게 제공되는 훈련 프로그램이 자원봉사자들의 업무와 관련이 있다면, 자원봉사자들도 참여할 수 있는 기회를 제공할 수 있다.

4 자원봉사자 배치

자원봉사자가 교육·훈련과정을 마치면 현장에 배치되는데, 이때 가장 기본적인 원칙은 인재를 적재적소에 배치하는 것이다. 아무리 능력이 뛰어난 자원봉사자라 할지라도 자신의 능력을 적합하게 사용하지 못한다면, 잠재력이 위축될 수 있고, 사기가 저하되며, 최상의 적합한 서비스 제공이 어려워질 수 있다. 따라서 자원봉사자들의 기대, 능력, 기관의 욕구를 고려하여 적절한 업무에 배정하는 것이 필요하다.

따라서 자원봉사자들을 배치하기 위해서는 담당직원과의 면접은 필수이다. 면접을 통하여 자원봉사활동에 관한 참여 동기 및 관심 있는 분야에 관해 충분히 발표할 수 있는 기회가 제공되어야 한다. 업무배치에 있어서도 자원봉사자의 관심 분야, 동기, 지식, 기술, 경험, 성격 등의 개인적인 특성에 적합한 업무에 배치되도록 고려해야 한다. 또한 면접의 목적을 정확히 가르쳐 주고 자원봉사 업무의 장점과 단점을 설명하여 최종 결정을 자원봉사자 스스로 하도록 하는 것이 바람직하다. 또한 기관 내 자원봉사 프로그램이 적절하지 않을 경우 타

기관에 의뢰 또는 연계하는 것이 바람직하다. 이러한 면접을 통하여 선정된 자원봉사자는 교육이나 취미, 시간, 인간관계 등을 고려하여 적절한 프로그램에 배치되어야 한다.

기관의 모든 업무를 자원봉사자를 활용해 해결하려 한다면 한계가 있다. 자원봉사자의 도움 없이는 직원이나 기관의 활동이 역할을 충분히 발휘하기에 어려움이 있을 경우에 지원을 받는 것을 목표로 프로그램을 기획해야 한다. 자원봉사자들을 프로그램에 배치할 때는 그들의 역할이 보완적이고 보충적인 역할이 될 수 있도록 정확한 목표를 설정하고 적절한 프로그램을 전개해야 한다.

효과적인 업무부여를 위한 전략으로는, 2, 3명씩 짝을 지어 배정하면 참여자들의 연대감을 고양시켜 결과적으로 지속적인 활동을 확보할 수 있다. 신규 자원은 기존의 활동 중인 봉사자와 묶어서 활동에 대한 정보와 경험을 전수받게 하는 방법, 업무내용을 명확히 한 업무지침에 대한 설명서 등을 제시하여 업무수행에 두려움 없이 적응하도록 도와주어야 한다.

배치과정에서 선행되어야 할 것은 자원봉사 지원자에게 직무조건에 대한 정보 전달과 이에 대한 충분한 이해와 협의과정이다. 즉, 지원자에게 자원봉사자로서 자신이 활동하게 될 영역과 직무를 수행하기 위한 기술, 능력, 요구, 시간에 대하여 충분히 설명해야 한다.

선발과 배치에 자원봉사자, 클라이언트, 기관 3자의 욕구에 적합한 자원봉사업무에 선발·배정되어야 한다. 선발·배치기준을 확정하기 위한 행동지침을 다음과 같이 제시할 수 있다(조휘일, 1998)

① 자원봉사자는 유급직원을 대치하는 역할을 담당해서는 안 된다.
② 자원봉사자들은 그들이 가진 기술, 능력 및 욕구를 적절히 반영할 수 있는 역할에 배정되어야 하며, 차별대우가 없어야 한다.
③ 자원봉사자들은 그들의 능력과 그들에게 요청되는 일을 수행하겠다는 의

욕에 따라서 업무가 배정되어야 한다.

④ 자원봉사자들은 기관에 대해서 동정심과 헌신적인 마음을 줄 수 있을 정도로 충분히 도전적이고, 자원봉사자에게 성장의 계기를 마련할 수 있는 업무들이 제공되어야 한다.

⑤ 자원봉사자의 선발은 클라이언트는 물론 기관에 대해서도 책임성을 강조해야 한다.

⑥ 자원봉사자의 업무배정은 초기 접촉 후에 최소한의 시간 내에 이루어져야 한다.

⑦ 자원봉사자가 특정 업무에 배정되기를 원한다 할지라도 그 업무의 수행에 적합하지 않은 자원봉사자일 경우에는 수용되지 않아야 하며, 이때 자원봉사관리자는 다른 기회를 찾아보도록 권유해야 한다.

⑧ 잠정적인 자원봉사자들은 장기간의 봉사를 약속받기 전에 실습기회를 가져야 한다.

⑨ 상호협정에 의해 체결된 계약은 자원봉사자의 욕구보다 능력에 맞게 조정되어야 한다.

⑩ 자원봉사자의 특수하고 독특한 기술, 경험, 재능을 충족시키기 위해서 필요하다면 이들의 업무가 새로이 창조되어야 한다.

⑪ 자원봉사자들이 자원봉사자 교육 및 훈련기관에 의해 의뢰된 경우에, 의뢰받은 기관들 또는 부서는 최소한 다음의 요구사항을 준비하고 자원봉사자들을 수용해야 한다.

- 의뢰된 자원봉사자를 수용하는 기관 및 부서는 자원봉사자서비스를 최대한 잘 활용할 것에 동의한다.
- 서면으로 작성된 업무분장을 준비해야 한다.
- 자원봉사자들을 지도·감독할 직원을 배정한다.
- 자원봉사자들에 대한 오리엔테이션과 훈련을 제공해야 한다.

⑫ 자원봉사자들은 반드시 기관에 배속되고 개인에게 의뢰되면 안 된다.

5 자원봉사자 관리 및 평가

1) 자원봉사활동지도

자원봉사자의 관리과정에서 프로그램의 기획, 모집, 교육훈련, 배치의 과정을 거치면서 자원봉사자를 관리하고, 개별적 성장발달을 가져오는 데 결정적 역할을 하는 것이 활동이다. 자원봉사자의 관리에 있어서 가장 중요한 점은 그들이 활동하는 동안 책임을 함께 나눌 수 있는 직원을 정하고, 접근할 수 있는 통로를 마련하는 것이다(조휘일, 1998). 기관에서 공식적인 훈련을 실시한 후 자원봉사자를 방치하거나 획일적으로 관리하는 사례를 볼 수 있는데, 이는 심각한 문제를 초래한다. 즉, 관리자가 기관의 목적과 욕구가 무엇인지는 알지만 자원봉사자의 활동 목적과 욕구는 무엇인지 잘 모르거나 무관심한 경우가 많기 때문이다. 이러한 경우 클라이언트는 물론 기관의 직원들과 갈등을 빚거나 문제를 초래할 수 있다(이성록, 1996). 자원봉사자관리자는 자원봉사자들이 변화하고 개발해야 할 점을 지적하고 능력과 업무에 대해 평가할 수 있는 기회를 마련해 주는 것이 필요하다. 그리고 자원봉사자관리자는 자원봉사자들이 자원봉사활동을 열심히 할 수 있도록 지도와 더불어 지원에 목적을 두어야 한다.

효과적인 지도감독을 위해서는 첫째, 직무에 관해 완벽한 지시를 주고, 어떤 질문에도 응답할 준비를 해야 하며, 둘째, 기관이 기대하는 것을 명확히 전달하고, 셋째, 자원봉사자의 활동에 인정과 감사를 표시하고, 넷째, 부적절한 행동에 대해서는 바로잡을 수 있게 도와주며, 다섯째, 자원봉사자의 욕구를 충족시키는데 융통성을 발휘할 수 있어야 한다.

2) 평가

평가는 자원봉사자서비스 수혜자에게 얼마나 효과적으로 서비스를 제공하고 있는지, 어떤 어려움이 있는지, 봉사 대상자의 입장에서 자원봉사자의 활동을 어떻게 인식하는지 등을 주기적으로 파악함으로써 자원봉사활동을 개선할 수 있고, 미래에 발생하게 될지도 모르는 문제를 예방할 수 있다.

자원봉사자의 평가유형은 크게 네 가지로 구분하여 볼 수 있다. 첫째, 각 개인 자원봉사자의 기간별 평가, 둘째, 자원봉사서비스에 대한 클라이언트에 의한 평가, 셋째, 직원에 의한 자원봉사 프로그램 평가, 넷째, 자원봉사 프로그램이 이 기관의 서비스에 주는 화폐적인 기여도의 평가가 있다.

평가를 위해서 관리자는 직원 및 자원봉사자 개개인에 대한 충분한 지식과 협조가 전제되도록 한다. 따라서 평가는 양방향 회의가 되어야 한다(김범수 외, 2001). 즉, 지도감독자에게는 자원봉사자의 업무에 관해 칭찬이나 승진될 수 있는 것에 대해 말할 수 있는 기회가 되어야 한다. 평가회의를 수행하는 방법 중 하나가 RAP방법이다. 즉, 과거를 검토(Review)하고, 현재를 분석(Analyze)하고, 미래를 계획(Plan)하는 것이다. 구체적으로는 업무분장에 따라 자원봉사자가 업무를 수행하는지 확인하고, 업무효율성을 살펴보며, 다른 자원봉사자나 직원과의 근무관계, 지난번 점검과의 비교 등을 통해서 평가할 수 있다. 이때 자원봉사자로 하여금 자원봉사 프로그램을 평가할 수 있는 기회를 주고 효율적인 업무수행을 위한 제안을 하도록 한다(유성호, 1997; McCurley & Lynch, 1996). 특히 평가에서 고려해야 할 점은 자원봉사자가 스스로의 평가에 근거하여 본인의 참여에 의해 공정하게 이루어져야 한다는 점이다.

3) 보상 및 인정

자원봉사자를 잘 유지하는 것은 자원봉사활동을 지속하고 질을 높이는 데 매우 중요하다. 자원봉사자 유지의 문제는 자원봉사의 동기와 많은 관계가 있으며, 보상과 인정을 통하여 자원봉사의 동기를 진작시키고 유지하도록 하는 효과가 있다. 이러한 인정과 감사는 지속적인 바탕에서 전달되어야 하며, 자원봉사자에게 주어지는 관심과 배려는 아주 작은 방법으로 큰 노력 없이도 주어지지만, 자원봉사자 개인에게는 의미 있는 경험이 된다. 즉, 자신을 기관 내에서 가치 있는 존재이고 수용되고 있다는 자부심을 갖게 된다(Dunn, 1995).

자원봉사자의 유형에 따른 인정방법을 살펴보면, 성취지향적 동기의 자원봉사자에게는 추가적인 훈련과 보다 도전적인 업무가 이상적인 인정의 결과이고, 구체적인 성취에 대한 인정, '최고', '가장'이란 이름의 상을 통한 인정, 동료들에 의한 뽑힌 수상자가 되는 것이 효과적인 인정이다.

표 7-3 자원봉사자들의 동기 및 욕구에 보상이 될 수 있는 요소

- 특정한 기술(skill)을 사용할 수 있는 기회
- 특정한 기술을 활용하고 개발할 수 있는 기회
- 미래의 고용 준비를 위한 업무 훈련의 기회
- 가능한 경력을 탐색할 수 있는 기회
- 개인이 관심 있는 문제에 대해서 무언가 행동할 수 있는 기회
- 기관의 한 부분이 될 수 있는 기회
- 대인관계의 기술을 발달시킬 수 있는 기회
- 도움을 받은 경험을 환원할 수 있는 기회
- 사회적 개입의 기회
- 사회적으로 유용한 활동에 참여하려는 욕구충족
- 자신이 필요한 존재로 인정받고 감사받을 수 있는 경험
- 특정 자격증을 받을 수 있는 기회
- 뉴스레터, 신문, 대중매체 등에 등장하는 것 등

출처: K. B. Fletcher(1989).

친교지향적 동기의 자원봉사자에게 인정은 그룹행사, 동료, 가족, 다른 소속 멤버들이 있을 때 주어져야 한다. 인정은 기관 차원에서 기관에 의해서 주어져야 하며, 동료들에 의해서 투표되어야 한다. 자원봉사자에게 가장 중요한 관계적인 유대가 자원봉사대상자와의 관계라면, 자원봉사대상자가 감사의 편지를 쓰거나 상을 수여하는 것을 통하여 인정에 참여해야 한다.

권력지향적인 동기의 자원봉사자에게는 권한과 정보에 더 큰 접근을 가능하게 하는 승진이 가장 중요한 인정의 측면이다. 유명인사로부터의 칭찬, 신문 같은 곳에 이름이 실려 지역사회에 공표되는 것, 조직의 지도자들에 의한 인정의 결정 등이 적합하다.

장기 자원봉사자에게는 그룹에 의한 인정, 그룹 상징을 사용한 상품, 조직의 더 큰 권력, 참여, 정보를 수반하는 인정, 권위가 있는 사람에 의한 인정이 주어져야 한다. 단기 자원봉사자에게 있어 적합한 인정은 현재 함께 일하고 있는 사람들이 있는 데서 주어지는 인정, 떠날 때 같이 가지고 갈 수 있는 것, 자원봉사자의 가정이나 직장을 통한 인정, 자원봉사대상자에 의한 인정의 전달 등이 있다.

봉사활동에 대한 만족감과 지속적인 활동을 도모하기 위해서는 봉사자에게 다양한 형태의 인정과 물질적·비물질적인 보상이 제공되어야 한다. 이러한 보상체계는 내용적으로 물질적이거나 정신적인 요소들 그리고 추상적이거나 구체적인 요소들을 모두 포함하는 것이며, 보상체계가 수행되는 행태에 따라서 공식적이거나 비공식적 그리고 예산이 투입되거나 비예산으로 실행할 수 있는 것으로 구분할 수 있다. 보상체계의 유형을 보면 표 7-4와 같다.

표 7-4 보상체계의 유형

구분	예산이 소요되는 보상	예산 없이 할 수 있는 보상
비공식적인 보상	• 감사장 보내기 • 가족에게 감사편지 보내기 • 생신 축하카드 발송	• 미소 짓기 • 감사 이메일 • 추천서 • 친철 호의 • 칭찬해 주기 • 봉사자, 단체의 역량 지지 • 안부 전화 • 자원봉사자의 관심에 동조 • 이름 부르며 인사
공식적인 보상	• 봉사자 ID카드 제공 • 봉사자 유니폼, 조끼, 모자 등 제공 • 명함 만들어 주기 • 기념품 지급 • 기관 정기간행물 사례 소개 • 사례발표 기회 제공 • 자원봉사 명예의 전당 운영 • 리셉션, 다과회, 상패 지급 • 활동인증서 지급 • 상해보험 가입 • 자원봉사자를 위한 연말 파티 • 무료 주차권 • 다과 제공 • 명절축하카드	• 미담사례로 언론에 소개 • 개인표창 추천 • 공연에 단체를 초청 • 공동 인터뷰 • 야유회, 여행 지원 • 그룹 유니폼 제공 • 우수 프로그램 추천 • 교육 제공 • 기관의 할인 혜택 • 직원이나 이사회에 초대 • 선임된 임원들로부터 칭찬 • 지역, 국가 표창 • 사례발표의 기회를 제공 • 회의 참여

출처: 한국노인종합복지관협회(2006).

6 자원봉사 프로그램 개발

자원봉사 프로그램 개발이란 지역사회의 문제를 인식하고, 이를 변화시키기 위하여 프로그램을 기획하고 실행하여 평가하는 전 과정이다. 따라서 자원봉사 프로그램은 의도된 계획에 따라 구체적인 목표를 달성함으로써, 사람과 지역사회를 변화시키고자 하는 것이다. 프로그램 설계가 되면 자원봉사자에 대한 교육과 봉사활동 실천, 평가에 이르기까지 자원봉사에 대한 목적이 이루어지도록 해야 하며, 프로그램을 통해 사회가 변화되고 참여자 자신 또한 변화될 수 있도록 해야 한다.

1) 프로그램 개발을 위한 준비

(1) 프로그램을 위한 준비

① 가능하면 자원봉사 프로그램 담당자(리더), 자원봉사자, 협력기관 담당자, 대상자 및 그 가족들을 포함하여 함께 프로그램이 이루어지는 것이 바람직하다.

② 경제적·심리적·문화적 제반 측면들을 통합적으로 고려하는 프로그램을 제공하도록 한다. 단순히 수혜자 개인의 신체적 원조나 경제적 원조서비스에만 그치는 것이 아니라, 클라이언트 및 그 가족의 사회적 관계망을 유지시켜 주고, 정서적 안정을 회복시켜 주는 사회·심리적 서비스가 병행되도록 프로그램이 설계되어야 한다.

③ 프로그램은 계속적이며, 제도적인 안정을 확인해야 한다.

④ 공공시설, 기업, 민간단체, 종교계, 사회복지기관 및 시설 등 다양한 인적·

물적 자원을 연결하여 봉사자에게 체계적인 서비스가 지원될 수 있는 시스템을 구축하여 프로그램을 제공한다.

(2) 자원봉사관리자를 위한 준비

① 자원봉사정신을 이해하기 위해서는 스스로 자원봉사 현장체험의 기회를 갖는다.

② 적극적인 활동, 자기발전의 기회가 되도록 자신감을 갖는다.

③ 정보, 기술을 제공해 주고 프로그램 계획과 실행을 도와줄 우호적인 내부 자원과 지역사회 자원의 협력자를 발굴한다.

(3) 자원봉사자를 위한 준비

① 자발성을 유도하는 내용의 프로그램을 준비한다.

② 자원봉사자들이 서로 연대감을 조성하는 내용의 프로그램을 준비한다. 자원봉사활동을 통한 만족감은 특히 동료 간의 긍정적인 인간관계에 영향을 받게 되는데, 이는 자원봉사활동의 가장 큰 보상 중 하나이다.

③ 성취감을 도모하는 내용을 반영한다. 자원봉사자들이 성취감을 경험할 수 있도록 프로그램을 기획하며, 특히 그 감동을 체험할 수 있는 기회가 마련되어야 한다.

(4) 수혜기관(수혜자)을 위한 준비

① 수혜기관(수혜자)이 원하는 것을 반영한다.

② 지역사회 문제해결과 예방에 초점을 맞춘다.

③ 자원봉사 프로그램이 기관의 사명 및 비전과 일치해야 한다.

2) 자원봉사 프로그램 개발단계

프로그램 개발은 문제 발견과 정의로부터 시작하여 포괄적인 목적과 구체적인 목표를 조작·설정하고, 이를 성취하기 위한 실행 체계를 구성하는 과정을 의미한다. 이 과정에서 고려해야 할 중요한 개념은 실행 가능성(feasibility)과 실용성(practicality)이다. 즉, 프로그램이 실행 가능하게 계획되어야 하고, 그 결과는 현실적으로 긍정적인 결과를 산출할 수 있어야 하는 것이다.

한편 프로그램관리란 프로그램을 계획하고 실행하며 평가하는 프로그램 개발과정에서 관리자가 수행하는 체계적 개입과정을 말하는(한국청소년개발원, 1994) 것으로, 프로그램 개발과정에서 고려해야 할 사항은 다음과 같다(류기형 외, 2003 재인용).

① 가치: 프로그램 관여자들이 받아들일 수 있는 가치가 반영되어 있는가?
② 실현 가능성: 프로그램을 실행할 만한 정치적 승인과 경제적 자원을 동원할 수 있는가?
③ 준비성: 프로그램의 주관 기관이나 조직이 제안된 프로그램을 진행할 만한 준비가 되어 있는가?
④ 합리성: 프로그램이 객관적 사실에 근거하여 준비되고 있는가?

자원봉사 프로그램은 구체적으로 문제 확인, 프로그램 조직, 교육·훈련, 자원봉사활동 실행, 평가의 5단계로 구분할 수 있다(류기형 외, 2003).

표 7-5 자원봉사 프로그램 개발의 5단계

① 문제 확인	• 도움이 가장 필요한 대상은?(예 아동, 장애인 등) • 어떤 도움을 필요로 하는가?(예 빈곤, 학대 등) • 동원할 수 있는 자원은?(예 시간, 비용, 기술 등)
② 프로그램 조직	• 목표설정(예 학대아동 5가정, 주 1회 방문) • 활동방법 결정(예 가사지원, 학습지도) • 업무분담(예 파트너 결정, 역할 분담)
③ 교육·훈련	• 자원봉사활동의 정신, 활동 현장 이해와 유의점, 오리엔테이션 프로그램 및 업무수행에 필요한 기술과 상식
④ 프로그램 실행	• 교육받은 내용에 유의하고 있는가? • 계획된 프로그램에 충실한가? • 융통성을 어느 정도 갖고 있는가?
⑤ 평가	• 수혜자에게 어떤 변화가 있었는가?(효과성) • 나에게 어떤 변화가 있었는가?(성취감) • 문제점과 애로사항은 어떤 것인가?(개선사항)

프로그램 개발의 5단계를 보다 구체적으로 살펴보면 다음과 같다.

(1) 문제 확인

자원봉사 프로그램은 문제를 인식하고 변화시킬 계획을 수립하고, 그 계획을 실천함으로써 바람직한 상태 또는 환경을 만들어 내는 인간의 노력을 표현한 것이다. 따라서 자원봉사 프로그램에 있어서 가장 선행되어야 하는 것은 문제를 발견하고 논의를 통하여 원인을 규명하고 근본적인 문제를 진단하는 것이다. 문제의 진단은 현상보다 이면에 있는 문제에 접근하려는 노력이 필요하다. 문제 접근이 바르게 되어야 프로그램이 이루고자 하는 목적과 목표를 바람직하게 설정할 수 있는 것이다.

(2) 프로그램의 조직(설계)

① 목적과 목표설정

목적은 문제의 정의, 목표는 문제의 원인, 하위 목표는 세분화된 원인과 연결되어야 한다. 목적은 프로그램이 궁극적으로 해결하고자 하는 것을 의미하며, 목표는 '무엇을 할 것인가?', '누가 그 과업을 수행할 것인가?' 등을 포함하는 것이다.

자원봉사 프로그램의 근본 목적은 사람과 사회를 변화시키는 궁극적인 문제해결에 있다. 따라서 진단된 문제는 프로그램이 궁극적으로 해결하고자 하는 목적을 제공함으로써 프로그램의 존재 의의를 뒷받침하는 것이다.

② 프로그램의 설계

- **해결책 구상**: 문제 진단이 이루어진 다음 작업은 가능한 해결책을 구상해 보는 작업이다. 이 작업에는 기관의 사명을 가장 잘 이해하는 직원, 업무를 잘 수행할 수 있는 봉사자 그리고 도움을 받는 수혜자의 입장을 잘 대변할 수 있는 사람 등과 자원봉사 프로그램 담당자(리더), 협력기관 담당자가 함께 참여하는 것이 필요하다.
- **실행계획 수립**: 문제해결책이 선택되면 구체적인 실행계획을 수립해야 한다. 목적, 목표, 프로그램을 기술한 기본계획 및 활동시간, 장소, 예산, 업무분담 등 구체적 실천방안을 기술한 실천 계획서를 만들어야 한다.
- **프로그램 운영체계 형성**: 프로그램이 선정된 후에는 프로그램 운영에 필요한 체계를 형성해야 한다. 운영체계에는 업무운영을 위한 인력구성, 협력기관과의 역할분담, 봉사자 모집 및 홍보방법, 교육 및 평가 방법 등을 전체적으로 명시하는 것이 필요하다.

③ 추진 일정 및 예산 수립

기획에서 실행, 평가에 이르기까지 일련의 과정을 날짜별 혹은 월별로 도표화하여 구체적으로 추진 일정을 수립한다. 예산 수립과정에서는 외부의 자원을 활용하는 방법도 좋으며, 프로그램을 홍보하여 외부의 예산을 확보하는 것도 필요하다.

(3) 자원봉사자 교육 · 훈련

자원봉사에 있어 봉사자의 교육과 훈련은 필수요건으로 아주 중요하다. 자원봉사의 의의와 자원봉사를 통해 지역사회와 공동체에 많은 도움과 발전에 기여한다는 자원봉사의 동기부여와 자신의 역할수행과 자원봉사자 자신 또한 자원봉사를 통해 발전하고 더불어 살아가는 의미를 일깨우는 중요한 시간이다.

따라서 계획된 프로그램의 성공적 수행을 위해서는 봉사자 각자에게 오리엔테이션과 함께 역할수행에 필요한 훈련이 제공되어야 한다. 반면 교육이 선행되지 않으면 금방 지치거나 만족감을 얻기 못하여 참여 강도가 떨어지고, 지속적인 활동을 하지 못하게 될 수 있다.

(4) 자원봉사 프로그램 실행

프로그램 계획에 의해 봉사활동을 실행한다. 프로그램을 실행하면서 유의할 것은 프로그램 계획에 얽매이는 것이다. 물론 계획에 의해 봉사활동을 실시하는 것은 바람직하다. 하지만 프로그램은 효과적인 자원봉사활동을 위하여 탄력적인 운영을 할 수 있는 융통성이 필요하다.

(5) 평가

평가는 자원봉사 프로그램이 얼마나 효과적으로 서비스를 제공하고 있는지, 어떤 어려움이 있는지 봉사 대상자의 입장에서 봉사자의 활동을 어떻게 인식하는지 등을 주기적으로 파악하는 작업이다.

평가는 자원봉사의 효과성과 적합성을 인식할 수 있는 유일한 방법이며, 봉사자와 직원, 자원봉사 조정자의 사기 함양을 위해서도 중요하다. 평가를 통해 자원봉사를 개선할 수 있고 미래에 발생하게 될지도 모르는 문제를 예방할 수 있다.

프로그램 중간 중간에 직원과 봉사자에 대한 피드백, 관찰, 회의, 봉사자 활동 보고서, 통계기록 등을 통하여 비정기적 평가가 가능하며, 설문지를 사용하거나 개별 또는 그룹 대표자의 인터뷰를 통한 공식적인 평가도 있다.

제 3 부

자원봉사활동 분야와 관리

제 8 장

아동 자원봉사활동

산업화·도시화가 진행되면서 가족구조 또한 많이 변화되어 아동들이 보호와 양육을 받으며 성장하는 터전인 가정의 기능이 약화되거나 상실되고 있다. 이로 인해 이러한 기능을 보완해주는 자원봉사자의 역할이 중요해지고 있다. 아동은 신체적·정신적으로 성장 및 발전과정 중에 있기 때문에 이러한 특성의 이해를 통해서 아동이 건전하게 성장할 수 있도록 도움을 제공해야 한다.

이 장에서는 아동 대상 자원봉사활동을 파악하기 위해서 아동의 신체적·정서적 특성을 이해하고, 아동 관련 사회문제, 자원봉사활동 대상이 되는 아동을 알아본다. 또한 아동 대상 자원봉사자의 역할과 자세, 아동대상 자원봉사활동 프로그램을 살펴본다.

1 아동의 이해

1) 아동의 개념

아동(child)이라는 용어는 시대와 상황에 따라 그리고 법률 및 관점에 따라 어린이, 영아, 유아, 청소년 등과 혼용되어 사용되기도 한다. 우리나라의 경우에도 아동복지법과 입양특례법 및 한부모가족지원법에서는 아동을 18세 미만이라고 규정[1])하고 있으나, 실종아동 등의 보호 및 지원에 관한 법률에서는 아동을 14세 미만이라고 규정하고 있다. 그러나 18세 미만에 해당하는 경우 법률적으로는 영유아, 유아, 청소년, 소년, 어린이 등으로 불리기도 한다. 즉, 영유아보육법과 모부자보건법에서는 영유아를 6세 미만이라고 규정하고 있으며, 유아교육법에서는 유아를 3세부터 초등학교 취학 전까지로 규정하고 있다. 한편 19세 미만의 경우 청소년보호법에서는 청소년이라고 규정하고 있고, 아동·청소년의 성보호에 관한 법률에서는 아동·청소년이라고 규정하고 있으며, 소년법에서는 소년이라고 규정하고 있다. 이밖에 도로교통법에서는 13세 미만을 어린이라고 규정하고 있다. 이처럼 우리나라에서 아동에 관한 나이를 통일적으로 규정하기는 어려운 점이 있다(표 8-1 참조).

표 8-1 아동 등의 법적 연령기준

<table>
<tr><th>법령</th><th>대상구분</th><th>연령</th></tr>
<tr><td>아동복지법</td><td rowspan="4">아동</td><td rowspan="3">18세 미만</td></tr>
<tr><td>입양특례법</td></tr>
<tr><td>한부모가족지원법</td></tr>
<tr><td>실종아동 등의 보호 및 지원에 관한 법률</td><td>14세 미만</td></tr>
<tr><td>영유아보육법</td><td rowspan="2">영유아</td><td rowspan="2">6세 미만</td></tr>
<tr><td>모부자보건법</td></tr>
<tr><td>유아교육법</td><td>유아</td><td>3세부터 초등학교 취학 전</td></tr>
<tr><td>청소년보호법</td><td>청소년</td><td rowspan="3">19세 미만</td></tr>
<tr><td>아동·청소년의 성보호에 관한 법률</td><td>아동·청소년</td></tr>
<tr><td>소년법</td><td>소년</td></tr>
<tr><td>도로교통법</td><td>어린이</td><td>13세 미만</td></tr>
</table>

출처: 각종 법령 정리.

1) 유엔 아동권리협약(Convention on the Rights of the Child)에서도 아동을 18세 미만의 모든 인간이라고 정의하고 있다.

이와 같은 용어의 혼란과는 별개로 전통적으로 아동은 신체적, 심리적, 사회적으로 미성숙한 존재로, 부모와 성인에게 의존해서 성장하는 보호와 양육의 대상이라고 할 수 있다(이순자 외, 2017). 따라서 생애발달주기 상 아동기는 청소년 및 성인이 되기 위한 준비기로서 기본생활권과 건강한 발달이 보장되고, 사회문제발생이 예방되어야 하는 시기이자 미래사회의 인재로서 보호되고 육성되어야 하는 독립적인 특성과 가치를 갖는 시기라고 할 수 있다.

2) 아동의 특성

아동을 위한 자원봉사를 하기 위해서는 아동의 특성에 대한 충분한 이해가 선행되어야 한다. 아동은 건전한 성인으로 성장하기 위해서 안전한 환경에서 보호받으면서 적절한 교육이 필요한 존재로 받아들여지고 있다. 현대사회에서 아동은 그 어느 때보다도 복잡한 문제를 많이 경험하고 있지만, 동시에 그 어느 때보다도 많은 관심의 대상이기도 하다.

그러면 우리는 왜 아동이 안전한 환경에서 사랑과 보호를 받으면서 좋은 교육을 받아야 한다고 생각하게 되었을까? 이는 아동이 독립적으로 생활할 능력이 없으면서 성인과 구별되는 다음과 같은 특성을 지니고 있기 때문이다.

(1) 신체적 특성

아동은 나이가 어릴수록 둥글고 포동포동한 얼굴, 상대적으로 큰 눈, 짤막하고 통통한 손발, 어색한 동작과 같은 특징을 가지고 있다. 아동은 일반적으로 성인에 비해 체중이나 키가 작고 언어능력이나 운동능력 그리고 정신적 · 정서적인 대처 능력이 부족하다. 아동기 후기에 이르면 신체적 발달의 속도와 정도가 매우 급속해지면서 10대 후반에 이르면 신체적으로 성인과 거의 유사한 상태에 이르게 되지만 정신적으로는 여전히 성숙한 단계에 이르지 못한다.

(2) 의존성

아동은 의식주를 포함한 생존과 신체적·정신적·사회적 발달을 부모를 포함한 주위 사람들의 사랑과 관심 또는 보호에 의존하게 된다. 아동의 정체감이나 발달의 다양한 측면이 부모를 포함한 가족의 관점에서 일차적으로 이해되어야 하는 것은 아동의 의존성을 충족시켜 줄 수 있는 보호자의 지속적인 관심과 애정이 매우 중요하기 때문이다. 아동 후기(청소년기)에 이르면 부모 등으로부터 의존성을 극복하고 독립하려고 한다. 하지만 이 시기에 독립하고자 하는 의도는 매우 강하지만, 독립에 따르는 책임과 의무는 잘 이해하지 못하기 때문에 의존과 독립의 상반되는 과업으로 인한 좌절과 갈등을 많이 겪게 된다. 따라서 성인이 되는 과정에서 심리적·정신적·사회적으로 유능한 한 개인으로 독립한다는 것은 본인의 노력 외에도 가족과 사회의 꾸준한 지원과 격려가 필요하다.

(3) 성숙의 과정

아동기는 미성숙한 단계에서 성숙한 단계로 변화해가는 과정으로 개인적 능력과 아동이 처한 양육환경의 밀접한 상호작용에 지대한 영향을 받는다. 아동의 성숙 정도는 일반적인 발달단계의 특성에 기초하여 아동의 개인차가 있다. 또한 아동의 성숙은 자신의 수준에 맞는 교육이라는 외부적 자극에 의해 더욱 촉진될 수 있으며, 보호자로부터 애정 어린 격려와 지도에도 영향을 받는다. 무엇보다 중요한 것은 아동의 성숙 정도를 이해하고, 각 단계에서 아동이 필수적으로 성취해야 할 성숙의 과제들을 잘 소화하고 있는가를 살펴보고 도와주는 것이다.

(4) 욕구와 민감성

아동기는 감정이 매우 예민한 시기로 다른 사람들의 관심을 갈망하면서 이런 갈망의 충족 여부에 매우 민감하게 반응한다. 아동은 성인에 비해 욕구충족을 연기하기가 어렵다. 아동은 욕구(need)가 충족되지 않으면 그 상황을 이해하기보다 욕구 불충분에서 오는 실망과 좌절에 빠져들기 쉽고 상처받기 쉽다. 그리고 이러한 실망과 좌절은 자기 주위에 있는 사람들의 반응에 의해서도 크게 영향을 받는데, 특히 10대 아동은 성인들보다는 또래집단에 의해 많은 영향을 받는다. 아동이 지속적인 실패와 좌절을 경험하게 되면 주위 사람들의 판단에 민감해지고 자아형성에 부정적인 영향을 받게 된다. 이러한 영향은 이후 성인이 되어서도 많은 생활의 영역에서 문제를 갖게 되는 요인이 되기도 한다.

(5) 적응성(Adaptability)

아동은 부모와 가족이라는 집단을 최초의 환경으로 해서 차차 놀이집단, 학교, 지역사회 그리고 작업집단이라는 보다 광범위하고 복잡한 사회환경에 적응해야 하는 과제를 가지고 있다. 때때로 아동의 새로운 환경에 대한 적응성이 성인보다 더 뛰어난 경우도 있다. 하지만 아동이 출생과 더불어 성장하는 과정에서 경험하는 세계는 거의가 아동에게 처음이자 새로운 것으로서, 잘 적응하기 위해서는 성인의 적절한 보호와 인도가 반드시 필요하다(윤혜미 외, 2005).

(6) 탄력성(Resiliency)

탄력성이란 적응유연성이라고도 번역되는데, 많은 어려움에도 불구하고 성공적으로 적응하는 능력(Begun, 1993; Benard 1993; Masten, 1994) 또는 아동의 발달을 방해하는 위험요인 속에서도 긍정적인 결과를 성취해 내는 특별한 성질이라고 할 수 있다. 아동을 둘러싼 각종 환경적인 위험요인들(예를 들면, 빈곤,

가족의 부정적 상호작용, 부모의 이혼, 실직, 정신질환, 약물중독, 폭력 등)은 아동의 미래에 문제를 조성할 수 있는 요인이지만, 이런 요인들을 가지고 있는 아동이 모두 다 범죄 등 문제를 일으키지는 않는다. 어떤 아동은 이러한 환경적 위험요인들을 극복하고 좋은 환경에서 자란 아동들과 같이 또는 그보다 더 뛰어난 생을 개척하기도 한다. 바로 이러한 능력을 탄력성이라고 본다. 따라서 보호자로부터 지지와 보호를 받으며 환경으로부터 적절한 긍정적 자극을 받은 아동들은 어려움에 대해 보다 적극적이고 능동적으로 반응하는 등 적응 능력을 키워 한사람의 사회인으로 기능할 수 있게 되는 것이다.

2 아동이 당면하게 되는 문제

자율성을 지닌 존재이면서 또한 성인에게 보호를 받아야 하는 의존적인 존재로서의 아동은 적절한 영양과 양육보호, 의사표현을 통한 자기 결정권 등 건강한 성장과 발달이 도모되어야 한다. 그러나 현대사회의 발전에 따른 상업화, 도시화, 핵가족화 등의 급격한 사회변동은 가족 기능의 해체와 가족 이기주의의 팽배를 야기했으며, 전인교육의 부재로 대표되는 잘못된 교육제도와 방식은 건전하게 성장·발달해야 할 아동들을 열악한 사회문화환경 속으로 밀어 넣고 있다.

이러한 열악한 환경에 처한 아동에게 가정과 공식적 교육체제만으로 건강하고 밝은 성격형성과 이타적인 가치관 확립을 기대하기 어렵다. 따라서 자원봉사자들과 바람직한 집단경험의 기회제공으로 올바른 사회화를 유도하고 원만한 대인관계를 가지도록 도와 건전한 사회인으로서 성장할 수 있도록 하여야 한다.

아동들이 당면하게 되는 문제는 매우 다양하다. 이 중 아동학대, 빈곤과 영양결핍, 기아·미아, 가출·부랑아, 입양, 사교육비 부담과 저소득층의 교육기회 배제 등의 내용을 살펴보면 다음과 같다.

1) 아동학대

아동학대는 동서양을 막론하고 역사적으로 오랫동안 만연되어 왔던 현상이지만, 사회문제로 인식하게 된 것은 비교적 근래의 일이다. 아동학대는 아동의 신체적·심리적 손상을 가져와 건강한 성장발전을 저해하는 것은 물론 평생 깊은 상처를 남기고 때론 학대피해자가 성인이 되어 학대가해자가 되기도 한다는 점에서 심각한 사회문제라고 할 수 있다(이순자 외, 2017). 한편 아동학대행위자의 80% 가까이가 부모(친부 43.7%, 친모 29.8%, 계부 2.0%, 계모 1.2%, 양부 및 양모 각각 0.1%)이고, 가정 내(아동 가정 내 78.7%, 학대행위자 가정 내 1.6%)에서 이루어진다(보건복지부·중앙아동보호전문기관, 2018 아동학대 주요 통계). 단지 소수만이 성격장애나 정신장애를 가지고 있어 모든 부모들이 학대부모가 될 가능성이 있다고 할 수 있다. 그럼에도 불구하고 일반적으로 아동학대는 빈곤 및 가정 내의 스트레스 등과 연관된 경우가 많다. 부모의 교육정도가 낮거나 실직 상태이고, 생활수준이 낮고, 부부갈등이 존재할 때 더 자주 발생하고 있다. 또한 가정폭력, 부모의 정신과 질환, 부모가 약물이나 알코올중독이 있는 경우도 학대의 가능성이 더 높아진다고 할 수 있다. 이 외에 아동이 조산아이거나 정신지체, 신체적 장애가 있는 경우 학대가 더 자주 발생하는 것으로 나타났다. 아동학대의 원인은 학대의 주 가해자가 되는 부모, 학대를 받는 아동, 학대가 발생하는 가정 및 사회 요인 등 매우 복잡하고 다양하다.

(1) 개념

아동학대와 관련하여 아동복지법 제2조에서는 '아동학대란 보호자를 포함한 성인이 아동의 건강 또는 복지를 해치거나 정상적인 발달을 저해할 수 있는 신체적 · 정신적 · 성적 폭력 또는 가혹행위를 하는 것과 아동의 보호자가 아동을 유기하거나 방임하는 것을 말한다'라고 규정하여, 적극적인 가해 행위뿐만 아니라 소극적 의미의 방임행위까지 아동학대의 정의에 포함시키고 있다.

한편 세계보건기구(WHO)는 1999년 제네바에서 열린 아동학대예방에 관한 회의에서 아동학대를 '아동의 양육에 책임을 지고 있거나 신뢰관계에 있거나 권위를 가진 사람에 의한 모든 형태의 신체적 · 정신적 가혹한 처사, 성학대, 방임 또는 보호의 태만 및 상업적이거나 다른 형태의 착취 결과 아동의 건강, 생존, 발달 및 존엄성에 실제적인 해를 끼치거나 그러한 가능성을 초래한 것'으로 정의하여, 실제적인 해 이외에 잠재적인 해까지 포괄적으로 아동학대에 포함하였다(안재진, 2002).

(2) 현황

① 상담 신고접수

보건복지부장관, 시 · 도지사 및 시장 · 군수 · 구청장은 아동보호전문기관에 긴급전화를 전용회선으로 설치하여야 하며, 전국적으로 통일된 번호로 매일 24시간 동안 운영하여야 한다(아동복지법 시행령 제24조). 이에 따라 아동보호전문기관에 접수된 연도별 아동학대 신고현황을 살펴보면 아동학대 의심사례의 경우 2001년도에는 2,606건이었으나, 2010년에는 7,406건으로 2.8배 증가하였고, 2018년에는 33,532건으로 급격하게 상승하여 약 12.9배 증가한 것으로 나타났다(보건복지부 · 중앙아동보호전문기관, 2017 전국 아동학대 현황보고서 및 2018 아동학대 주요 통계).

한편 2018년 신고자 유형을 보면 비신고의무자가 24,381건(72.7%)으로 신고의무자 9,151건(27.3%)보다 약 2.7배 많은 것으로 나타났다. 비신고의무자의 경우 아동보호전문기관 종사자가 7,756건(23.1%)으로 가장 많았으며, 이어서 부모 6,089건(18.2%), 아동본인 4,512건(13.5%), 이웃·친구 1,859건(5.5%) 순으로 나타났다. 신고의무자의 경우 초·중·고교 직원이 가장 많은 6,406건(19.1%)으로 나타났으며, 이어서 아동복지시설종사자 411건(1.2%), 의료인·의료기사 325건(1.0%) 순으로 높게 보고되었다(보건복지부·중앙아동보호전문기관, 2018 아동학대 주요 통계).

② 사례 유형과 연령

표 8-2에서 보는 바와 같이 아동학대 유형별 건수를 파악한 결과, 2018년 기준으로 중복학대가 11,792건(47.9%)으로 가장 높은 비율을 차지하였고, 다음으로는 정서적 학대 5,862건(23.8%), 신체학대 3,436건(14.0%), 방임 2,604건(10.6%)[2), 성학대 910건(3.7%) 순으로 나타났다.

표 8-2 아동학대 사례 유형 (단위: 건, %)

유형		건수(비율)	
신체학대		3,436	(14.0)
정서학대		5,862	(23.8)
성학대		910	(3.7)
방임		2,604	(10.6)
중복학대	신체학대·정서학대	9,376	(38.1)
	신체학대·성학대	63	(0.3)
	신체학대·방임	254	(1.0)
	신체학대·정서학대·성학대	199	(0.8)

2). 2012년부터 유기를 방임에 포함하여 집계하고 있는 것으로 나타났다.

유형		건수(비율)	
	신체학대·정서학대·방임	683	(2.8)
	신체학대·성학대·방임	1	(0.0)
	신체학대·정서학대·성학대·방임	11	(0.0)
	정서학대·성학대	422	(1.7)
	정서학대·방임	779	(3.2)
	정서학대·성학대·방임	3	(0.0)
	성학대·방임	1	(0.0)
	소계	11,792	(47.9)
계		24,604	(100.0)

출처: 보건복지부·중앙아동보호전문기관(2018). 2018 아동학대 주요 통계.

또한 표 8-3에서 보는 바와 같이 아동학대 유형별로 피해아동 성별을 살펴본 결과, 신체학대와 방임 사례에서 남아가 여아보다 각각 약 3.4%, 1.0% 높았으며, 정서학대에서는 여아가 남아보다 약 4.2% 더 높게 나타났고, 성학대 사례에서는 여아가 82.4%로 압도적으로 높았다. 연령상으로는 표 8-4에서 보는 바와 같이 13~15세(25.8%), 10~12세(22.3%), 7~9세(17.3%), 16~17세(13.3%), 4~6세(11.2%), 1~3세(8.4%)순으로 나타났으며, 신체학대와 정서학대 및 성학대의 경우 13~15세에서 가장 높게 나타났으나 방임의 경우에는 7~9세에서 가장 높게 나타나 차이가 있었다.

표 8-3 아동학대 유형별 피해아동 성별 (단위: 건, %)

성별 \ 학대유형	신체학대		정서학대		성학대		방임		계	
남	7,256	(51.7)	8,297	(47.9)	283	(17.6)	2,188	(50.5)	18,024	(48.3)
여	6,767	(48.3)	9,037	(52.1)	1,327	(82.4)	2,148	(49.5)	19,279	(51.7)
계	14,023	(100.0)	17,334	(100.0)	1,610	(100.0)	4,336	(100.0)	37,303	(100.0)

※중복포함

출처: 보건복지부·중앙아동보호전문기관(2018). 2018 아동학대 주요 통계.

표 8-4 아동학대 유형별 피해아동 연령 (단위: 건, %)

학대유형 / 연령(만)	신체학대		정서학대		성학대		방임		계	
1세 미만	133	(0.9)	177	(1.0)	2	0.1	313	7.2	625	(1.7)
1~3세	930	(6.6)	1,433	(8.3)	8	0.5	770	17.8	3,141	(8.4)
4~6세	1,400	(10.0)	1,938	(11.2)	42	2.6	807	18.6	4,187	(11.2)
7~9세	2,430	(17.3)	3,052	(17.6)	134	8.3	847	19.5	6,463	(17.3)
10~12세	3,067	(21.9)	4,035	(23.3)	452	28.1	782	18.0	8,336	(22.3)
13~15세	4,042	(28.8)	4,408	(25.4)	575	35.7	581	13.4	9,606	(25.8)
16~17세	2,021	(14.4)	2,291	(13.2)	397	24.7	236	5.4	4,945	(13.3)
계	14,023	(100.0)	17,334	(100.0)	1,610	100	4,336	100.0	37,303	(100.0)

※중복포함

출처: 보건복지부·중앙아동보호전문기관(2018). 2018 아동학대 주요 통계.

2) 빈곤

빈곤은 아동의 신체 및 정신건강, 학업환경, 교우관계 등 정상적인 발달과업을 성취하는데 어려움을 겪게 하고, 바람직하지 않은 결과를 초래함으로써 성인이 되어서까지 부정적인 영향을 미치게 된다. 빈곤이 아동에게 부정적인 영향을 미치는 것은 아동 스스로가 가족의 경제적 상황을 변화시킬 수 없기 때문이다. 그런데 우리나라의 아동빈곤율을 보면 다행스럽게도 2006년 이래로 지속적으로 감소하고 있다. 전체 아동 중 중위소득 50% 미만의 빈곤 아동 비율은 2006년 10.1%에서 2016년 6.7%로 크게 하락하였다(류정희 외, 2018). 이는 전체 인구빈곤율이 정체되어 있는 것과 대조적인 현상이다.

이러한 최근의 아동빈곤 감소 추세의 원인과 관련하여서는 아동가구 내 경제활동을 하는 성인 수 증가와 가구 근로소득의 상승, 현금과 현물 사회 이전의 직·간접적인 빈곤감소 효과 증가, 외환 위기 이후 결혼과 출산의 연기로 인한 저출산 결과 등을 꼽고 있다. 그러나 빈곤아동이라 할 수 있는 국민기초보장 수급아동과 일반아동 간의 물질적 결핍과 박탈 정도, 생활수준에 대한 인식, 주거 실태 등을 비교 분석해 보면 식생활, 의생활, 주거환경과 주거공간, 학습환경, 놀이와 문화활동, 사회적 자본 형성, 절대적 박탈 등 모든 영역에서 수급가구 아동의 결핍과 박탈 수준은 일반가구 아동에 비해 상당한 격차가 있었다. 즉, '저소득'이 단순히 물질적 결핍만을 의미하는 것이 아니라 다차원적 결핍과 박탈을 통해 아동의 교육, 건강, 사회심리적 불안, 사회자본과 문화자본 형성에까지 영향을 미침으로써 빈곤의 대물림 위험을 높이고 있는 것으로 나타났다. 특히 발달기의 아동이 이러한 다차원적 결핍과 박탈에 노출될 경우 성인에 비해 더 큰 좌절과 박탈감을 느낄 수 있다는 점에서 성인과는 다른 차원의 정책적 지원과 다차원적 개입이 요구된다 하겠다(류정희 외, 2018).

3) 기아 · 미아, 가출 · 부랑아

(1) 기아 · 미아, 가출 · 부랑아의 정의

① 기아는 부모 또는 보호자로부터 버려진 아동을 말한다.

② 미아는 길을 잃어 부모 또는 보호자로부터 잠시 이탈되어 있는 아동을 말한다.

③ 가출 · 부랑아는 개인 또는 환경 등의 이유로 집에서 가출하여 걸식하며 거리를 방황하는 아동을 말한다.

(2) 기아 · 미아, 가출 · 부랑아 보호시설

표 8-5 기아 · 미아, 가출 · 부랑아 보호시설

시설명	보호대상아동	주소	연락처	비고
아동 복지센터	18세 미만 아동	강남구 광평로34길 124(수서동)	2040- 4200	기아 · 미아, 유기, 방임, 보호자가 양육능력이 없는 아동.
아동상담치료 센터	18세 미만 아동	동대문구 답십리로69 길 106 (장안동)	2248- 4567~9	약물, 알콜, 도벽, 가출부랑아

출처: 서울특별시 아동복지센터(child.seoul.go.kr).

(3) 기아 · 미아 발생 시 인도 과정

① 기아 · 미아, 가출 · 부랑아동은 경찰관에 의해 발견되며, 이들은 관할 구청에 인도된 후 아동복지센터로 보호 · 의뢰된다.

② 아동복지센터에서 이들을 일정기간 일시보호하며 심리검사와 개별상담, 집단상담, 사례회의 등을 거쳐 개인성향, 가족환경 등을 조사하여 아동의 보호방법을 결정한다.

③ 가족이 있는 경우 귀가 처리하며, 가족이 있으나 보호할 형편이 되지 않는 경우는 아동복지시설에 보호를 요청한다.

4) 입양

입양이란 혈연관계가 아닌 일반인들 사이에서 법률적으로 친자관계를 맺는 행위를 의미한다. 우리나라에서는 6 · 25전쟁을 전후하여 생긴 전쟁고아와 혼혈아에 대한 대책의 일환으로 입양사업을 시작했고, 근대화 이후 미혼모 및 가정불화 등에 기인한 아동 유기가 늘어나면서 점차 사회문제화되었다.

현재 입양과 관련해서는 입양특례법이 2012년부터 시행되고 있다. 서울특별시 아동복지센터에 소개된 입양안내를 보면 다음과 같다(http://child.seoul.go.kr/archives/311).

서울특별시 아동복지센터의 입양 안내

입양자세

우리가 아이를 임신하여 출산할 때까지 10달의 시간을 간절한 마음으로 보내듯이 입양을 결정하셨다면 그 시간만큼 준비하고 기다리는 마음을 가지셔야 합니다. 일부 입양가정들은 입양을 성급하게 서두르는 경향이 있습니다. 입양을 위한 양친가정조사서를 제출하신 뒤 입양하기에 적합한 가정인지를 조사하고, 대상아이를 선정하고, 아이의 가정 적응 능력 등을 조사하는 과정까지 양부모님의 많은 인내와 노력이 요구됩니다. 또한 저희 센터의 입양대상 아동은 유기되어 서울시 양육시설에 있는 아동으로 친생부모가 입양을 동의한 아동과는 달리 입양 소요시간이 좀 더 오래 걸립니다. 아기가 품에 안길 때까지 임신한 것 같은 자세로 육아책 등을 보며 입양을 준비하여 주시는 것이 아기와 부모님을 위한 최선의 방법입니다.

입양 대상아동

- 15세 미만의 아동(민법 제908의2)
- 보호자로부터 이탈되어 시장, 도지사, 군수, 구청장이 부양의무자를 확인할 수 없어 보호시설에 보호 의뢰한 자
- 부모 또는 후견인이 입양을 동의하여 입양기관에 보호 의뢰한 자
- 법원에서 친권상실 선고를 받은 자로 시·도지사, 시장, 군수, 구청장이 보호시설에 보호의뢰한 자
- 기타 부양의무자를 알 수 없어 시·도지사, 시장, 군수, 구청장이 보호시설에 보호의뢰한 자

양친의 자격 조건

- 양자를 부양함에 있어 충분한 재산이 있을 것
- 양자에 대하여 종교의 자유를 인정하고 사회의 구성원으로서 그에 상응하는 양육과 교육을 할 수 있을 것
- 양친이 될 사람이 아동학대·가정폭력·성폭력·마약 등의 범죄나 알코올 등 약물중독의 경력이 없을 것
- 양친이 될 사람은 양자가 될 아동이 복리에 반하는 직업이나 그 밖에 인권침해의 우려가 있는 직업에 종사하지 아니하도록 하여야 함
- 양친이 되려는 사람은 입양의 성립 전에 입양기관 등으로부터 소정의 교육을 받아야 함

• 그 밖에 양자가 될 사람의 복지를 위하여 보건복지부령으로 정하는 필요한 요건을 갖출 것
• 대한민국 국민: 25세 이상으로서 양자될 사람과의 나이차가 60세 이내

입양 사후 관리
• 입양 성립 후 1년까지 최소 2회 이상의 현장방문을 통한 정기적인 사후관리
  – 양친과 양자의 상호적응상태에 관한 관찰 및 필요한 서비스 제공
  – 아동양육에 필요한 정보의 제공 등의 사후 관리를 함

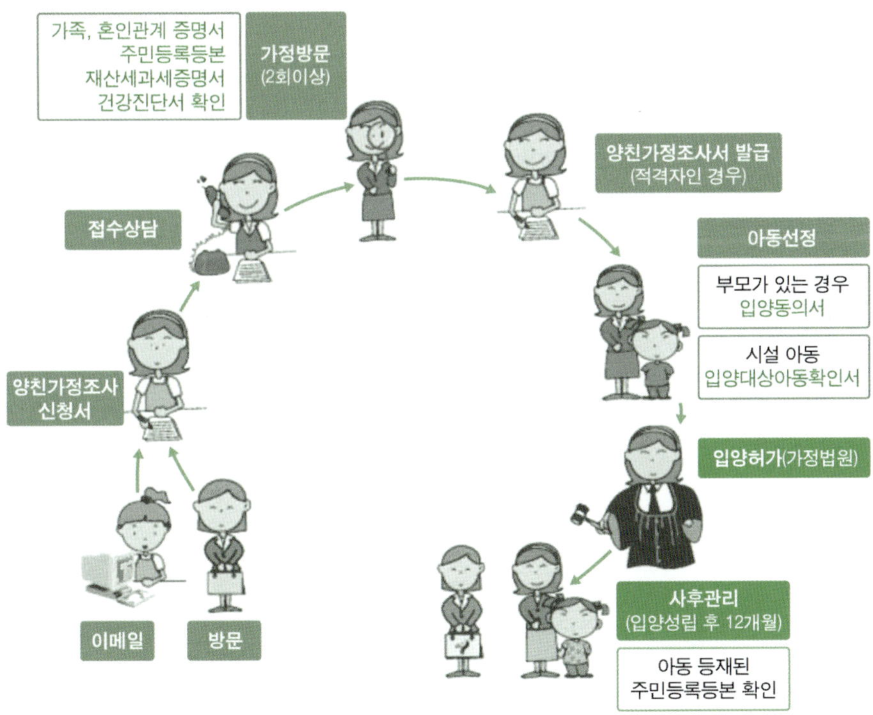

출처: 서울특별시 아동복지센터 홈페이지(http://child.seoul.go.kr/archives/313).

그림 8-1 입양처리도

5) 사교육비 부담과 저소득층의 교육기회 배제

방과후 가정에서 아동을 보호하기 어려운 가정이 많아지고 아동의 학습보충에 대한 수요가 늘어나면서 학원 등 사교육 기관을 이용하는 아동이 증가하고 있는 실정이다. 이런 사교육비는 자녀양육 가정에 큰 부담이며, 출산 중단의 주요 원인으로도 작용하고 있다. 가정 형편이 어려워 사교육에서 배제된 저소득층 아동의 교육기회 보장이 필요하며, 사회복지시설에서는 방과후 프로그램을 운영하고 있고, 학교 또한 폐쇄적으로 운영되고 있는 방과후 교실을 개방형으로 전환하여 다양한 교육의 기회(방과후 학교 이용료를 부담하기 곤란한 저소득층 학생들에게는 바우처를 지급하여 교육기회에서 배제되지 않도록 지원, 방과후 학교 프로그램 무상 이용 쿠폰 지원) 등을 제공하려고 다양한 모색을 시도 중이다. 이러한 방안의 일환으로 2006년부터 운영되고 있는 것이 지역아동센터이다. 지역아동센터는 방과후 돌봄이 필요한 지역사회 18세 미만의 아동(18세 이상인 경우에도 재학 중인 아동 포함)의 건전육성을 위하여 보호·교육, 건전한 놀이와 오락의 제공, 보호자와 지역사회의 연계 등 종합적인 복지서비스를 제공하고 있다.

3 자원봉사활동의 대상인 아동

자원봉사자들이 도움을 제공하게 되는 아동들은 여러 가지 형태로 다양하며 도움의 손길을 기다리게 된다. 우리 사회에서 일반적으로 접하게 되는 자원봉사활동의 도움을 필요로 하는 아동을 보면 다음과 같다.

1) 빈곤가정의 아동

경제적으로 가정이 빈곤하면 아동은 가정에서 필요로 하는 정상적인 욕구를 충족할 수 없게 된다. 더구나 빈곤한 가정들은 부모들이 맞벌이를 하는 경우가 많기 때문에 부모는 있지만 정상적인 양육과 보호를 받을 수 없게 된다. 따라서 사회복지서비스 차원에서 양질의 보육서비스가 제공되어야 하는데, 이런 경우 자원봉사자가 빈곤가정의 아동에 대하여 어린이집이나 놀이방 혹은 아동이 거주하고 있는 가정에 가서 보육서비스를 제공할 수 있는 것이다.

2) 학대받는 아동

앞에서 살펴본 바와 같이 아동학대는 신체학대, 정서학대, 성학대, 방임, 유기, 중복학대 등 다양하게 나타난다. 이러한 학대의 후유증으로 아동들은 단순한 타박상, 골절 등에 그치지 않고 사망에 이를 수도 있다.

또한 학대아동에서 정신지체와 언어장애가 발생되며, 이 외에 발달지연과 중추신경계장애 · 정신지체 · 과잉행동 · 충동성 · 언어발달의 장애 등 자아 기능 손실, 신체적 · 심리적 충격으로 소멸 또는 유기당할 위협을 느끼고, 심한 공황상태에 빠지는 급성불안 반응, 근본적 신뢰를 이루지 못하는 병적 대인관계, 부모의 잘못을 인정하지 못하고 억압하는 강한 부정 · 투사 등 원시적 방어기제, 가정이나 학교에서 공격적 · 파괴적 행동, 청소년의 반사회적 행동 및 비행 등 충동조절, 손상 · 슬픔 · 낙심 · 모욕감 등을 느끼는 자아개념의 손상, 자살기도 위협 등 자학적 · 파괴적 행동, 집중력장애 · 인지손상 등에 의한 학교 부적응 등 심리적 · 정신적 후유증을 갖는다.

이러한 학대아동들은 주로 전문적인 복지시설에서 전문적인 개입을 통해서 도움을 주고 있지만, 자원봉사자들의 활동은 아동에게 건강한 인격 형성과 나아가 사회적응에 큰 밑거름이 될 것이다.

3) 버려진 아동

미혼모의 발생과 이혼 혹은 별거로 인하여 기아상태에 있는 버려진 아동들도 있다. 이러한 아동들은 일시적인 보호소나 영아원 혹은 고아원에서 보호·양육된다. 경우에 따라서는 입양되기도 하지만 이들을 위해서 자원봉사자들의 따뜻한 사랑과 봉사가 아동으로 하여금 건강하게 성장하는 데 도움이 될 것이다.

4) 장애인부모가 있는 아동

장애인부모 혹은 부모 중에 어느 한쪽이 장애인이 있는 가정의 경우 자원봉사자들의 도움의 손길이 필요하다. 특히 어머니가 장애인일 경우 일상적인 사소한 생활에서부터 자원봉사자들이 봉사할 영역이 많다.

5) 한부모가정 및 소년소녀가정의 아동

한부모가정은 이혼, 별거, 사별, 유기, 미혼모 발생 등을 이유로 부모 중 한 사람과 자녀로 구성된 가정을 의미한다. 또한 모가 주 양육자이면 여성 한부모가정으로, 부가 주양육자이면 남성 한부모가정으로 분류된다. 현재 이혼의 증가로 전체 가구에서 한부모가정이 점차 증가하는 추세이다.

한편 소년소녀가정이란 국민기초생활보장법에 의한 수급자(가구) 중 만 18세 미만(출생일 기준)의 아동이 실질적으로 가정을 이끌어가고 있는 세대를 말하며, 이들에게 정부는 생계급여, 교육급여, 의료급여, 부가급여, 전세자금 지원

(국토교통부) 등 공공부조를 통한 보호를 하고 있다. 보건복지부 자료에 따르면 어린 몸으로 가족의 생계를 책임지고 부양하고 있는 소년소녀가정은 점차 줄어들어 2018년 12월말 현재 총 33명(세대주 24명, 세대원 9명)인 것으로 나타났다. 소년소녀가장의 재학별 상황을 보면 2015년 현재 미취학아동은 없고, 초등학생 1명, 중학생 5명, 고등학생 18명, 대학생 5명, 미학자 4명으로 조사되었다.

한부모가정의 아동과 소년소녀가정의 아동은 경제적·정서적으로 도움이 필요한 경우가 많고, 사회에 대한 불만이 있거나 심리적으로 자존감이 낮은 경우도 있어 라포(rapport)를 형성하기 위해서는 진정성 있는 접근이 필요하다고 할 수 있다.

6) 아동복지시설의 아동

아동복지시설에서 생활하는 아동의 경우 다양한 이유로 인하여 가정에서 분리되어 혈연적으로 무관한 아동들끼리 혈연적으로 무관한 성인들의 보호 아래 24시간 집단적인 서비스를 제공받고 있다. 따라서 이러한 특성을 고려하여 아동이 건전하게 사회인으로 성장·발달하도록 교육 및 치료를 포함한 사회적·정서적 지원서비스를 제공하여야 한다.

4 아동을 위한 자원봉사자의 역할과 자세

아동을 대상으로 봉사활동을 수행할 경우 무엇보다 아동의 특성을 충분히 숙지하고, 아동이 건전하게 성장할 수 있도록 도움을 제공해야 한다. 특히 현대사회는 사회변동이 급격히 일어남에 따라 가족의 기능이 해체되어 아동들이 안정된 생활을 영위하지 못하고 있으며, 학교교육에서도 입시 위주의 교육제도로 인해 무한경쟁에 시달려 인성계발이 어려운 실정이다. 따라서 자원봉사자들은 어렵거나 원만치 못한 가정, 사회환경으로 인해 낮은 자존감을 가지고 변화에 잘 적응하지 못하며, 자기의 의지를 상실한 아동을 도와 그들이 더 나은 삶을 즐기며 건강하게 성장하고 고독과 불행에서 벗어나도록 도와야 한다. 더욱이 요보호아동은 일반아동보다 많은 소외감과 외로움, 고독감 등의 문제를 안고 있다. 이들 아동이 올바른 인격형성과 사회에 잘 적응할 수 있도록 자원봉사자는 각별한 배려와 이해심으로 도와야 할 것이다.

1) 자원봉사자의 역할

산업화·도시화가 진행되면서 가족구조 또한 많이 변화되어 아동들이 보호와 양육을 받으며, 성장하는 터전인 가정의 기능이 약화되거나 상실되고 있기 때문에 이러한 기능을 보완해 주는 역할을 자원봉사자가 해주어야 할 것이다. 이를 구체적으로 살펴보면 다음과 같다.

(1) 인간화의 역할

자원봉사자는 아동의 특성 및 발달단계에 대한 이해를 바탕으로 아동이 인간다운 애정을 얻고 다른 아동들과 함께 성장하며 인정받으면서 자랄 수 있는 바른 인격의 성장에 필요한 환경을 조성하고 지도한다.

(2) 사회화의 역할

자원봉사자는 아동이 자신의 힘으로 문제를 극복하고 원만한 대인관계를 갖도록 하여 건전한 사회인으로서 성장하도록 도와준다.

(3) 치료자로서의 역할

자원봉사자는 문제가 생긴 아동을 위해서 자원봉사함으로써 아동이 본래의 순수한 자아를 형성하도록 치료하는 역할을 한다.

2) 자원봉사자의 자세

(1) 자세

① 봉사시간을 엄수한다.

② 아동의 개인적인 과거는 묻지 않는다.

③ 아동에 관한 모든 사항을 직원과 협의한다.

④ 아동과 직원에 대한 비방을 하지 않는다.

⑤ 건설적 의견은 정당하게 건의한다.

⑥ 담배는 지정된 곳에서만 피운다.

⑦ 자기 분야 이외의 일에 대하여 간섭하지 않는다.

⑧ 시설 내에서 음주를 하지 않는다.

⑨ 아동이 이성적 감정을 갖고 접근치 않도록 유의한다.

⑩ 맹목적인 동정은 삼간다.

⑪ 아동에게 돈을 주지 않는다.

⑫ 아동을 은밀하게 밖으로 불러내지 않는다.

(2) 유의사항

① 대상아동에 대한 지속적인 관심과 이해 필요

자원봉사활동에 있어서 중요한 것은 기술이나 재능보다 대상 아동에 대한 지속적인 관심과 진정한 이해이다. 아동은 주변 사람들로부터의 사랑과 관심, 보호를 필요로 하며, 주위 환경과 타인의 감정에 민감하고 욕구충족에 대한 기대가 강렬하다. 아동들의 욕구충족에 대한 계속적인 실패는 불안과 불신을 조장하고, 바람직한 아동기의 가치관 형성에 상당한 지장을 초래한다. 따라서 자원봉사자는 대상아동에 대해서 지속적인 관심을 가지고, 아동의 심리 · 정서적 변화와 주위 환경의 변화를 관찰하여야 한다.

② 약속 시간 엄수와 신뢰관계 형성

자원봉사활동을 시작할 때 너무 무리하게 시간을 할애하면 쉽게 포기하는 경우가 발생한다. 봉사활동이 스스로에게 부담이 되면 더 이상 지속되기가 어렵다. 그러나 아동은 자신들이 경험하는 사회집단이나 타인과의 관계를 통해서 인간에 대한 사랑과 신뢰감을 형성한다. 따라서 자원봉사자가 대상 아동과의 약속시간을 자주 어기게 되면 아동은 자원봉사자를 신뢰할 수 없게 되고 바람직한 관계형성이 어렵게 된다. 그것은 곧 봉사활동의 의미를 상실하게 되는 것이다. 그러므로 봉사자는 불가피한 경우에만 사전 양해를 구하도록 하고, 효율적인 시간활용으로 봉사활동의 효과성을 높이고, 시작할 때의 마음가짐을 지속시키는 것이 중요하다.

③ 눈높이 자원봉사활동

아동들은 진정한 마음으로 자신과 대화를 나누고 얘기를 귀 기울여 들어주며 자연스럽게 어울려 놀 수 있는 자원봉사자를 원하고 있다. 따라서 그들의 욕구를 세심히 관찰하고 그들의 수준에서 그들이 원하는 방향과 방법을 선택해서 그들과 함께 해야 자원봉사의 의미를 찾을 수 있다. 그리고 자선심이나 동정심에 의한 일방적인 시혜성의 활동은 자칫 잘못하면 아동에게 수치심을 주고, 무력감을 느끼게 하며 상처를 줄 수 있을 뿐만 아니라 의존심을 조장할 수 있으므로 유의하여야 한다.

④ 아동의 솔직한 자기감정 표현과 긍정적인 감정 유도

아동기에는 다양하고 강한 욕구를 가지게 되고 이러한 욕구의 표현을 통한 충족을 필요로 한다. 아동이 가지는 욕구가 적절하게 충족되지 못하면 아동은 심리·정서적인 상처를 받게 되며, 욕구의 충족을 위해 거짓말 등의 왜곡된 욕구 표현과 도벽 등의 비행행동을 유발할 수 있다. 따라서 자원봉사자들은 아동의 올바른 사회화를 위해 이들로 하여금 스스로의 감정을 말로 표현하도록 격려하며, 적의나 소극적인 감정을 희망적인 것으로 승화시킬 수 있도록 도와야 한다.

⑤ 원만한 대인관계 기술 및 일상생활지도

가정, 학교, 사회에서 부적응 현상을 나타내는 아동들에게 사회적 인간으로 성장할 수 있도록 원만한 대인관계 기술과 일상생활지도를 통하여 적응력 향상을 도와야 한다(오효근, 2006).

5 아동을 위한 자원봉사활동 프로그램

아동을 위한 자원봉사활동은 앞에서 살펴본 아동의 일반적 특성과 아동이 처한 가정과 사회문제 대한 이해를 바탕으로 아동의 욕구를 파악하고, 삶의 질을 향상시킬 수 있는 프로그램을 활용하는 것이 필요하다.

표 8-6 아동을 위한 자원봉사활동 프로그램

구분	체계	분야별	프로그램
직접적 자원 봉사	심리적 지지	상담	• 또래상담 • 가족과의 상담 • 문제행동아동 상담지도 • 전화상담 • 학교부적응아동 상담지도
		결연, 지도	• 한부모가정 아동지도 • 요보호아동결연 • 실직가정아동 심리·정서지도
	사회성 증진	교육 지원	• 어린이 공부방 학습지도 • 학습부진아지도 • 어린이 교육프로그램지도(한글, 영어, 한자 등) • 어린이 컴퓨터지도 • 아동자원봉사자를 위한 교육
		여가선용 지도	• 취미교육(미술, 음악, 종이접기, 무용 등) • 캠프활동 보조 • 독서지도 • 레크리에이션지도 • 전통문화 놀이지도(사물, 탈춤, 판소리, 서예 등)
		사회활동 지원	• 동반외출 • 농촌활동지도
	생활 안정	보호 활동	• 방과후 아동보호지도 • 일일 위탁부모 • 탁아시설아동 돌보기 • 영·유아 보호시설아동 돌보기
간접적 자원 봉사	시설 지원	업무 보조	• 아동단체시설 업무 보조 • 아동숙박시설(수련원) 업무 보조
		초청 및 방문	• 사회복지시설 방문봉사
	사회 환경 조성	조사활동	• 유해 문화환경 조사 감시 • 위험장소 검사
		정보 제공	• 자원봉사활동 정보지도 제작 • 아동을 위한 지역사회 신문 제작
		캠페인	• 가출아동공동체 건립 운영을 위한 바자회 • 소년소녀가장을 위한 음악회

구분	체계	분야별	프로그램
			• 낙도에 도서·놀잇감 보내기 캠페인 • 결식아동을 위한 사랑의 빵 나누기 모금 • 저소득가정 아동의 교육비 지원을 위한 물품기증 바자회 • 소년소녀가장 돕기 캠페인 • 아동학대 예방 및 신고 캠페인 • 심장병 어린이 수술비 모금을 위한 편지 쓰기

제 9 장

청소년 자원봉사활동

청소년기는 질풍노도의 시기로 자아정체감의 위기를 경험하고 있는 시기이지만, 학교생활로 인한 제한을 받기 때문에 폭넓은 봉사활동을 하는 데 다소 어려움이 뒤따른다. 그러나 청소년들의 자원봉사활동은 개인적·교육적·사회적 측면에서 다차원적으로 청소년의 성장에 긍정적인 기능을 하기 때문에 청소년의 성장과 발달에 자원봉사활동의 필요성이 강조되고 있다.

이 장에서는 청소년 자원봉사활동을 파악하기 위해서 청소년의 다양한 특성을 이해하고, 그에 따른 청소년 자원봉사활동의 필요성을 개인적·교육적·사회적 측면에서 파악하려고 한다. 또한 청소년 자원봉사활동의 자세와 유의사항, 청소년을 위한 자원봉사활동 프로그램과 활동유형 및 대상기관에 대해 살펴본다.

1 청소년의 이해

청소년기는 인생에서 단순히 스쳐가는 하나의 과정이 아니라 독특한 요구와 도전을 함축하는 시기이기 때문에 특별한 관심과 지원을 필요로 한다. 특히 가정기능의 약화, 지역사회의 해체와 기능 상실, 입시 위주의 학교교육 등 청소년을 둘러싼 열악한 환경들은 각종 청소년 부적응문제를 야기하고 있으며, 무엇보다도 일련의 경제위기는 진학이나 사회진출을 앞둔 청소년에게 심리적·사회적 어려움을 가중시키는 결과를 초래하고 있다.

청소년 관련법에 의한 청소년[1]의 나이가 다소 차이는 있지만 일반적으로 청소년 시기는 각자의 인생에서 그 어떤 시기보다도 급격하고도 다양한 발전과정에 있을 뿐 아니라 사회적으로 부여되는 역할이나 책임의 가중으로 인하여 이중의 어려움을 겪는 시기이다. 또한 이 시기의 청소년들은 건전하고 밝은 심성으로 바람직하게 자랄 수 있는 가능성과 잘못 성장할 수 있는 가능성의 양면성을 동시에 지니고 있다. 따라서 청소년의 하루하루 경험은 인격형성과 인생관의 확립에 중요하게 작용한다고 할 수 있다. 그런데 청소년이 이러한 과정을 혼자서 극복해 나가는 데 많은 어려움이 따르며, 심지어는 인생을 좌우할 중요한 위기에 직면하기도 하기 때문에 이 시기를 잘 이겨나가게 하기 위해서는 성인들의 도움이 절실히 필요하다. 또한 앞으로 다가올 사회를 운영할 세대인 청소년들이 미래사회의 주체로서 충분한 역량을 함양해 나갈 수 있도록 육성해야 한다. 다원화, 다변화는 정보화사회에서 청소년들이 우수한 능력과 정확한 판단으로 미래사회를 주체적으로 형성하고 활동해 갈 수 있도록 하기 위해서는 우선 청소년들의 삶의 조건을 개선하여 이들이 다양한 문화와 가치를 접하며 섭취할 수 있도록 해야 할 것이다. 그중에서도 상호이해와 호혜성에 근거하여 세대 간, 세대 내에서 서로 지원해 가는 자원봉사활동은 마음이 풍요한 사회를 창출해 냄과 동시에 아동 및 청소년의 성장에도 매우 중요한 의의를 가질 뿐 아니라 미래의 문화 창조에도 크게 기여하는 원동력이 될 것이다(류기형 외, 2006 재인용).

1) 청소년복지지원법, 청소년활동지원법, 학교밖 청소년지원에 관한 법률 등에서 규정하고 있는 청소년은 청소년기본법에서 정의하고 있는 청소년과 동일하나 청소년보호법에서 정의하고 있는 청소년은 만 19세 미만인 자이다.

2 청소년의 특성

급격하고 다양한 발달과정에 있는 청소년 시기를 잘 이겨 나가기 위해서는 가족과 지역사회 어른들의 도움이 절실히 필요한데, 이들을 제대로 돕기 위해서는 무엇보다 청소년기의 특성에 대한 올바른 이해가 우선되어야 한다.

1) 자아정체성 확립의 위기

청소년기에 이르면 가정과 학교 및 사회를 중심으로 한 환경 속에서 자신의 참모습을 찾으려는 위기를 겪게 되며, 인간은 이러한 과정을 경험하면서 자아정체성을 확립해 나간다. 따라서 이 시기는 인생에서 그 어느 시기보다 가정, 학교, 사회의 이해와 사랑 그리고 지원을 필요로 한다. 특히 이 시기에 가정은 가장 중요한 지지체이다(이팔환 · 백남덕, 2000).

2) 생리 · 신체적으로 급격히 성장

청소년기에는 신체적으로 급격한 성장이 이루어지는데, 특히 성적인 성숙과 성의식의 변화현상이 두드러지게 나타난다. 대부분의 청소년은 자신의 신체적 변화, 특히 성적 변화에 대해 어떻게 적응해야 할지 몰라서 당황하고, 성적인 발달에의 수치심과 불안을 느끼기도 한다(오효근, 2006).

3) 독립적이고 통합된 인격체

청소년기는 단지 과도기로서의 의미만 갖는 것이 아니라 가족으로부터 독립하고 동성과 이성의 친구를 선택하고 진로를 정하는 등의 다양한 발달과업을 수행하는 시기이다. 이러한 발달과업의 성공적인 이행 여부는 청소년을 둘러싼 환경에 의해 크게 좌우되기 때문에 청소년기는 타 세대에 비해 외적 자원이 더 절실하게 필요하다(오효근, 2006).

한편 청소년이 빈곤, 장애, 비행 등 어떠한 조건하에 있어도 차별 없이 독립적인 인격체인 동시에 존중되어야 할 사회구성원으로 인정해주어야 한다. 즉, 청소년은 성인과 동등한 인간으로서의 권리를 가진 평등한 존재로서 존엄성이 유지될 수 있어야 하며, 개별적이고 다양한 요구를 지닌 다면적 · 전체적인 존재로서 인식되어야 한다(류기형 외, 1999).

4) 성장과정

청소년은 신체적 · 인지적 · 정서적 · 사회적으로 변화하며 성장하는 과정 속에 있다. 특히 청소년은 현실감이 희박하고 사회적 성숙도가 낮기 때문에 청소년들이 일으키는 실수나 문제는 이 시기가 성장하는 과정 속에 있다는 사실을 감안해서 비난이나 질타가 아니라 보호와 지지를 해주어야 한다(오효근, 2006).

5) 반항성

청소년 시기는 반항이 심하며, 성인의 행동과 가치관, 규범, 질서에 대하여 반박하기 쉽고, 이들의 불합리성을 지적하면서 자신의 이상이나 사고를 절대화하려는 양상을 보인다. 따라서 사회의 관습이나 도덕, 규범, 질서 등에 대해서도 반항과 회의 · 비판을 하고, 개인적 주관이 돌발적인 행동으로 표출되어 사회나 가정에 물의를 일으키는 경우도 있다.

3 청소년 자원봉사활동의 필요성

청소년들은 학교생활을 통해서 제한을 받기 때문에 폭넓은 봉사활동을 하는데 다소 어려움이 뒤따른다. 그럼에도 불구하고 자원봉사활동을 권장하는 것은 자원봉사가 많은 것을 체험적으로 알 수 있는 기회를 제공하기 때문이다. 봉사학습이란 말도 여기에서 기인하는데 다음과 같은 이유에서 자원봉사활동은 그 필요성이 있다(한국청소년진흥센터 www.kysc.or.kr).

1) 개인적 필요성

(1) 인간 존중 정신과 태도 형성

봉사활동은 청소년들로 하여금 건전한 인격 형성을 도모할 수 있도록 도움을 주며, 아울러 청소년들에게 자기 존재의 의미와 자기존중감을 깨닫게 해 준다. 또한 인간의 존엄성과 가치를 인식하게 하며 사회화를 돕는 계기가 된다.

(2) 사회성 개발

봉사활동을 하는 동안 청소년들이 다른 사람과 협력하며 원만한 인간관계를 유지하게 함으로써 사회성을 기르고 자아를 실현하게 된다.

(3) 자신감과 지도력 형성

봉사활동은 청소년들로 하여금 자신감을 가질 수 있도록 해주며, 잠재적인 지도력을 개발할 수 있는 계기가 된다. 봉사활동을 하는 동안 자기를 표현할 기회를 갖게 되어 자신감이 생기며, 다른 사람들과 집단적으로 협동하여 함께 일하는 가운데 자기도 모르는 사이에 잠재적인 지도력을 발휘하게 된다.

(4) 공동체의식 함양

청소년들이 봉사활동을 통해 다른 사람들을 도우면서 함께 살아가는 공동체 의식을 기를 수 있다. 봉사활동은 자기중심적이고 이기적인 태도를 극복해 구성원들이 서로 돕고 살아가는 사회를 이룩하려는 공동체의식을 길러준다. 또한 가치 있는 삶을 직접 체험하면서 그 의미를 깨닫고, 실천과정에서 기쁨과 보람을 느끼게 하며, 이상적인 지역공동체 건설에 대한 기초를 마련해 준다.

(5) 민주시민으로서의 책임감 형성

봉사활동은 청소년들에게 바람직한 민주시민의 자질을 함양시켜 준다. 봉사활동에 적극적으로 참여함으로써 학생들은 자발성, 협동정신, 책임감과 같은 민주시민으로서의 자질을 함양하게 된다. 또 지역사회를 올바르게 이해하고 불건전한 일탈 행동을 예방한다.

(6) 보람 있는 여가 생활

청소년들은 봉사활동을 하면서 의미 있는 여가 시간을 보낼 수 있다. 청소년들은 자기 취미에 맞는 봉사활동을 하면서 여가를 보냄으로써 보람을 찾을 수 있을 뿐만 아니라, 탈선이나 비행도 예방할 수 있다. 그리고 신체적·정신적·정서적 건강을 지닌 전인적 인간으로 성장할 수 있도록 도움을 준다.

(7) 진로 선택에 도움

봉사활동은 청소년들에게 자신의 적성을 발견할 수 있는 기회를 제공해 주며,

새로운 기술을 학습할 수 있게 하고, 이미 습득한 기술은 더욱 발전시킬 수 있도록 해준다. 자기가 좋아하는 활동 터전에서 여러 가지 활동을 경험하는 동안 학교에서는 배우지 못했던 사회를 경험하게 되고 다양한 직업을 탐색할 수 있는 기회를 갖게 된다. 이러한 다양한 직업 탐색은 장래 자기 직업에 대한 이해를 돕게 된다. 이렇게 함으로써 봉사활동은 청소년들의 장래 진로 선택에 도움을 준다.

2) 교육적 필요성

(1) 학습의 일환

청소년 봉사활동은 완전히 자발적인 봉사활동이라기보다는 교육적 목적을 가지고 지도·안내되고, 조정·평가되는 활동이다. 그러므로 청소년들이 하는 봉사활동은 그 활동이 가져오는 결과 자체보다는 활동의 과정에서 청소년 스스로가 배우게 되는 교육적 결과가 더 큰 의미를 갖는다. 따라서 청소년 자원봉사활동은 봉사학습(service learning)의 개념으로 접근하는 것이 적절하다. 이 점이 성인봉사활동과 청소년봉사활동이 갖는 차이점이다.

(2) 교육의 장 확대

청소년들은 봉사활동을 통해 지역사회에 대한 이해를 넓힐 수 있다. 지역사회에서의 다양한 봉사활동은 학생들이 학교에서 배운 것을 보충하고 심화시킬 수 있게 해 준다. 즉, 봉사활동을 통해 교육의 장을 학교뿐만 아니라 지역사회에까지 확대하는 효과를 얻을 수 있다.

(3) 체험을 통한 폭넓은 성인생활의 준비

학교에서의 교육은 이론 중심적이고 제한적인 내용으로 이루어진다. 그러나 학교교육과는 달리 봉사활동은 체험을 통한 교육으로 청소년들이 성인생활을 준비하는 데 도움을 준다.

(4) 학교와 지역사회의 유기적 관계형성 증진

봉사활동을 통해 학교와 지역사회와의 관계를 증진시킬 수 있기 때문에 학교가 지역사회로부터 고립되지 않고, 서로 협력하고 교류할 수 있는 유기적인 관계를 형성할 수 있다.

3) 사회적 필요성

(1) 자발적인 사회참여와 문제해결 풍토 조성

지역사회의 문제를 정부나 공공기관에 의지하여 해결하려는 태도를 극복하고, 청소년들이 스스로 나서서 해결하려는 풍토를 조성하게 될 것이다. 지역사회에 어려운 사람이 있으면 자발적으로 돕고, 지역사회의 환경을 개선시켜 나가는 등 지역사회문제를 지역사회 청소년 스스로 해결해 나가려는 자발적인 참여 풍토가 조성될 것이다.

(2) 미래의 자원봉사자 육성

청소년들이 봉사활동지도를 받음으로써 장차 지역사회의 문제를 담당할 인적 자원으로 성장하게 될 것이며, 장차 지역사회에서 활발하게 봉사활동을 펼치게 될 것이다. 따라서 지역사회에서는 미래의 자원봉사자를 기른다는 거시적 안목에서 가능한 한 학생들의 봉사활동을 적극적으로 도와주어야 한다.

4 청소년 자원봉사활동의 자세와 유의사항

1) 바람직한 자세

① 봉사활동을 쉽게 생각하고 시작했다가 힘들고 어렵거나 혹은 나에게 필요하지 않다고 하여 쉽게 그만두는 일이 있어서는 안 된다. 어떠한 일이 있더라도 자기가 맡은 일은 끝까지 책임을 다하여 수행하여야 한다.

② 항상 기쁜 마음과 겸손한 태도 그리고 공손한 언어로 봉사활동에 임해야 하며 상대방의 입장을 존중하고 이해하여야 한다.

③ 봉사활동을 할 때에는 자신의 편견이나 아집을 버려야 한다. 자기가 하는 활동은 자기만이 할 수 있고, 다른 사람들은 할 수 없다는 생각을 해서는 안 된다.

④ 다른 자원봉사자들을 인격적으로 존중하고 관심을 가지며, 서로 이해하려는 마음을 가져야 한다.

⑤ 활동터전에서 하는 주요 업무를 이해하고 조금이라도 도움을 주려는 적극적인 자세로 책임감을 가지고 최선을 다한다는 마음으로 임해야 한다.

⑥ 봉사활동을 하는 동안 봉사에 대한 참된 의미를 되새기면서 인간을 존중하고 사랑하는 마음을 가지고 활동에 참여해야 한다.

⑦ 봉사활동을 하면서 시간 약속을 잘 지켜야 하는 것은 물론 자기가 하는 일에 대한 대가를 바라는 마음을 가져서는 안 된다.

⑧ 봉사활동을 한다고 해서 학교공부를 소홀히 한다든가 집안일을 거들지 않아도 된다는 생각을 하지 말고 학교공부도 더욱 열심히 하고 집안일도 열심히 도와드려야 한다.

2) 유의사항

① 봉사활동을 하기 전에 부모님에게 봉사활동 내용, 시간, 장소 등을 미리 말씀드려야 한다.

② 만약 봉사활동 약속을 지키지 못할 경우에는 봉사활동 터전에 미리 알려주어야 한다.

③ 봉사활동 기관에서 자원봉사자를 위해 교육을 하거나 모임을 가지면 적극적으로 참여해야 한다.

④ 봉사활동 장소에 갈 때에는 될 수 있으면 걸어가거나 대중교통을 이용하며, 봉사활동 복장은 학생의 신분에서 벗어나지 않는 단정하고 간편하며 활동하기 편한 차림을 해야 한다.

⑤ 봉사활동 장소에 도착하면 봉사활동기관에 알리고 기관의 지시를 받아 봉사활동을 시작해야 하며, 봉사활동 담당자와 약속하지 않은 봉사활동을 해서는 안 된다.

⑥ 봉사활동 중에 사고가 난다든가 위험한 일이 발생했을 경우에는 활동 터전 담당 선생님이나 봉사활동지도자에게 즉시 신고한다. 또한 봉사활동을 하면서 어려운 점이나 궁금한 점이 있으면 봉사활동 담당지도교사와 상담한다.

⑦ 봉사활동을 하면서 알게 된 업무의 내용이나 기타 사항에 대해서 이야기하고 다니면 안 된다.

⑧ 봉사활동 장소를 깨끗이 사용하고 공공시설을 아껴야 한다.

⑨ 봉사활동 대상 및 장소에 따른 주의사항을 숙지한다. 즉, 시설아동을 위한 봉사활동을 하는 경우에는 시설아동에 대한 선입견을 버려야 하며, 병원에서 봉사활동을 할 경우에는 환자들의 안정을 생각해야 한다.

⑩ 자기가 원하지 않은 일을 맡는다고 해서 기분 나빠 하거나 감정을 표현해

서는 안 된다.

⑪ 봉사활동을 마친 후에는 기관에 알리고 조용히 마무리한 후, 반드시 봉사활동일지에 기록하고 지도교사에게 확인을 받아야 한다.

5 청소년 자원봉사 프로그램

1) 청소년 대상 자원봉사활동 프로그램

청소년을 위한 자원봉사활동 프로그램은 그 범위가 매우 넓고 다양하나, 여기서는 직접적 자원봉사와 간접적 자원봉사로 나누어 살펴본다(표 9-1 참조).

표 9-1 청소년을 위한 자원봉사활동 프로그램

구분	분야별	프로그램
직접적 자원봉사	상담	• 청소년상담(전화, 면접, 인터넷) • 학교상담 자원봉사 • 비행청소년 상담(법무부, 검찰청 관련)
	결연	• 소년소녀가장, 결손가정, 시설청소년, 비행청소년 개별 결연
	교육지원	• 기능교실지원 • 방과후 학습지도 • 청소년 자원봉사자를 위한 교육
	여가선용지도	• 음악, 그림, 문학, 연극, 캠프 지도, 전통놀이지도
	사회활동 지원	• 산업 시찰 및 역사 탐방 • 직업 알선 및 사회적응 훈련
	보호활동	• 가출 청소년 일시보호(쉼터) • 민간가정 위탁

구분	분야별	프로그램
	취업지원서비스	• 청소년들의 직업훈련 • 직업 알선 및 사회적응 훈련
	생활 및 가사지원서비스	• 결식 청소년 무료급식 • 불우 청소년 도시락 및 밑반찬 전달 • 식사준비 및 취사 • 세탁, 생필품 구입, 시장 보기 등
간접적 자원봉사	업무 보조	• 시설환경 정리 및 행정업무 보조 • 차량 지원
	시설 장비	• 청소년수련원 주차시설 정비 • 보일러, 수도, 놀이터 등 각종 시설 및 장비 정비 • 청소년수련관 자연학습장 만들기
	조사활동	• 청소년 유해 문화환경조사 감시 • 위험장소 검사
	정보 제공	• 청소년 욕구조사 등 사회조사 • 청소년 신문 제작
	캠페인	• 근로 청소년을 위한 음악회 개최 • 청소년 유해환경 단속 및 계몽 • 불우 청소년 장학금 모금을 위한 활동 • 청소년을 위한 금연, 약물남용 방지 캠페인

2) 청소년 자원봉사활동 유형

청소년을 위한 자원봉사의 범위가 넓어지고 다양해지면서 단순히 사회복지 시설 등에서 불우한 이웃을 돕는 정도의 차원을 넘어 다양한 지역사회 참여활동과 국제적인 봉사활동까지 광범위한 영역에서 다양하게 이루어지고 있는데, 그 유형 및 종류를 살펴보면 표 9-2 및 표 9-3과 같다.

표 9-2 청소년 자원봉사활동의 유형

유형	내용
일손돕기 활동	일손이 모자라는 복지시설, 공공기관, 병원, 농어촌 등을 찾아가서 실질적인 도움을 주기 위한 활동(복지시설 일손 돕기, 공공시설 일손 돕기, 병원 일손 돕기, 농어촌 일손 돕기, 학교 내 일손 돕기 등)
위문활동	외롭고 힘들게 살아가는 사람들을 위로·위문하는 활동(보육원 위문, 양로원 위문, 장애인 위문, 병약자 위문, 부대 위문 등)
캠페인활동	잘 모르거나 잘못 알고 있는 사람들을 계도하고 계몽하기 위한 활동(공공질서 확립 캠페인, 교통안전 캠페인, 학교 주변 정화 캠페인, 환경 보전 캠페인 등)
자선구호 활동	병자, 노약자, 빈민, 고아, 난민 등을 구제하기 위한 활동(재해 구호, 불우 이웃 돕기, 국제협력과 난민구호 등)
환경·시설 보존활동	자연환경과 동식물을 보호하고, 주변 환경이나 시설들을 깨끗하게 유지·보호하기 위한 활동(깨끗한 환경 만들기, 자연 보호, 문화재 보호 등)
지도활동	학생들이나 일반인들에게 교과, 운동, 문화, 레크리에이션 등을 지도하는 활동(동급생지도, 하급생지도, 사회복지 아동지도, 교통안전지도 등)
지역사회 개발활동	지역 실태조사나 지역문화 프로그램 개발 등 지역사회 개발을 하기 위한 활동(지역사회 조사, 지역사회 가꾸기, 지역사회 정보화 등)
기타활동	위 7가지의 큰 영역으로 분류하기 어려운 봉사활동

출처: 한국청소년진흥센터(http://www.kysc.or.kr).

표 9-3 청소년 자원봉사활동의 종류

유형	자원봉사활동거리
이웃돕기활동	빈곤가정 탁아봉사, 복지시설 위문활동, 독거노인 보살피기
구조·구호활동	인명구조 지원, 수해복구활동, 성금, 성품 모금
업무지원 활동	관공서 및 기타기관, 병원 일손 돕기
계몽·지도활동	각종 캠페인, 홍보활동, 지도활동
전통문화 보전활동	문화유적지 관리, 경로사상 계승
교류·협력활동	지역 간 교류·협력, 도시 농촌 간 교류·협력, 국제교류·협력

출처: 강서구자원봉사센터(http://www.gangseovc.or.kr).

3) 청소년 자원봉사활동 대상기관

청소년들에게 봉사활동의 기회를 제공해 주는 일정한 형태의 조직과 인력 및 설비를 갖추고 있는 시설과 기관 등 지역사회 자원봉사활동 대상기관을 살펴보면 표 9-4와 같다.

표 9-4 청소년 자원봉사활동의 대상기관

구분	대상기관
공공기관 및 시설	지방자치단체, 경찰서, 동사무소, 등기소, 소방서, 우체국, 파출소, 보건소, 적십자사, 도서관, 공설운동장 등
문화, 예술시설	고궁, 왕릉, 박물관, 미술관, 문화회관, 시·군·구민회관 등
묘지, 묘원	국립묘지, 묘원 등
체육, 관광시설	국립공원, 근린공원, 관광지, 유원지, 놀이터, 공공 체육시설, 시민·체육공원 등
사회복지시설 및 단체	노인정, 노인대학, 양로원, 보육원, 부녀회, 사회복지관, 사회봉사단체, 재활원, 장애인시설, 종합병원 등
청소년시설, 단체	청소년수련원, 수련관, 공부방, 근로청소년회관
지역사회	거리, 하천, 도로, 산림, 시설물, 마을 놀이터, 횡단보도
종교, 사회단체	교회, 성당, 사찰, 종교기념관
기업체	일반 기업체
기타 장소	농어촌, 아파트, 자원재활용 처리소 등

출처: 한국청소년진흥센터(http://www.kysc.or.kr) 재구성.

제 10 장

장애인 자원봉사활동

장애인들은 일상생활에서 일부 또는 전적으로 타인의 도움을 필요로 한다. 장애인들은 이동권에 있어서 제한되어 있고, 편의시설도 잘 마련되어 있지 않아 생활에 많은 제약이 뒤따르고, 대부분 교육 수준이 낮고 취업률이 낮아 경제적으로도 열악한 상태이다. 이러한 장애인들의 생활 여건 및 기능의 향상을 위한 제도적인 변화와 함께 그들이 사회에서 잘 적응할 수 있도록 조력하고 지속적인 관심을 갖는 것이 매우 필요하다. 장애인에 대한 자원봉사활동은 이런 점에서 큰 의미를 갖는다. 장애인을 위한 자원봉사자는 진정한 친구 및 치료·교육 등 재활을 위한 조력자 그리고 장애인 문제에 대한 지역사회 관심 및 해결을 촉구하는 대변자로서 역할을 할 수 있다.

이 장에서는 장애인 대상 자원봉사활동을 파악하기 위해서, 장애인에 대한 이해와 장애인을 위한 자원봉사활동의 필요성을 기반으로 장애인들이 바라는 자원봉사자상, 장애인을 위한 자원봉사자의 역할과 유의사항, 장애인 자원봉사활동 프로그램에 대해 살펴본다.

1 장애인의 이해

1) 장애인의 정의와 분류

장애는 보는 관점에 따라 매우 다양하게 정의될 수 있다. 세계보건기구(WHO, 1980)에서는 장애를 ① 신체 손상(impairment: 신체구조학적, 해부학적 기능 및 심리적인 구조나 기능의 일부를 상실한 상태), ② 능력장애(disability: 기능 제약으로 인하여 나타나는 능력장애), ③ 사회적 불리(social handicap: 손상이나 능력장애로 인하여 일상생활이나 사회생활을 하는데 제한을 받거나 지장을 초래하는 상태)의 세 가지 차원으로 제시하였다. 이후 이러한 장애개념이 더욱 확대됨에 따라 새로운 분류기준인 ICF(International Classification of Functioning, disability and health, 2001)에서는 장애를 기능과 장애(신체기능·구조와 활동·참여) 및 배경요인(환경요인, 개인요인)의 두 가지 영역으로 구분하여 정의하였다.

우리나라는 장애인복지법 제2조(장애인의 정의 등)에서 장애인이란 '신체적·정신적 장애로 오랫동안 일상생활이나 사회생활에서 상당한 제약을 받는 자'를 말한다. 이 법에 따른 신체적 장애란 '주요 외부 신체 기능의 장애, 내부기관의 장애 등'을 말하며, 정신적 장애란 '발달장애(지적장애와 자폐성장애) 또는 정신질환으로 발생하는 장애'를 말한다. 이들 장애의 내용을 자세히 분류하면 표 10-1과 같다.

표 10-1 장애의 분류

대분류	중분류	소분류	세분류
신체적 장애	외부 신체 기능의 장애	지체장애	절단장애, 관절장애, 지체기능장애, 변형 등의 장애
		뇌병변장애	중추신경의 손상으로 인한 복합적인 장애
		시각장애	시력장애, 시야결손장애
		청각장애	청력장애, 평형기능장애
		언어장애	언어장애, 음성장애, 구어장애
		안면장애	안면부의 추상, 함몰, 비후 등 변형으로 인한 장애
	내부기관의 장애	신장장애	투석치료중이거나 신장을 이식받은 경우
		심장장애	일상생활이 상당히 제한되는 심장기능 이상이나 심장을 이식받은 경우
		간장애	일상생활이 상당히 제한되는 만성간질환이나 간 이식을 받은 경우

대분류	중분류	소분류	세분류
		호흡기장애	일상생활이 상당히 제한되는 호흡기관의 만성적 기능 부전
		장루·요루 장애	일상생활이 상당히 제한되는 장루·요루장애
		뇌전증 장애	일상생활이 상당히 제한받는 뇌신경세포의 장애
정신적 장애	지적장애		지능지수가 70 이하인 경우
	정신장애		정신분열병, 분열형정동장애, 양극성정동장애, 반복성우울장애
	자폐성장애		일상생활이 제한되는 자폐성장애

출처: 신기원 외(2017).

2) 장애유형별 특성

(1) 신체적 장애

신체적 장애 중 먼저 외부신체기능의 장애를 보면 첫째, 지체장애는 사람의 몸 중에서 골격, 근육, 신경 중 어느 하나의 일부나 전체에 질병이나 외상 등으로 운동장애, 감각장애 등의 증상이 나타나게 되는 경우를 말한다. 둘째, 뇌병변장애란 뇌성마비, 외상성 뇌손상, 뇌졸중(腦卒中) 등 뇌의 기질적 병변으로 인하여 발생한 신체적 장애로 보행이나 일상생활의 동작 등에 상당한 제약을 받는 경우를 말한다.[1] 셋째, 시각장애란 시기능의 현저한 저하 또는 소실에 의해 일상생활 또는 사회생활에 제약이 있는 경우를 말하는 것으로 시력감퇴에 의한 시력장애와 시야결손에 의한 시야결손장애로 구분한다. 넷째, 청각장애는 청력장애와 평형기능장애로 구분된다. 청력장애란 한 귀나 두 귀의 청력을 전부 또는 일정 데시벨(db) 이상 잃은 것이며, 평형기능장애란 청력기능의 손상으로 신

1) 뇌병변장애는 지체장애에서 1999년 분리되었다.

체의 평형기능에 장애가 있어 생활에 불편이 따르는 경우를 말한다. 다섯째, 언어장애란 음성기능이나 언어기능에 영속적으로 상당한 장애가 있는 경우로 선천적 혹은 후천적 원인으로 의사소통과정에 문제가 생겨 언어습득 및 발달에 지장을 초래한 경우를 말한다. 여섯째, 안면장애는 안면부위의 변형이나 기형으로 사회생활에 상당한 제약을 받는 경우를 말한다.

한편 내부기관의 장애로 첫째, 신장장애는 신장의 기능부전으로 인하여 혈액투석이나 복막투석을 지속적으로 받아야 하거나, 신장기능의 영속적인 장애로 인하여 일상생활에 상당한 제약을 받는 경우를 말한다. 둘째, 심장장애란 심장의 기능부전으로 인한 호흡곤란 등의 장애로 일상생활에 상당한 제약을 받는 경우를 말한다. 셋째, 간장애는 간의 만성적 기능부전과 그에 따른 합병증 등으로 인한 간기능의 장애로 일상생활에 상당한 제약을 받는 경우를 말한다. 넷째, 호흡기장애란 폐나 기관지 등 호흡기관의 만성적 기능부전으로 인한 호흡기능의 장애로 일상생활에 상당한 제약을 받는 경우를 말한다. 다섯째, 장루·요루장애는 배변기능이나 배뇨기능의 장애로 인하여 장루(腸瘻) 또는 요루(尿瘻)를 시술하여 일상생활에 상당한 제약을 받는 경우를 말한다. 여섯째, 뇌전증장애는 뇌전증에 의한 뇌신경세포의 장애로 인하여 일상생활이나 사회생활에 상당한 제약을 받아 다른 사람의 도움이 필요한 경우를 말한다.

(2) 정신적 장애

정신적 장애 중 첫째, 지적 장애란 정신발육이 항구적으로 지체되어 지적 능력의 발달이 불충분하거나 불완전하고 자신의 일을 처리하는 것과 사회생활에 적응하는 것이 상당히 곤란한 경우로, 지능지수가 70 이하인 경우를 말한다. 지적장애인은 동기유발 부족, 의존적인 경향, 부정적 자아개념, 말과 언어의 지체, 주의집중력 및 단기기억력 부족, 적응능력의 부족 등의 특성을 갖는다. 둘째, 정신장애는 지속적인 양극성 정동장애(情動障碍: 여러 현실 상황에서 부적절한 정서반응을 보이는 장애), 조현병[2], 조현정동장애 및 재발성 우울장애에 따른 감정조절·행동·사고기능 및 능력의 장애로 인하여 일상생활이나 사회생활에 상당한 제약을 받아 다른 사람의 도움이 필요한 경우를 말한다. 셋째, 자폐성장애는 소아기 자폐증, 비전형적 자폐증에 따른 언어·신체표현·자기조절·사회적응 기능 및 능력의 장애로 인하여 일상생활이나 사회생활에 상당한 제약을 받아 다른 사람의 도움이 필요한 경우를 말한다. 자폐성장애는 발달의 전 영역에 걸쳐서 장애가 일어나는 질환으로, 첫째, 대인관계의 형성이 일어나지 않으며, 둘째, 언어의 발달이 일어나지 않거나 발달의 심각한 지연이 있으며, 셋째, 상동증, 과잉운동증, 공격적인 행동, 자해적인 행동 등의 행동장애가 동반되는 특징이 있다.

2 장애인을 위한 자원봉사활동의 필요성

장애인은 여러 가지 문제로 일상생활이나 사회생활에 어려움을 겪고 있다. 특히 학교나 직장, 병원에 갈 때에도 혼자 다닐 수 없거나 교통을 이용한다는 것은 생각조차 할 수 없을 만큼 이동권이 제한되어 있고, 편의시설도 잘 마련되어 있지 않아 생활에 많은 제약이 뒤따른다. 3년마다 실시되는 장애인실태조사에 따르면 장애인의 사회활동은 증가하여 거의 매일 외출하는 비율도 증가하고 있지만, 이와 함께 교통수단 이용 시 어려움이 있다는 비율도 증가하여 이동권

2) 망상, 환청, 사고장애 및 기괴한 행동 등의 양성증상이나 사회적 위축과 같은 음성증상 또는 인격 변화가 있으며, 기능 및 능력 장애로 인하여 일상생활이나 사회생활을 해나가는데 제한이 있는 경우를 말한다.

확보를 위한 정책방안이 하루빨리 마련되어야 한다.

장애인들은 장애정도나 상황에 따라 일부 또는 전적으로 남의 도움을 받아야 생활할 수 있다. 이러한 어려움 외에도 장애인들은 대부분이 교육 수준이 낮고, 취업률이 낮아 경제적으로 열악한 상태에 있다. 이와 같은 여러 요인들로 인해서 장애인들은 건강, 생활 그리고 정서상 많은 문제와 불편을 갖게 되고, 그들의 기능도 또한 점차 저하된다. 따라서 장애인의 생활 여건 및 기능의 향상을 위한 제도적인 변화와 함께 그들이 사회에서 잘 적응할 수 있도록 조력하고 지속적인 관심을 갖는 것이 필요하다. 자원봉사자의 활동은 바로 이러한 측면에서 필요성이 강조되는 것이다(오효근, 2006). 이런 점에서 장애인을 위한 자원봉사활동은 결함, 무능력, 사회적 불리 등의 문제를 정상상태로 전환시키기 위해 재활, 정상화, 사회통합 등의 프로그램이나 서비스를 제공하는 데 참여하는 것을 의미한다.

하지만 우리나라는 아직까지 장애인에 대한 부정적인 정서가 여전히 남아있고, 물리적 장벽 또한 매우 높다고 할 수 있다. 장애의 원인으로 후천적 장애가 90%를 차지하고 있음에도 불구하고, 비장애인들은 아직도 본인은 장애로부터 자유롭다는 생각을 하고 있는 것이 일반적이다. 하지만 현대사회에는 산업재해, 각종 질병, 영양실조, 각종 사고 등 사회적인 위험요소가 우리 주위에 늘 산재해 있어 장애인의 문제는 더 이상 타인의 문제가 아니라 우리 자신의 문제가 될 수도 있다.

장애인에 대한 시각의 차이는 장애인을 대상으로 하는 자원봉사활동에 참여하다 보면 바뀌는 경우가 많다. 이런 저런 이유로 장애인들과 가까이서 서로를 느끼고 경험하다 보면 비장애인들이 막연히 가지고 있던 두려움과 장애인을 기피하던 사고에 변화가 생겨서 장애인들을 보다 잘 이해하고 도움을 제공할 수 있게 된다. 장애인은 신체적·정신적으로 다소 불편한 존재지 차별해야 할 대상이 아니다. 장애인복지법 제3조(기본이념)에서도 "장애인복지의 기본이념은 장애인의 완전한 사회 참여와 평등을 통해 사회통합을 이루는 데 있다"고 하여 장애인들도 비장애인과 똑같은 인격을 가진 존재이며, 사회구성원으로 서로 존중하고 더불어 살아가야 할 존재라는 것을 강조하고 있다. 장애인을 위한 자원봉사활동은 장애인의 완전한 사회 참여와 평등을 위한 사회통합에 필요한 활동이다.

3 장애인이 바라는 봉사자 상(像)

자원봉사자의 관점이 아닌 실질적인 주체인 장애인들이 바라는 봉사자 상을 제시하면 다음과 같다.

1) 「나」에게 관심을 갖는 사람

처음으로 장애인을 만나는 사람들은 우선 장애 자체에만 관심을 갖는다. 그래서 "얼마나 불편하냐?", "학교는 다녀보았느냐?"라는 질문을 하면서 동정어린 호기심을 나타낸다. 이는 사람에게는 관심이 없고 그가 입고 있는 옷에만 호기심을 나타내는 것과 다를 바 없는 태도이다. 모든 장애인들이 한결같이 '장애가 없는 사람과 똑같이 대해 달라'고 하는 것은 바로 이 점에 대한 안타까운 심정의 표현이다. 참된 만남이란 마음과 마음끼리의 교류이다. 장애인을 만나는 것은 '한 사람', 어느 누구와 비교될 수 없는 독특한 개성과 만나는 것이다.

2) 장애인에 대해 어느 정도 경험이 있는 사람

장애인들은 경험이 전혀 없는 봉사자를 꺼려 한다. 돕는 기술을 문제삼는 것이 아니다. 돕겠다는 마음이 있다면 요령은 단시간에 익힐 수 있다. 또 모르면 상대에게 물어본 후 요구에 따르면 된다. 그러나 문제는 장애인에 대한 낮은 인식, 편견과 무지로 인한 난처함 때문이다.

장애인을 별개의 사람으로 간주하는 사람, 배우지 못했거나 세상 물정이 어두우리라고 미리 판단해 버리는 사람, 장애인 본인의 뜻은 묻지도 않고 다짜고짜 도우려는 사람, 어린아이 취급하는 사람, 자선을 베푼다고 착각에 빠진 사람을 만나면, 도움을 받는 처지이기에 직접 자원봉사자에게 말할 수는 없지만 장애인들은 난처하고 곤란할 상황이 되는 것이다.

이 같은 초심자들을 만나게 되면 교감의 폭은 어쩔 수 없이 좁아지고 대화는 단조로워지며, 심지어 불안감마저 갖게 될 수 있다. 경험이 있는 봉사자는 장애를 대수롭지 않게 여기며 인격적인 사귐을 중시한다.

3) 너무 아는 척하지 않는 사람

장애인들이 꺼리는 사람들 중에는 경험이 많은 봉사자나 사회복지사, 장애 전문가들도 있을 수 있다. 이런 사람들의 풍부한 경험과 지식이 장애인을 부류화(部類化)하여 개인적인 사귐을 가로막곤 하기 때문이다. 개인에게 애정이 없는 지식이나 기술이 무슨 의미가 있는가? 또 장애를 극복하고 인간 승리의 주인공이 되어야 한다고 요구하는 태도, 자신이 겪은 장애인이 마치 모든 장애인의 심리를 대변하는 것처럼 경험을 늘어놓는 봉사자들도 꺼린다.

모든 사람은 서로가 다르다. 나름의 처지와 이유를 가지고 살고 있다. 사람은 누구나 개별적으로 이해되기 바라는 것이지 장애인과 비장애인, 뇌병변장애와 소아마비 등의 한두 가지 잣대로 분류되기를 원치 않는다. 장애인들은 봉사자와 친해지길 바란다. 친해진다는 것은 취향을 알고 평등한 느낌 속에서 함께 즐기는 일인 것이다.

4) 조급해하지 않는 사람

도와주는 일을 마치 숙제를 해치우려는 듯 서두르는 사람이 있다. 장애인이 진정으로 원하는 건 봉사자의 성한 몸이 아니라 서로 맞닿을 수 있는 마음이다. 마음의 교감을 위해서는 우선 편안한 시간적 여유가 필요하다. 만남의 목적보다 과정이 더 중요하다. 봉사자가 조급해하면 장애인 또한 같이 불안해진다.

"체중이 무거워 휠체어 밀기가 힘들다"라는 말은 농담이라도 미안함을 갖게 한다. 운전봉사자가 교통체증 때문에 짜증을 내면 위로할 말을 건네기조차 어려워진다.

휠체어 사고는 대부분 서두르는 봉사자가 저지르는 경우가 많다. 장애인들의 동작 속도는 비장애인들과는 다르다. 일상에서 누리는 속도감이 다르다. 특히 계단이나 턱을 넘을 때 조급해 하는 행동을 두려워한다. 또 용변을 볼 때나 식사를 할 때, 자동차에 타고 내릴 때나 휠체어에서 이동할 때는 나름의 안전감과 여유가 필요하다.

5) 다정하고 편안하게 해 주는 사람

장애인들은 도움을 받는 수동적인 입장이다 보니 자원봉사자 쪽에서 먼저 친숙하게 대해 주기를 바란다. 장애인 쪽에서 넉살 좋게 먼저 말을 걸고 이것저것 요구하기란 좀처럼 쉽지 않는 법이다. 그렇기에 장애인들은 돕는 기술이 뛰어난 봉사자보다 다정하고 편안하게 대해 주는 사람을 더 좋아한다. 자신을 존중해

주고 자상하게 물어봐 주는 사람이 다정한 사람이다. 편안함을 느끼는 때란 압도당하지 않고 자유로움을 누리는 상태이다.

처음 만났음에도 자신에게 호기심을 보이지 않는 무뚝뚝한 사람에게서 다정함을 느낄 수는 없다. 장애는 극복되어야 하는 것이라며 뛰어난 의지력을 촉구하는 엄격한 교사 같은 봉사자 앞에서 편안함을 누릴 수 없다. 또 도움을 주고 있다는 분위기를 너무 헤프게 드러낸다면 장애인인 자신은 초라한 약자(弱者)가 될 수밖에 없을 것이다(한벗재단, 2007).

4 장애인을 위한 자원봉사자의 역할과 유의사항

1) 자원봉사자의 역할과 자세

장애인을 위한 자원봉사자의 역할과 관련하여 첫째, 장애인에게는 진정한 친구가 필요한데, 자원봉사자의 가장 큰 역할은 친구로서의 역할이다.

둘째, 자원봉사자는 장애인의 재활 프로그램에 참여하여 전문가의 지시에 따라 치료를 돕거나 교사의 요청에 따라 학습을 도울 수 있으며, 자립훈련의 훈련자로서 활동하는 등 치료·교육 등 재활의 조력자 역할을 할 수 있다.

셋째, 자원봉사자는 장애인문제에 대하여 지역사회에 관심을 갖고 알리고 해결을 촉진하는 등 장애인의 대변자 역할을 할 수 있다.

한편 자원봉사자의 자세와 관련하여 첫째, 자원봉사자는 활동 중에 일어나는 다양한 장애인의 욕구를 모두 들어줄 수 없고 또 들어주어서도 곤란하다. 이때 자원봉사자는 장애인의 재활 및 자립생활구현이라는 명확한 기준에 입각하여 행동하여야 한다.

둘째, 아직도 많은 수의 자원봉사자들이 동정심을 동기로 하여 시혜자적 입장에서 봉사활동을 한다는 자세를 가지는 경우가 많은데, 자원봉사자 스스로 자원봉사활동을 통해서 배우고 있다는 자세를 견지하는 것이 필요하다. 즉, 장애인의 장애보다는 인간에 더 비중을 두는 시각이 필요하다.

셋째, 장애인을 천편일률적으로 파악하지 말고 장애인 각자가 독특한 개성을 가진 인격체라고 생각해야 한다. 즉, 개별화하여 각 장애인에게 요구되는 적절한 자원봉사활동을 하여야 한다.

넷째, 장애인을 위한 효과적인 봉사활동을 위해서는 새로운 정보를 획득하여 장애인에게 가장 유익한 원조를 하여야 한다. 따라서 자원봉사자들은 자발적으로 활동역량을 높여야 할 것이다.

2) 유의사항

(1) 첫 만남의 경우

장애인들은 '오늘 자신을 방문하는 자원봉사자는 어떤 분일까' 하는 호기심과 설렘을 동시에 가지게 된다. 낯선 자원봉사자를 기다리는 장애인들의 기대감은 비장애인들의 그것과는 사뭇 다르다. 봉사자를 기다리며 장애인들은 많은 기억과 생각들을 떠올리게 된다.

유익한 기회를 만들어 주었던 사람, 무뚝뚝해서 도움을 요청하기 힘들었던 사람, 친구처럼 다정하고 편안하게 느껴졌던 사람, 왠지 모르게 거북했던 사람, 유쾌하고 재미있어 헤어지기 싫었던 사람, 지나치게 도와주는 덕에 자신이 초라하게 느껴졌던 사람, 이처럼 장애인을 대하는 자원봉사자들의 태도와 능력은 사람마다 차이가 난다. 그에 반해 일방적으로 도움을 받아야 하는 처지에 있는 장애인들은 자원봉사자들에 대한 호기심과 체념이 뒤섞인 심정으로 첫 만남의 순간을 기다리게 된다.

이처럼 장애인과 자원봉사자의 첫 만남은 자원봉사활동의 전 과정에서도 매우 중요한 의미를 가지고 있다. 첫 만남 시에 자원봉사자들이 장애인을 마주치는 것이 장애인과의 봉사활동 시간 전 영역에 크게 작용을 하게 되므로 자원봉사자는 바람직한 태도와 자세를 준비하는 것이 바람직하다. 자원봉사대상자(장애인)를 만났을 때, 밝은 표정과 명랑한 인사, 먼저 손을 잡아 주며 반가움을 표시함으로써 첫인상을 밝고 좋게 할 수 있다. 자원봉사자는 대상자를 한 인격체로 존중하며, 지시적인 명령적 언어보다는 "어떻게 도와드려야 할지 잘 모릅니다"라며 자신을 솔직히 드러내고, "주저 말고 좀 가르쳐 주세요"라며 겸손하게 상대의 도움을 청한다. 또한 자원봉사자 자신의 직업과 나이, 가족사항이나 취미 등을 이야기하는 가운데 자연스럽게 서로 알아 가도록 한다. 대상자는 대부분 자신의 건강 상태와 자신에게 필요한 도움의 정도를 너무도 잘 알고 있기 마련이다. 그렇기에 자원봉사자는 사무적이거나 까다롭지 않은 어조로 대상자의 상태, 신체적 기능에 따른 도움 요령을 물어 보고, 대상자가 스스로 할 수 있는 동작과 하지 못하는 동작을 미리 알아서 어떻게 활동을 하는 것이 대상자에게 좋을지를 고려한다. 또한 자원봉사자의 유머와 부드러운 어투는 첫 대면에서 어색함과 도움을 받는 장애인의 위축감을 누그러뜨려 친밀감이 생기는 계기가 될 것이다. 이처럼 대상자와 함께 관심을 가질 수 있는 부담 없는 대화 소재를 찾아내는 것도 첫 만남을 잘 이끄는 방법이 된다. 하지만 대상자에 대한 지나친 공손은 오히려 거리감을, 지나친 보살핌은 무관심과 마찬가지로 자존심에 상처를 줄 수 있다는 사실을 자원봉사자는 상기할 필요가 있다.

(2) 자원봉사자와 외출할 경우

자원봉사자들은 장애인과 외출에 나서기에 앞서 반드시 체크하거나 준비하여야 할 몇 가지 일들이 있다. 장애인 쪽에서 먼저 요구하기 쑥스러운 사항이 있거나 혹은 장애인 본인이 잊어버리는 것들도 있을 수 있으므로 자원봉사자가 일일이 점검해 줄 필요가 있다.

만약 준비물을 사전에 제대로 준비하지 않았을 경우 또는 급한 상황에 처했을 경우 장애인은 물론 자원봉사자 역시 불편을 겪게 된다. 이러한 문제를 예방하기 위해서 자원봉사자는 장애인과의 약속 시간보다 조금 먼저 약속장소에 도착할 필요성이 있다. 준비물품 등은 장애의 특성과 장애인에 따라 다르므로 장애인에게 하나하나 물어 보면서 함께 준비하는 것이 좋다.

① 외출 목적에 대해 문의

외출 목적에 따라 갖추어야 할 별도의 준비물이 있고, 만나는 사람과 장소에 따라 의상, 헤어스타일, 화장(여성장애인의 경우) 등이 달라질 수 있으므로 반드시 외출 목적에 대하여 제일 먼저 알아보는 것이 중요하다.

② 외출 장소에 대해 문의

장애인이 외출하고자 하는 장소가 건물일 경우 계단이나 엘리베이터의 유무, 주차시설과 화장실 상태 등에 대해 파악해 둘 필요가 있다. 처음 방문하는 장소의 경우 가능하다면 자원봉사자가 미리 사전답사를 하는 것이 좋겠으나, 시간과 여건상 그렇지 못할 경우에는 외출 장소를 미리 인터넷이나 전화로 확인해 보는 것도 좋은 방법이다.

③ 소요시간 계산

이동 경로, 교통체증 정도, 볼 일 소요시간 등을 미리 계산해서 외출 중의 식사 여부, 용변 조절, 경비 등에 대해 계획을 세워두면 시간과 체력을 낭비하지 않을 수 있다.

④ 준비용품 점검

장애인 각 개인에 따라 준비해야 할 용품이 다를 수 있다. 지갑, 빨대, 장애인용 숟가락, 휴대용 소변용기, 안전벨트, 화장품, 방석, 식판, 끈, 우비, 여성용품, 휠체어 햇빛 가리개, 빗, 화장지, 손수건 등 여러 가지가 필요할 수 있으므로, 반드시 장애인 본인에게 물어보며 함께 체크해 볼 필요가 있다.

⑤ 휠체어 상태 점검

자원봉사대상자인 장애인이 휠체어를 사용한다면 휠체어 타이어의 공기압, 손잡이 덮개의 마모 상태, 주요 나사의 조임 상태, 브레이크 상태, 청결 상태, 무릎담요, 휠체어의 차량이동 가능 여부 등을 체크해 볼 필요가 있다.

⑥ 상비약 준비

정기적으로 복용하는 약이나 만약의 상황에 대비하여 구급약품 정도는 준비하는 것이 좋다. 또한 장애인의 부모나 친척 등의 연락처도 같이 알아두어 만일의 사고가 발생하였을 때 신속히 연락을 취할 수 있도록 한다.

⑦ 외모에 대한 배려

장애인은 외모에 대해 보다 많은 정성을 기울일 필요가 있다. 단정하고 개성이 드러날 수 있도록 배려하고, 외모의 지저분함으로 인해 사람들이 많은 곳에서 타인의 시선을 가능한 한 받지 않도록 준비한다. 옷매무새, 양말 착용 여부, 머리 손질, 신발 청결, 지퍼와 단추의 마무리, 화장 상태, 의상 선택 등을 미리 점검한다.

특히 장애인이 휠체어나 차에 옮겨 탈 때 머리가 헝클어지는 경우가 많다. 이 경우를 대비하여 빗을 미리 준비한다면 좋을 것이다.

(3) 여성 장애인과 외출할 경우

여성 장애인의 경우 남성 장애인보다 더욱 외모에 민감할 수 있으므로, 자원봉사자와 함께 세심하고 정성스런 준비를 할 필요가 있다. 자원봉사자가 같은 여성이라면 두말할 것 없지만 남성이라도 요령 있고 민망스럽지 않게 배려하여야 한다.

① 옷 선택

다리에 장애가 있는 여성이라고 해서 반드시 바지를 입어야 한다는 법이 없다. 옷은 실용성뿐만 아니라 미적(美的)·심리적 분위기를 대변하기 때문에 스커트나 치마를 입었을 경우, 도움을 주는 데 다소 어려움이 있을 수 있더라도 장애인 본인의 희망에 따라 선택할 수 있도록 배려할 필요가 있다.

또한 장애인의 의상은 남보다 뒤떨어지지 않도록 치장하는 데 함께 도와주는 것이 좋다. 특히 어리거나, 젊은 여성장애인들은 이러한 부분에 좀 더 예민하여 의상과 외모에 신경쓰는 경우가 많다. 겉모습으로 상대의 사회적 위치나 역할을 판단하기 쉬운 우리 사회의 통념에 비추어볼 때, 사치스럽지는 않더라도 유행에는 크게 뒤떨어지지 않아야 할 것이다. 물론 이러한 의상 때문에 장애인이 위축되지 않도록 본인의 의사를 최대한 반영하는 것이 중요하며, 필요시에는 자원봉사자의 적절한 조언을 곁들여 함께 준비하는 것이 바람직하다. 한편 사지마비 장애인의 경우 안을 때 너무 미끄럽지 않은 옷감을 선택하는 것이 필요하다.

② 옷 입기 도움

옷을 입는 방식은 개인의 습관이나 장애의 특성에 따라 다르다. 하지만 편마비 장애인의 경우 마비된 신체 부분부터 먼저 입는 것이 순서이다.

③ 옷매무새 다듬기

손을 자유롭게 쓰지 못하는 장애인의 경우에는 단추나 지퍼의 잠금에 어려움이 있을 수 있다. 또한 휠체어에 타고 내린 후나 자동차 승·하차 후 옷매무새가 흐트러지기 쉽다. 치마인 경우 단정하게 보이도록 주의를 기울인다. 목이 넓게 파인 원피스 종류의 의상을 입었을 경우 속옷이나 어깨끈 등이 밖으로 드러나지 않도록 관심을 갖추어 줄 필요가 있다. 또한 스타킹이 흘러내리지 않도록 신경을 써 준다.

이러한 옷매무새에 대한 자원봉사자의 관심은 친밀감을 조성하는 데 기여할 수 있으며, 특히 봉사자가 남성일 경우에는 상대방이 민망하지 않도록 신사적인 태도가 요구된다.

④ 화장

여성들은 대부분 화장을 많이 하며, 특히 자원봉사자가 남성일 경우 화장은 더욱 민감하고 까다로운 일이다. 화장을 도와주는 일은 각별한 친화감을 줄 것이다. 장애인이라고 해서 화장을 소홀히 하거나 거부할 이유는 없으며, 오히려 세련되고 센스 있는 화장이 요구된다. 특히 양손을 쓰지 못하는 장애인은 눈썹을 그리거나 립스틱 바르는 데 어려움이 있으므로, 이때에는 본인의 의사를 물어 보아 적절한 배려를 할 필요가 있다.

⑤ 신발과 양말 신기

자원봉사자들은 걷지 못하는 장애인에게 신발이 무슨 소용이 있을까 하는 의문을 가지기 쉬우나 그렇지 않다. 신발은 의상 갖추기의 일부분으로 빠뜨릴 수 없는 요소이다. 휠체어를 탄 장애인이 신발을 신지 않았다면 이는 맨발의 느낌을 줄 것이다. 신발 착용을 도울 때는 끈을 어떤 모양으로, 어느 쪽으로 묶어야 할지 상대의 취향을 미리 물어보아야 한다. 또한 양말도 비뚤어지지 않도록 바로잡아 준다.

⑥ 외출 시 준비용품

여성이 외출을 위해 준비하는 용품은 종류도 많고 개인에 따라 품목이 다르다. 때문에 하나하나 확인해 주는 것이 좋다. 지갑은 가급적 본인이 손에 들도록 하고 갖가지 용품을 담은 손가방은 휠체어 등받이 주머니에 보관한다.

(4) 장애인과 대화 시

① 장애에 대해 대화할 경우

처음으로 장애인을 대하는 사람들은 상대의 마음을 다치지 않을까 하여 장애에 대해 묻는 것을 지나치게 조심스러워 하는 경향이 있다. 그러나 사람은 우선 눈에 보이는 것에 대해 호기심을 갖기 마련이고 어느 정도는 장애인도 이러한 부분에 익숙해져 있기에 자원봉사자들이 너무 어려워하거나 말을 얼버무리면 도리어 거리감을 느낄 수 있다. 물론 장애에 대하여 너무 꼬치꼬치 캐묻는다거나 신상에 대해 너무 오랜 시간 화제로 삼지 않는다면 어느 정도의 관심 표명은 자연스러운 일이다. 또한 이는 적절한 도움을 주기 위한 필요한 절차이기도 하다.

② 마주 보고 대화할 경우

장애인의 눈높이를 고려하여 같은 높이에서 마주보고 얘기하도록 한다. 마주 앉을 의자가 없어 봉사자가 쪼그리고 앉아 얘기를 나눈다면 부담스러워할 것이다. 서서 얘기하게 될 때는 시선이 힘들지 않도록 적당한 거리를 둔다.

휠체어를 뒤에서 잡은 상태에서 다른 사람과 얘기를 하게 될 경우, 가급적 얘기 나누는 사람 쪽으로 휠체어를 돌려놓음으로써 장애인도 대화에 함께 참여하도록 배려한다. 외출 기회가 많지 않은 장애인들은 만나는 사람이나 주변 환경에 대해 보다 강한 호기심을 가질 수 있다. 따라서 다양한 화제와 공통 관심사를 찾아내어 유익하게 대화를 구성하는 등 배려가 필요하다.

③ 언어장애인과 대화할 경우

자원봉사자가 장애인의 말을 알아듣지 못했을 경우에는 이해할 때까지 몇 번이고 되묻는다. 언어장애인은 반복해서 되묻는 일을 귀찮아하지 않는다. 알아들은 척하거나 불편하다고 말을 시키지 않으면 도리어 섭섭해 할 것이다.

언어장애가 있는 경우 우선 인내심을 가지고 긴장을 풀어 주어야 한다. 도저히 알아듣지 못할 경우에는 필기구를 사용하거나, 제스처 등을 통해서 상대의 의사를 알아차리도록 노력해본다.

(5) 모임에서 장애인 좌석 배치의 경우

여러 장애인들이 함께 참석하는 모임이나 행사장의 경우, 장애인끼리 모여 앉게 하는 것은 바람직하지 않다. 모양새도 그렇거니와 대화를 다양하게 조성하고, 신속하고 개별적인 도움을 제공하는 점에서도 불편하다. 흔히 행사장의 배열된 의자 앞에 휠체어를 두고 봉사자는 뒤쪽 의자에 앉은 경우가 있는데, 이렇게 되면 장애인은 따로 떨어진 모습이 되고 봉사자와 이야기를 나누기 어려워진다. 따라서 장애인에 대한 좌석 배치는 각별히 유념해야 한다. 사각형 테이블인 경우 참석자들을 한 눈에 볼 수 있는 위치에 배치하는 것이 바람직하다.

(6) 식사할 경우

① 좌석 배치

휠체어가 넓은 테이블과 통로 옆에 드나들기에 용이한 자리를 선정한다. 가급적 출입문이나 화장실에서 멀지 않은 벽 쪽이 좋고, 가능하면 테이블의 다리 옆에 휠체어를 붙여 주는 것이 좋다.

② 식사 지원

먼저 장애인이 손을 사용하기 어려워 자원봉사자가 옆에서 음식을 먹여 주어야 할 경우, 자원봉사자의 입장에서 먹고 싶은 반찬을 고르는 경향이 있으나 그렇게 하기보다는 장애인의 의사를 물어 보는 것이 좋다. 한편 식사를 함께 하지 않고 장애인만 먹여 준다면 장애인이 미안해 할 것이며, 자연히 식사 속도가 빨라져 대화를 나눌 여유를 놓치게 되므로 음식은 함께 먹는 것이 좋다. 뷔페의 경우 음식을 가져다 주지 말고 본인이 스스로 고르게 돕는다. 그러나 상황에 따라 요구하는 음식이 무엇인가 물어 조금씩 가져다 줄 수도 있다.

둘째, 손을 사용할 수 있는 장애인의 경우에 손이 자유롭지 못하거나 휠체어보다 테이블이 너무 높아 멀리 떨어진 음식을 집기 불편하다면, 본인의 기호를 물어 가까운 위치로 옮겨 주거나 덜어 준다. 그러나 다른 사람을 무시하고 장애인의 식탁 주위에만 음식을 모아 놓으면 장애인 또한 식사가 불편하고 거북스럽게 된다. 또한 어떤 장애인들은 입을 크게 벌리지 못하는 경우도 있다. 그렇다고 장애인 본인이 일일이 내색하기도 쉽지 않으므로 작은 숟가락을 준비해 주거나 미리 음식을 먹을 수 있는 크기로 작게 잘라 주는 배려가 필요하다.

셋째, 경우에 따라서는 식사시간을 오래 필요로 하는 장애인도 있을 수 있다. 불편하지 않도록 보조를 맞추어 함께 식사를 마치도록 한다.

넷째, 장애인이 음식을 흘리는 것은 부주의해서가 아니다. 당연하다고 여기고 미리 휴지나 냅킨을 준비해 둔다.

다섯째, 장애인이라고 해서 음식을 지나치게 권해서 식사시간이 불편해지지 않도록 한다. 또한 음료수를 먹여 주어야 할 경우 손을 쓰지 못하는 장애인은 보통 빨대를 사용하는 것이 용이하다. 어떤 장애인은 커피나 술도 빨대로 마신다. 이처럼 빨대를 사용하는 것이 제일 좋은 방법이 된다. 한편 음료수를 먹여주는 경우 먹여주는 양을 조절하기 힘들다. 이 경우 투명한 컵을 사용하면 도와주는 사람이 눈으로 양을 확인하기에 보다 용이하다.

(7) 음식값 등 계산을 할 경우

장애인이 비용을 계산할 경우 직접 지불하게 한다. 손을 쓰지 못하는 경우에는 계산대까지 함께 가서 점원의 계산을 장애인이 확인하도록 한다. 잔돈이 동전일 경우 봉투에 넣어 손가방에 보관해 주도록 한다.

(8) 쇼핑을 할 경우

이동에 어려움이 있는 장애인들은 특히 백화점이나 시장에서 상품을 둘러보거나 구입하는 즐거움이 있다. 재래시장은 장애인들이 다니기에는 많이 불편하겠지만, 백화점의 경우 자원봉사자와 쇼핑을 하는 것은 즐거운 일이 될 것이다. 이 경우 가급적이면 사람들이 붐비지 않는 시간대를 택하는 것이 좋다. 또한 에스컬레이터보다는 엘리베이터를 이용하도록 한다. 장애인 혼자서도 휠체어를 움직일 수 있을 때에는 자원봉사자가 앞에서 진로를 열어 주도록 한다. 또한 이동 시에 장애인의 팔이나 발이 진열대의 모서리나 다른 사람의 몸에 부딪치지 않도록 주의한다.

장애인 중에서는 구매 경험이 적어 상품 값이나 디자인 등에 대해 잘 모르는 경우가 있다. 이런 경우 미리 자원봉사자와 의논하여 적절한 지원을 받는 것이 좋다. 상품을 고를 때 번번이 휠체어를 이동하기 힘들면 봉사자가 물품을 가져다 보여주는 것도 좋다. 하지만 상품값은 장애인 본인이 직접 흥정하고 치르도록 한다. 물건 바구니는 봉사자가 들어 주거나 휠체어 손잡이에 걸어 둔다(바구니의 끈은 휠체어 양손잡이에 걸칠 수 있을 만큼 충분히 긴 것이 좋다). 이밖에 휠체어 등받이와 장애인의 등 사이에 지갑이나 가방을 넣지 않도록 하고, 휠체어 뒷주머니에 휴지나 과자봉지, 빈 캔 등을 넣지 않도록 한다.

만약 봉사자가 화장실에 다녀오기 위해 떨어져야 할 경우에는 장애인을 통로에 두지 말고 통행이 드문 곳이나 화장실 입구 근처에 벽을 뒤로 하여 휠체어를 붙여 주고 화장실에 다녀온다고 장애인에게 알려주고 자리를 비우도록 한다.

(9) 화장실 가기

장애인과 외출 중에 장애인이 화장실을 가야 할 경우가 생길 때 다행히 자원봉사자가 장애인과 동성이라면 문제가 없겠지만, 이성일 경우에는 화장실 앞에까지 가서 주위에서 동성의 도움을 구한다. 용변 능력이나 자세 등에 따른 도움 요령은 개인마다 다르므로 사전에 충분히 문의하고 지시에 따른다.

① 화장실 바닥 미끄럼 방지

가정 내 화장실의 경우 변기까지 휠체어가 접근할 수 없는 구조가 많다. 이럴 경우 화장실 밖에서 장애인을 안아서 옮겨야 한다. 이때 화장실 바닥에 미끄럼을 방지하기 위해 고무판이나 타월, 신문지 등을 미리 깔아두는 것이 좋다.

② 변기로 옮기기

바닥이 미끄럽고 체중이 무거운 사지마비 장애인의 경우 2인이 도와 함께 이동하도록 하며, 변기 앞에까지 휠체어가 접근할 수 있으면 허리띠를 잡고 들어 변기에 앉힌다. 그러나 변기에서 몸을 가누지 못하거나 부스(변기 옆 손잡이)가 없는 경우 변기 뒤쪽 방향으로 정면이 가도록 자세를 취하게 한다.

③ 휠체어에 앉은 자세에서의 배뇨(남성의 경우)

휴대용 소변기를 사용하기 전에 미리 휠체어 앞쪽으로 장애인의 무릎을 끌어당겨 앉힌다. 그리고 소변통에 소변이 넘치지 않도록 기울기에 주의한다.

5 장애인 자원봉사활동 프로그램

장애인을 위한 자원봉사활동은 아동부터 청소년, 노인에 이르기까지 연령층이 매우 다양하고, 개인별 장애 유형에 따라서 특성도 다르다. 또한 개별적 욕구 또한 다양하게 나타나므로 자원봉사자는 이러한 사항에 유의하여 상황과 특성 등을 고려한 적절한 도움을 줄 수 있도록 준비하여야 한다.

이처럼 장애인을 위한 봉사활동에는 책임감이 더욱 요구된다고 할 수 있다. 장애인을 위한 자원봉사활동 프로그램을 살펴보면 표 10-2와 같다.

표 10-2 장애인을 위한 자원봉사활동

구분	분야별	프로그램
자립기능 향상 (직접 서비스)	정서적 위문	• 동료상담 • 재활전화상담
	심리적 자립	• 발달장애인 친구 되기
	사회활동지원	• 발달장애인의 대중교통 이용지도 및 보조 • 발달장애인의 지역사회시설 이용지도 및 보조 • 언어소통을 위한 수화 통역 • 외출동행 및 중증장애인 나들이 보조 • 차량지원 • 특수학교 장애아동 통학 보조
	교육지원	• 장애아동 학습보조 및 학습지도 • 장애인 컴퓨터교육 • 시각장애인 이동훈련 보조
	여가선용	• 장애아동 발달을 위한 학예활동지도 • 체육활동지도 • 현장학습보조 • 여가선용보조
	취업지원	• 구인/구직 개척 • 구직장애인을 위한 직업상담 • 작업지도 및 보조

구분	분야별	프로그램
		• 장애인 직업재활을 위한 욕구분석 보조 • 취업 알선 및 사후지원 • 고용홍보 보조
	생활지원	• 목욕 보조 및 이·미용 • 반찬지원 • 가사활동지원
	보호활동	• 장애아동 돌보기
	의료지원	• 순회 진료 • 언어치료 보조
사회적 지지 (간접 서비스)	업무보조	• 관련 시설·단체 업무 보조 • 시각장애인을 위한 녹음서 제작 보조 • 시각장애인을 위한 도서 전산화 • 장애아동 학습증진을 위한 학습자료 제작 보조 • 전국 장애인 체육대회 보조 • 후원자 개발·관리 보조
	기술지원	• 설비·장비 보수 및 환경 관리
	조사·개발	• 장애인 관련 조사 연구 사업 보조
	캠페인	• 장애인 관련 각종 행사

제 11 장

노인 자원봉사활동

현대사회는 의학의 발전과 식생활 수준의 향상으로 인해 평균수명이 계속 늘어나고 있다. 또한 노인들의 서비스 욕구도 점차 다양화·복잡화되고 있어 더 이상 가정이나 정부의 지원만으로는 감당하기가 어렵기 때문에 시민들의 자발적인 참여와 봉사가 필수적이다. 특히 노인 자원봉사활동은 노인을 위해서 뿐만 아니라, 노인 스스로가 자원봉사자가 되어 사회적 약자를 돕고, 기타 환경, 교육, 교통, 문화, 예술 등 여러 분야에서 활동할 수 있어 의미있는 여가활동과 생산적 노후생활을 영위하는데 중요한 요소로 작용하고 있다.

이 장에서는 노인 자원봉사활동을 파악하기 위하여 노인의 개념 및 특성을 알아보고, 노인 자원봉사활동의 필요성과 목표를 성공적 노후생활 측면에서 살펴본다. 이와 함께 노인을 위한 자원봉사자의 원칙과 준수사항, 노인을 위한 자원봉사활동 프로그램에 대해 알아본다.

1 노인의 이해

1) 노인의 정의

노인에 대한 개념은 문화와 사회적 맥락 속에서 때로는 긍정적으로 때로는 부정적으로 정의되어 왔다. 일반적으로 노인은 ① 생리적·생물학적인 면에서 쇠퇴기에 있는 사람, ② 심리적인 면에서 정신기능과 성격이 변화되고 있는 사람, ③ 사회적인 면에서 지위와 역할이 상실되어 가고 있는 사람이라고 정의할 수 있다. 하지만 노인에 관한 이러한 부정적인 맥락에서의 정의는 오늘날 변화되어 보다 많은 경험과 다양한 활동에서의 기술, 지혜, 평화로움, 원숙미, 물질적 성취 등을 함축한 '황금 연령층(golden age)', '우피족(Woopies: Well of older people)'과 같은 긍정적인 용어로 표현되기도 한다.

이러한 노인에 대한 조작적 정의는 4가지 차원에서 살펴볼 수 있다(신기원 외, 2014).

첫째, 역연령(chronological age)에 의한 정의를 들 수 있다. 역연령이란 출생 이후 달력상의 연령을 의미하는데, 사람들은 일반적으로 노인을 이러한 역연령으로 분류하여 정의하고 있다. 우리나라에서는 국민연금법상의 노령연금 수급권자로서는 60세 이상, 고령자고용촉진법에서는 55세를 고령자로 규정하고 있지만, 노인복지법에서는 연령을 규정하지 않고 있다.[1)]

둘째, 사회적 연령(social age)에 의한 정의를 들 수 있다. 사회적 연령이란 사람들이 어떻게 행동해야 한다는 관례에 따른 일련의 기대 및 지침들과 관련된 것을 의미하는데, 노인에게 기대되는 사회적 역할이란 조부모 역할, 미망인이나 은퇴자 같은 역할들이라고 할 수 있다.

셋째, 기능적 연령(functional age)에 의한 정의를 들 수 있다. 기능적 연령에 의한 정의는 신체적 외모, 이동성, 힘의 강도, 일상생활능력, 정신적 능력 등의 기능수준을 근거로 한 것을 의미한다. 기능적인 연령은 정상적인 기억력의 감소, 피부 탄력의 감소 같은 신체적 변화와 흰머리, 주름 같은 겉모습의 변화에서도 나타날 수 있다.

1) 노인복지법 제1조의2(정의) 5호에서 '노인학대관련범죄란 보호자에 의한 65세 이상 노인에 대한 노인학대로서 다음 각 목의 어느 하나에 해당되는 죄를 말한다'고 하여 노인을 65세 이상으로 규정하고 있음을 추정할 수 있다.

넷째, 주관적 연령(subjective age)에 의한 정의를 들 수 있다. 주관적 연령에 의한 정의는 개인의 주관적인 판단에 의해 스스로를 노인으로 규정하는 것을 의미한다. 주관적 연령 측면에서 볼 때 노인들 스스로가 젊다는 주관적인 정체감을 유지하는 경우, 역연령이나 기능적 연령상의 노화를 보상할 수 있다. 또는 역연령이나 기능적 연령상의 노화는 주관적 연령 정체감을 부정적인 방향으로 변화시킬 수도 있다.

2) 노인의 특성

노인의 특성을 신체적·심리적·사회적인 측면으로 구분해서 살펴보면 다음과 같다.

(1) 신체적 측면

신체적인 노화 현상은 시기나 진행 속도에서 어느 정도의 개인적인 차이는 있을 수 있겠지만, 누구에게나 공통적으로 일어나는 생물학적인 현상이다. 이러한 노화의 주요 요인은 신체 내적인 것으로써, 점진적으로 일어나면서 신체적인 기능의 약화를 가져오고 결국에는 죽음에 이르게 한다.

노화로 인한 노인의 특성을 신체적 측면에서 살펴보면 첫째, 신체기능의 쇠퇴를 들 수 있는데, 그 결과 인내력의 감퇴, 활동성의 감퇴, 정력 부족, 불결의 경향, 흥미 범위의 협소화 그리고 자기중심성 등이 나타난다.

둘째, 신체적인 외관의 변화로써 노년에 가까이 오면 백발이 늘고, 두발이 빠지고, 주름살이 늘고, 허리가 굽어진다. 여성의 경우 아름다움이 사라져 추하게 되며, 신체적인 장애 등을 호소하여 타인의 주의를 끌려고 하는 경향이 있다.

셋째, 만성질환의 출현으로써 암이나 동맥경화, 고혈압, 당뇨병, 심장병, 신장병 등 만성불치의 질환들이 나타나게 된다.

(2) 심리적 측면

일반적으로 연령이 증가하면 정신기능이 쇠퇴한다는 인식과는 달리 실제로 노인들은 정신적으로 빈틈이 없고, 명석하며, 믿을 수 없을 만큼 지적이라고 한다. 이 때문에 노인들은 평생동안 축적되어 온 경험과 지식들을 바탕으로 가사는 물론 집안의 모든 일에 일일이 관계하고 싶어 하는 것인지도 모른다. 이처럼 연령 증가에 따른 정신기능의 감퇴는 없으나 노령화에 따른 어떠한 변화는 일어나고 있다. 노화로 인한 신체적인 변화는 정신적인 구조의 변화를 야기하게 되고, 이러한 변화는 연령이 늘어남에 따라 다음과 같이 심리적인 특성들을 현저하게 나타나게 하는 것이다.

첫째, 건강이나 경제상의 불안정에 대한 걱정이다.

둘째, 생활환경에 적응하지 못하는 데에서 오는 불안이 증가하게 된다.

셋째, 시기심과 질투심이 강화되고 불평이 많아진다.

넷째, 어떤 일이든 흥미가 없어지고, 비활동적이 되어 사회성이 떨어진다.

다섯째, 보수성으로 인한 고집이나 탐욕이 증가하게 된다.

(3) 사회적 측면

노인의 사회적인 특성에는 매우 다양한 요소들이 포함될 수 있지만, 노년기에 있어서 가장 뚜렷한 변화는 지위와 역할의 변화이다. 대표적인 사회적 역할 상실은 직장인으로서의 정년퇴직을 들 수 있다. 이러한 역할상실은 경제적인 수입의 감소를 가져오는 것은 물론 여유로운 시간의 증가 및 소외감이나 고독감 발생 등을 초래하여 일상생활을 변화하게 한다.

2 노인 자원봉사활동의 필요성과 목표

1) 노인 자원봉사활동의 필요성

오늘날 의학과 과학기술의 발전과 식생활 수준의 향상으로 인하여 평균수명이 지속적으로 늘어나는 등 고령화사회가 도래하였다. 또한 날로 증가하는 고령 노인들의 서비스에 대한 욕구들도 점차 다양화·복잡화됨에 따라 가정이나 정부의 지원만으로는 감당하기 어렵고, 시민들의 자발적인 참여와 봉사가 필요한 실정이다. 특히 직장에서 은퇴한 노인들의 경우 본인이 평생동안 축적해 온 지식이나 경험 및 기술 등을 활용하여 자원봉사활동에 적극 참여한다면, 노인들 스스로 노후에 필요한 심신의 건강을 유지하면서 보람 있는 여생을 보낼 수 있을 것이다. 따라서 노인봉사는 노인을 위해서도 필요하지만, 노인 스스로가 자원봉사자가 되어 장애인이나 소년소녀가장들을 돕기 위하여 활동할 수도 있을 뿐 아니라, 기타 환경이나 교육, 교통, 문화, 예술 등 여러 분야에서 봉사할 수 있기 때문에 노인의 자원봉사활동은 꼭 필요한 활동이라고 볼 수 있다. 그러나 우리나라의 경우 노인빈곤현상이 세계적으로 두드러지게 나타나고 있으며, 노인 부부가구 및 독신가구의 증가, 노인의 의료비용 및 사회적 비용의 증가, 노인 범죄의 증가 등으로 노인자원봉사활동을 기대하기 어려운 실정이다. 하지만 고령화시대를 사는 노인들을 위한 자원봉사활동뿐만 아니라 성공적인 노화를 위한 노인들의 자원봉사활동도 필요하다고 할 수 있다.

2) 노인 자원봉사의 목표

노인을 위하여 자원봉사활동의 목표를 계획할 때에는 우선 성공적인 노후생활을 위한 정책 방안으로서의 목표를 설정하고, 이어서 인간의 발달과정에서 노인세대가 수행해야 할 과업으로서의 목표를 설정해야 한다.

(1) 성공적인 노후생활을 위한 목표

노인을 돕기 위한 자원봉사활동의 목표는 노인문제의 핵심을 이루고 있는 빈곤문제나 질병에 따른 건강문제, 역할상실에서 오는 소외감이나 고독감 등의 문제들을 해결하면서 동시에 모든 노인들이 신체적·육체적으로 건강하고 생산적이며, 통합적인 생활을 유지하여 그들의 삶이 보다 즐겁고 만족스러운 노후생활과 성공적인 노후생활을 가질 수 있도록 도와주어야 한다.

① 노인의 건강한 노후생활(healthy aging)

인간이 건강을 유지하는 것은 성공적인 노후생활을 준비하는 데 있어 필수조건이라 할 수 있다. 현재 사회보장제도를 통하여 노후 소득보장이 잘 되어 있는 서구 여러 나라에서는 노인의 빈곤문제보다도 건강문제에 더 큰 관심을 나타내고 있다. 이들 국가에서는 노인의 보건정책을 주로 노인성 질병에 대한 치료에 역점을 두고 있으며, 특히 허약한 노인들을 위해서는 노인전문요양병원이나 요양원 등에 입소시켜 보호하여 왔다.

그러나 이러한 방법들이 고령노인들의 건강이나 의료문제들을 근본적으로 해결하지 못하고, 오히려 사회보장 예산에서 의료비 지출만을 상승시키는 결과를 가져와 이들 국가들은 현대의 노인 건강문제를 과거의 치료 중심에서 질병예방이나 보건관리 및 건강 보호 등을 강조하는 건강증진 프로그램을 적극적으로 추진하고 있다. 또한 심신이 허약하고 병약한 노인들을 장기요양시설에 격리하여 보호하는 것보다는 노인이 살고 있는 지역사회 내에서 모든 자원들을 최대한 활용하여 가정에서 보호하는 것이 더 경제적이고 인간적인 접근이라고 생각하여 재가노인을 위한 다양한 서비스들을 제공하고 있다. 최근에는 재가노인들에게 필요한 의료장비와 의료서비스를 환자 가정에 직접 투입하여 도와주는 고도 기술의 재가노인보호나 임종간호, 가정요양보호 등을 실시하고 있어 보다 인간적이고 개별적인 재가노인서비스를 제공하고 있다.

② 노인의 생산적인 노후생활(productive aging)

현재 우리나라는 노인의 빈곤문제를 해결하기 위해서 기초연금제도를 실시하고 있으나, 이 제도만으로는 해마다 오르는 물가 상승이나 값비싼 의료비 등을 감당할 수 없다. 또한 이 방법은 정부의 재정 부담을 더욱 가중시킬 뿐만 아니라 노인들을 사회로부터 격리시키는 결과를 가져올 수도 있다.

따라서 정부의 사회보장비도 줄이고 노인들의 근본적인 빈곤문제를 해결하는 동시에 노인의 심신건강을 유지할 수 있는 방법으로 노인들의 취업활동이나 지역사회의 봉사활동 등을 통한 생산적인 노후생활 지원방안을 모색하여야 한다. 이를 위해서 각국에서는 정년퇴직의 연령을 연장하거나, 노인들이 계속해서 일하기를 원하고 또는 일할 능력이 있는 사람들에게는 언제까지나 일을 할 수 있도록 자유정년제를 제공하고 있으며, 일단 은퇴한 노인들에게도 재취업의 기회를 제공하여 생산적인 활동을 계속할 수 있도록 권장하고 있다. 이 외에도 취업활동이 어렵거나 취업을 원하지 않는 노인들에게는 자원봉사나 학습활동 및 그 외의 사회활동 등을 통하여 의미 있는 여가활동과 생산적인 노후생활을 계속하도록 지원하고 있다.

③ 노인의 통합적인 노후생활(integrated aging)

핵가족화로 인한 자녀와의 별거나 배우자 및 친구들의 사망, 정년퇴직 후 갖게 되는 역할 상실감과 수입 절감에서 오는 무력감이나 고독감 등은 수많은 노인들에게 사회·심리적인 고립과 소외감이라는 문제를 안겨 주고 있다. 또한 현대화과정에서 나타나는 젊은이들로의 자연스러운 사회·지리적인 이동은 더욱 더 노인세대들을 사회로부터 격리시키고 있다. 그러므로 직장에서 은퇴한 노인들은 물론이고 주부로서의 여성노인들도 가정이나 사회에서 소외되고, 고독한 나날들을 보내는 경우가 많이 있다. 이러한 노인들의 사회·심리적인 욕구를 충족시키고, 노후생활의 고독감과 소외감을 방지하기 위해서는 노인들을 사회적으로 통합시킬 수 있는 프로그램들이 필요하다.

(2) 노인이 수행하기 위한 발달과업의 목표

인간은 누구나 태어나면서부터 죽을 때까지 일정한 주기를 통한 발달과업을 가지고 있다. 이러한 발달과업과 관련하여 에릭슨(Erikson)은 인간의 성장발달을 8단계로 나누어 노년기의 발달과제를 자아통합(integrity)이라고 하였다. 그는 노년기를 노인 자신이 살아온 삶을 돌아보는 시기로 자신의 생애를 돌아보면서 보람과 가치가 있었다는 것을 인식하고, 오랜 삶의 경륜을 통한 지혜를 획득하게 되면 자아통합을 할 수 있다고 하였다(신기원 외, 2016).

하비거스트(Havighurst)는 인생의 발달단계를 6단계로 나누고 노년기의 발달과업을 다음과 같이 들었다.

① 신체적인 능력과 건강의 쇠퇴에 대한 인식과 적응
② 정년퇴직과 소득감소에 대한 적응
③ 배우자의 죽음에 대한 적응
④ 동년배들과의 유대 강화
⑤ 사회적인 역할에 대한 적응
⑥ 노후생활에 맞는 물리적인 환경의 조성 및 적응

따라서 노인들도 이러한 발달과업을 달성하기 위하여 자신의 잔존능력을 발휘하여 자원봉사활동을 할 필요가 있다.

3 노인 자원봉사활동 현황

우리나라 노인 자원봉사활동은 선진국들과 비교해 볼 때 많이 활성화되지 못한 수준이라고 할 수 있다. 이는 우리 사회가 여전히 노인을 자원봉사를 하는 주체자이기보다는 자원봉사활동의 대상자로 인식하고 있기 때문이라고 할 수 있다.

표 11-1은 1365자원봉사포털에서 2007년부터 2019년까지 연령별 자원봉사활동을 살펴본 것이다. 연도별 추이를 보면 전체적으로 모든 연령대에서 자원봉사활동이 꾸준히 증가하고 있으며, 남성의 자원봉사활동 참가율보다 여성의 자원봉사활동 참가율이 높다는 것을 알 수 있다. 연령별로 보면 2007년과 2019년을 비교해 볼 때 14-19세가 가장 높은 증가율(12.3배)을 보였고 이어서 20대(7.3배)가 높았지만, 30대 이상을 비교해보면 70대 이상(4.2배), 60대(3.8배), 50대(2.6배), 40대(1.6배), 30대(1.1배)순으로 나타났다. 이러한 결과는 70대 이상의 경우 아직 활동할 수 있는 여력이 있다는 것과 고령화현상이 심화되고 있지만, 자원봉사활동에 대한 인식이 높아져 참여한다는 것을 의미하는 것으로 희망적인 현상이라고 할 수 있다.

표 11-1 연도별 · 연령별 자원봉사 참여 현황 (단위: 명)

구분		2007	2010	2015	2019
14세 미만	남	108,708	225,125	493,350	727,364
	여	115,885	241,518	555,793	819,359
14~19세	남	285,387	663,424	2,024,445	2,982,644
	여	305,625	707,942	2,824,862	4,127,845
20대	남	189,039	349,641	1,010,743	1,318,520
	여	230,337	376,161	1,217,715	1,758,776

구분		2007	2010	2015	2019
30대	남	479,091	688,903	591,530	497,909
	여	812,801	1,221,507	1,097,332	914,426
40대	남	921,475	1,471,486	1,611,671	1,254,287
	여	1,846,674	2,717,625	3,305,642	3,165,149
50대	남	621,688	1,239,092	1,898,359	1,863,258
	여	1,490,249	2,611,235	3,533,340	3,670,175
60대	남	364,284	627,559	1,067,845	1,375,989
	여	732,418	1,333,921	2,092,411	2,798,394
70대 이상	남	209,600	381,475	650,443	732,492
	여	231,511	418,046	846,527	1,123,113

출처: 1365 자원봉사포털(http://www.1365.go.kr).

이처럼 우리나라에서도 노인 자원봉사활동이 점차 활성화되고 있는 상황이다. 가치관과 행동양식을 포함한 전반적인 삶의 형태가 과거의 노인세대와 다른 신세대 노인이 출현하고 있으며, 이런 변화가 노인 자원봉사활동에도 영향을 미치고 있는 것이다. 신세대 노인들은 교육 수준과 경제 수준의 향상으로 인해 시민의식과 자원봉사에 대한 관심이 훨씬 높다고 할 수 있다.

이와 함께 노인 자원봉사활동의 활성화를 위한 환경적인 '기회요인'들이 고령사회를 맞이하게 되는 한국사회에서 점차 부각되고 있다. 즉, 노인인구의 증가, 경제적으로 안정된 노인층의 증가, 노년기 여가시간의 증대, 노인의 교육 및 건강 수준의 향상, 사회참여를 통해 삶의 보람을 찾으려는 노인들의 증가, 국가 재정 부담을 줄이는 동시에 사회적 통합을 이루려는 정부의 노인인력 활용정책, 지방자치에 따른 지역주민으로서의 노인의 지역사회 참여 증가, 전국적인 지역사회 중심의 자원봉사센터 설치·운영 등이 기회요인이라고 할 수 있다.

각 지역별로 설립된 노인복지관의 경우 대부분 노인봉사대를 조직하여 기관내의 행사 보조, 안내, 식당배식 및 업무보조, 사회교육 강사와 외부의 환경보호, 도시락배달, 교육기관 봉사 등 여러 가지 자원봉사활동을 하고 있다.

또한 기관을 통하지 않고 개인 차원에서 봉사활동을 하는 노인들의 수도 점차 늘어가는 추세이다. 1997년에 창립된 한국노년자원봉사회는 순수한 자원봉사활동뿐 아니라 구인, 구직, 노인신문 발행 등 광범위한 사업을 추진하고 있다. 대한은퇴자협회는 2002년 미국은퇴자협회를 모델로 창립되었는데, 은퇴자들의 자원봉사를 통한 장년 이후의 지속적인 사회활동을 도모하는 것을 주목적으로 삼고, 자원봉사자들의 요구에 맞게 단순 노력봉사에서부터 번역 및 통역, 교육봉사, 사진촬영과 같은 자원봉사자의 기술과 재능에 맞는 자원봉사프로그램을 운영하고 있다.

4 노인을 위한 자원봉사자의 원칙과 준수사항

1) 노인을 위한 자원봉사자의 원칙

노인을 위해서 봉사할 때는 다음과 같은 원칙들을 준수하는 것이 바람직하다.

① 노인의 존엄성과 개성을 존중하여야 한다.
② 개인의 자주성과 독립성을 인정하고 존중하여야 한다.
③ 노인은 자신의 문제를 스스로 해결하고 결정할 수 있는 권리를 가지고 있다는 것을 염두에 두어야 한다.
④ 노인들에게는 복지에 대한 혜택을 받을 수 있는 권리가 있으며, 동시에 자기의 문제해결을 위한 책임과 의무를 다할 수 있도록 해야 한다.

⑤ 노인들을 도울 때에는 신체적 · 심리적 · 지적 · 사회적 · 영적인 제반 영역들을 다 같이 고려하여 도움을 주어야 한다.

⑥ 노인은 전문적인 수준에 맞는 서비스를 제공받아야 한다.

⑦ 노인은 각 시대에 독특한 욕구에 맞는 서비스를 제공받아야 한다.

2) 노인을 위한 자원봉사자의 준수사항과 금지사항

노인을 위해서 자원봉사활동을 하는 사람들은 자신이 가지고 있는 시간이나 재능 및 재산은 물론 지역사회 내에 있는 자원들을 충분히 활용하여 노인들이 필요로 하는 서비스를 제때에 알맞게 제공해야 한다. 자원봉사자 개인으로서는 노인들에게 서비스 제공자, 상담자, 정보제공자 등의 역할을 수행하고, 사회적으로서는 노인들의 권익을 대변하고, 노인문제들을 해결하며, 비인간적인 사회환경을 개선하는 역할들을 수행해야 한다. 이러한 역할을 수행하는 과정에서 자원봉사자는 다음과 같은 사항을 지켜야 할 것이다.

(1) 노인을 위한 자원봉사자의 준수사항

① 노인들에게 봉사활동을 할 때에는 단정한 외모와 겸손한 태도를 가지고 대하여야 한다.

② 노인들을 위한 봉사활동은 노인들의 관심사에서 출발해야 한다.

③ 노인이 원하는 욕구와 요구에 맞게 봉사활동을 해야 한다.

④ 봉사활동을 계획할 때에는 노인들과 상의하여 서로 합의하에 계획하고 실천해야 한다.

⑤ 봉사활동에 대한 한계를 분명히 하여 무리한 자원봉사활동은 삼가하도록 해야 한다.

⑥ 노인들과 약속한 사항들은 꼭 지켜 신뢰받는 봉사자가 되어야 한다. 약속을 지키지 못할 경우에는 그 이유를 사전에 자세히 설명해 드려야 한다.
⑦ 봉사활동 중에 알게 된 노인에 관한 비밀을 보장해 주어야 한다.
⑧ 봉사활동을 계속하지 못할 경우에는 대상노인에게 상처를 주지 않도록 노인과의 관계를 신중하게 종결해야 한다.
⑨ 봉사활동에 대한 결과를 기록, 점검, 평가하여 참고자료들을 남겨야 한다.
⑩ 노인 분야에 관한 전문적인 지식과 기술을 습득하고, 자신의 성장을 위한 지속적인 노력을 해야 한다.

(2) 노인을 위한 자원봉사자의 금지사항

① 봉사 대상자인 노인에게 일방적인 명령이나 강요를 해서는 안 된다.
② 봉사 대상자인 노인에게 훈계나 설교를 해서는 안 된다.
③ 봉사 대상자인 노인들과 될 수 있는 한 논쟁을 피해야 한다.
④ 봉사 대상자인 노인의 의견이나 태도를 비난하거나 비판해서는 안 된다.
⑤ 봉사 대상자인 노인을 조롱해서는 안 된다.
⑥ 봉사 대상자인 노인에게 왜냐고 되풀이해서 묻거나 짜증내서는 안 된다.
⑦ 봉사 대상자인 노인의 의견을 무시해서는 절대로 안 된다.
⑧ 봉사 대상자인 노인에게 빈정거리거나 화를 내서는 안 된다.
⑨ 봉사 대상자인 노인에게 값싼 동정을 표현해서는 안 된다.
⑩ 봉사 대상자인 노인에게 반말이나 농담 등을 해서는 안 된다.

5 노인을 위한 자원봉사활동 프로그램

재가노인들을 위한 봉사활동서비스는 지역사회 내에 거주하는 노인들의 집이나 이용시설들을 직접 방문하여 노인 및 부양자들에게 필요한 서비스를 제공하는 사업으로서, 가정방문봉사활동, 주간보호, 단기보호, 임종간호 그리고 노인안부전화 등이 대표적인 봉사활동이라고 볼 수 있다. 시설에 입소한 노인들을 위한 봉사활동으로는 말벗, 상담, 각종 행사 돕기, 취미교실, 오락지도, 청소, 물리치료 보조, 위문활동 등 다양한 서비스를 제공할 수 있으며, 시설노인을 위한 후원자 결연사업, 재정후원, 시설장비 및 도구지원 등 다양한 프로그램을 계획하고 지원할 수 있다. 이러한 노인들을 위한 자원봉사활동 프로그램을 보면 표 11-2와 같다.

표 11-2 노인을 위한 자원봉사활동 프로그램

목표	체계	서비스	프로그램
자립기능 향상 (직접대인 서비스 프로그램)	심리적 지지	정서적 위문 서비스	• 노인에게 안부전화 걸기 • 독거노인 가정 결연사업 • 무의탁노인 가정방문사업
		심리적 자립 서비스	• 욕창 관리지도 • 인지지도 • 작업치료 • 회상치료
	사회성 증진	교육지원 서비스	• 노인대학 운영 보조사업 • 문맹노인 학습지도사업
		여가선용지도 서비스	• 노인체육지도 훈련 • 노인 취미활동 그룹지도 • 노인 특기 개발지도
		사회활동지원 서비스	• 노인 자서전 쓰기 • 독거노인 모임 • 장애노인 및 허약한 노인들의 외출 동행 • 치매노인들의 사회적응지도 훈련

목표	체계	서비스	프로그램
자립기능향상 (직접대인 서비스 프로그램)	생활안정	취업지원 서비스	• 노인 취업 알선
		생활지원 서비스	• 노인 가정환경 미화 • 노인 급식지원 • 노인 목욕 • 노인 도시락 배달 • 무의탁 노인 세탁물 배달 • 이·미용 • 주간보호서비스
		의료지원 서비스	• 노인건강 강좌교육 • 노인진료 • 임종간호(호스피스) • 저소득 노인을 위한 진료단 조직
		보호활동	• 무의탁 장애노인 수발
간접적 자원 봉사	시설 지원	업무 보조 서비스	• 시설환경 정리 • 차량운행 서비스
		방문활동 서비스	• 노인시설 위문공연 • 노인정 방문
	사회환경 조성	조사·개발 서비스	• 노인 관련 출판물 제작 • 노인 욕구조사 실시

제 12 장

대학 자원봉사활동

오늘날 대학이 수행해야 하는 중요한 기능들 중의 하나로 교육을 위한 곳으로서의 의미뿐 아니라, 교육의 결과들을 사회에 직접 적용하고 응용하여 사회에 환원하는 기능의 중요성이 대두되고 있다.

대학생 자원봉사활동은 개인적 측면에서 볼 때, 개인의 시간에 기술이나 지식, 능력을 사회에 반환하는 활동을 함으로써 스스로의 삶을 충족되게 하는 기능을 가진다. 사회적 측면을 보면, 사회적 공공기능이 미치지 못하는 부분에 지성과 전문적 기량을 공급할 수 있는 라인을 형성함으로써 지역사회 변화와 지역주민의 요구를 직접 체험하고 발생된 문제점을 대변, 정책으로 이끌어냄으로써 공동체 발전에 기여할 수 있는 의미를 가진다.

현재 대학생 자원봉사활동의 가장 큰 문제점은 대학생 자원봉사자들의 활동이 매우 저조하고 단기적 활동이 대부분이라는 것이다. 또한 실제 사회복지 관련 분야에서 활동하고 있는 대학생 자원봉사를 관리하고 활동을 지속하기 위한 구체적이고 체계적인 지침도 부족한 실정이다.

이 장에서는 대학 자원봉사활동을 파악하기 위해 대학 자원봉사의 의의 및 필요성을 알아본다. 또한 대학 자원봉사활동의 현황을 살펴봄으로써 대학 자원봉사가 활성화되지 못한 이유를 분석하고 발전방향을 모색해 본다.

1 대학 자원봉사의 의의

2011년 7월 21일 일부 개정된 고등교육법 법률 제8638호 제28조에 따르면

"대학은 인격을 도야하고, 국가와 인류 사회의 발전에 필요한 학술의 심오한 이론과 그 응용방법을 교수· 연구하며, 국가와 인류 사회에 공헌함을 목적으로 한다"고 규정된 것처럼 대학의 역할은 일반교육과 전문교육, 제 능력 육성을 통하여 국가적· 사회적· 개별적 기능을 기르는 것이고, 그중 사회적 기능의 사회봉사 기능으로 대학의 자원봉사 기능이 포함된다고 하겠다.

대학생 자원봉사활동은 개인적인 의미와 사회적인 의미를 찾을 수 있는데, 개인적으로는 개인의 시간에 기술이나 지식 및 능력을 사회에 반환하는 활동을 함으로써 자기 스스로의 삶을 충족되게 하는 기능을 가지는 것을 들 수 있고, 사회적으로는 사회적 공공기능이 미치지 못하는 부분에 지성과 전문적 기량을 공급할 수 있는 라인을 형성시킴으로써 지역사회 변화와 지역주민의 요구를 직접 체험하고 발생된 문제점을 대변하며, 정책으로 이끌어 냄으로써 공동체 발전에 기여할 수 있는 것을 들 수 있다.

자원봉사활동을 통하여 기대할 수 있는 교육적 의미는 다음과 같다(강상오, 2007).

첫째, 대학생 봉사활동은 무엇보다도 타인과의 바람직한 인간관계를 유지하게 함으로써 대학생들에게 자기 발전과 성숙에 기반이 되는 사회성과 타인의 생명을 존중하며, 이웃과 더불어 사는 이타성의 가치관을 제공할 수 있다.

둘째, 대학생들은 봉사활동을 통하여 자신의 존재를 자각하고 인격적 성장을 가져오는 자아정체성을 확립하고, 자기 능력을 발휘하여 삶의 내용을 보다 풍요롭게 할 수 있다.

셋째, 대학생 봉사활동은 인간존중의 정신과 자발적 정신에 입각하여 필요한 서비스를 제공함으로써 사회 기반이 되는 민주주의 정신을 함양할 수 있게 해줄 수 있다.

넷째, 대학생 봉사활동은 공동체의식의 삶을 실현하게 하는데, 이는 사회에 대한 소속감, 확고한 주인의식, 적극적인 참여 없이는 불가능하다. 따라서 대학생 봉사활동의 성패 여부는 철저한 프로그램관리와 사회구성원이 얼마나 공동체의식을 가지고 활동을 실천하는가에 달려 있다고 할 수 있다. 이를 위해서는 대학생들에게 자신감을 갖게 하고, 잠재적인 지도력을 개발하는 학습경험을 풍부하게 하여 민주주의사회에 기초가 되는 민주주의 정신을 함양시켜야 한다.

다섯째, 대학생 봉사활동은 학과 전공에 대한 학습 결과를 사회에 직접 환원하는 활동으로 이어질 수 있으며, 급변하는 사회문제와 관련하여 전문적인 지식을 가진 대학 인력이 사회에 참여한다는 의미를 지니고 있다.

2 대학 자원봉사의 필요성

오늘날 대학은 교육을 위한 곳이지만 현대와 같이 급변하는 사회에서 대학은 학문 연구만을 위한 곳은 아니다. 대학이 수행해야 하는 중요한 기능들 중 학문을 배우고 연구·탐구하여 전수하는 기능 외에 연구와 교수의 기능에 의한 결과들을 사회에 직접 적용하고 응용하여 사회에 환원할 수 있는 기능을 더 우선시하는 경향이 점차 두드러지고 있는 실정이다. 따라서 대학의 자원봉사는 교육과 연구와 함께 대학의 3대 기능 중 하나로 대두되고 있다.

대학 자원봉사활동의 필요성을 구체적으로 열거하면 다음과 같다.

① 대학교육의 이념 실현
② 고급 전문기술을 요하는 영역에 대한 일반 사회인식을 높여주는 차원
③ 장래의 사회지도자로서의 자질과 바람직한 태도 함양
④ 성숙된 자아 형성

⑤ 전통문화인 상부상조의 정신을 계승·발전
⑥ 자원봉사자들의 중간관리 역할 및 전문지도자
⑦ 다양한 사람들과의 인간관계 형성과 인간에 대한 애정을 함양
⑧ 예비 사회인으로서 사회와 직업의 세계에 대한 직접 탐색기회
⑨ 건전한 여가선용과 각종 청소년문제의 예방과 치료
⑩ 자원봉사기관들로부터 필요
⑪ 전문 영역의 지식과 기술로 건전한 국가 사회발전에 기여
⑫ 인류 평화에 기여
⑬ 학교교육, 가정교육, 사회교육 등 간접교육을 직접교육으로 체험

3 대학 자원봉사의 현황

우리나라 대학의 자원봉사활동은 1990년대에 들어 질적인 면이나 양적인 면 모두 급속한 팽창을 가져왔다. 1979년 2학기에 강남대학교가 국내 최초로 사회사업학과 내 전공 선택과목으로 자원봉사를 개설하여 강의하기 시작(김용선, 2000)하였으나, 1994년에 들어서야 중앙일보의 자원봉사캠페인을 시작으로 한양대학교가 사회봉사 교양필수과목을 채택하였고(김성자, 2004), 그 뒤 1995년 경인여자대학, 가톨릭대, 동덕여대, 인제대, 한동대 등 10개 대학에서 사회봉사 과목을 교양필수 또는 교양선택과목으로 개설하였다(백선희, 2004).

1996년에는 대학의 자원봉사활동을 지원하고 상호 연합 및 교류 증진을 위하여 전국대학 총장을 중심으로 한국대학사회봉사협의회가 조직되면서부터 대학의 자원봉사 부분도 더욱 활성화되었다.

대학사회봉사협의회의 역할은 대학생 자원봉사활동 육성 발전과 대학교육과정과 자원봉사 연계에 관한 연구, 대학의 자원봉사활동에 관한 연구지원, 국내·국외 자원봉사 관련 기관과의 교류 및 제휴, 대학 자원봉사프로그램 개발·보급, 기타 회원 대학 상호 간의 협의와 조정 등으로 정부와 정책연계 및 지원, 기업과 자원봉사현장 연계 및 지원, 기업과 자원봉사현장 연계 및 지원, 자원봉사기관과 자원봉사수요처 선정과 자원봉사 연계를 유도하여 협조체제를 구축하고 있다.

대학사회봉사협의회는 크게 연구 개발 및 교과목 개발, 대학생 해외봉사단 파견 및 대학과 초·중등학교의 연계 자원봉사활동 권장, 자원봉사활동 프로그램 공모 및 개발 등 다양한 영역에서 대학 자원봉사활동에 공헌하고 있다(한국대학사회봉사협의회, 2007).

그럼에도 불구하고 21세기에는 대학을 통한 사회봉사활동의 기회가 계속 증가하는 추세이다. 이러한 추세에 발맞추어 2001년도에 도입·시행되고 있는 '사회봉사학점제'는 지정기관에서 취득한 30시간 이상의 봉사활동을 1~2학점으로 인정해 주는 제도로서 학점취득뿐만 아니라 봉사활동을 통한 사회책임감과 시민의식 배양을 목적으로 시행되고 있다. 그중에 졸업을 위한 필수학점으로 요구하는 대학들이 있는가 하면, 일종의 교양선택 과목으로 개설하는 대학들도 있다.

이처럼 적지 않은 대학들이 '사회봉사학점제'에 대거 참여하게 된 이유로는 1995년 시행에 들어간 일부 대학들이 적지 않은 성과를 거둔 데 있다. 대학생들이 사회경험 차원에서 봉사활동을 대단히 선호하고 있고, 교육개혁 차원에서도 학생들의 인간미와 창의적 리더십을 갖추게 하는 사회봉사활동이 높이 평가받고 있다. 또한 기업들이 1995년부터 신입사원 채용에서 필기시험을 없애고 사회봉사경력을 우대하는 새로운 정책을 시행한 까닭도 있다.

이러한 사회봉사활동은 등록수강기간에 신청하여 이루어지며, 희망하는 학생은 봉사활동기관의 날인을 받은 사회활동신청서(각 지역대학 자체 비치 / 각 대학 인터넷 홈페이지)를 대학에 제출하면 된다. 봉사활동기관은 대학 당국이 지정한 기관(보통 인터넷 홈페이지에 게재) 또는 학생이 임의로 선정한 기관 모두 가능하다. 단 학생이 임의로 선정한 기관의 경우는 신청서를 접수한 후 소정의 심의 과정을 거쳐야 한다. 사회봉사신청서를 제출한 학생은 보통 기말고사 전까지 30시간(1일 최대 6시간, 5일 이상 봉사활동)을 활동에 임해야 하며, 사회봉사활동 인정신청서에 봉사기관의 날인을 받아 대학에 제출하면 된다.

예를 들어, 1994년 사회봉사단을 창립한 한양대학교의 경우 건학정신인 '사랑의 실천'의 실질적인 구현을 위해 사회봉사학점제를 활발히 운영하고 있다. 한양대의 경우 사회봉사교과목은 계절별로, 봄 학기(사회봉사1), 여름 학기(사회봉사2), 가을 학기(사회봉사3), 겨울 학기(사회봉사4)로 연 4학기제로 운영되고 있으며, 교양선택 실습과목으로 1학점을 인정하고 있다. 졸업까지 4학점을 이수할 수 있으며, 한 학기 수강시간은 기본교육 2시간, 실습 30시간, 기말평가회 2시간, 총 34시간 이상의 실습이 요구된다. 평가는 실습태도, 출석상태, 실습보고서 등을 바탕으로 담당교수가 PASS / FAIL로 처리한다.

이와 함께 대학측에서는 꾸준히 사회봉사체험수기 공모전을 개최, 수상과 함께 사회봉사단 발간 책자나 대학신문에 게재하여 학생들의 적극적인 참여를 유도하고 있다. 가톨릭대학교의 경우는 우수 사회봉사자에게 장학금을 지급하기도 한다.

이처럼 사회봉사교육과정은 학생들이 봉사활동을 통하여 개인의 올바른 자기실현과 공동체 정신을 회복·구현할 수 있도록 하며, 봉사정신을 체득함으로써 전공교육과 함께 조화를 이룰 수 있는 인성을 갖추게 하는 데 의의가 있다.

하지만 각 대학은 이와 같은 교과목을 몇 학점까지 허용할지, 봉사활동을 장려하기 위해서는 어떤 방법의 인센티브제도를 제공하여야 하는지, 학생들의 봉사활동을 지원하는 방식으로는 어떤 것을 선택해야 하는지의 기준점을 제시하고 있지는 못하다. 각 대학은 대학의 자원봉사활동이 대학과 지역사회에 긍정적으로 보다 많은 기여를 제공하기 위해서 이를 효과적으로 관리지원 가능한 조직인 학생처나 사회봉사센터 등을 통하여 전문화, 활성화하고 있다. 그럼에도 불구하고 일부 대학에서 볼 수 있듯이 아직 대학의 사회봉사활동은 조직화·체계화되어 있지 않다. 실제로 사회복지 관련 분야에서 활동하고 있는 대학생 자원봉사자를 관리하고 활동을 지속하기 위한 구체적이고 체계적인 지침이 부족한 실정이다.

가장 문제가 되고 있는 것은 대학생자원봉사자들의 단기적 활동 현황이다. 대부분 학기 중에 학점 이수를 위해 왔다가 학기가 끝나면 중단하는 경향이 많아 사회복지현장종사자들로서는 프로그램 운영상의 많은 애로가 있다. 또한 결석 시에 미리 연락을 주지 않고 무단으로 중단하는 학생들이 일반 자원봉사자들에 비해 많은 편이다. 개별적으로 봉사기관에 접촉하여 활동하는 학생들에 비해 학점 이수와 관련된 학생들은 책임감이 떨어지는 편이다. 게다가 대학기관에서 요구하는 학생평가서류가 오히려 사회복지기관 종사자들의 업무를 가중시키고 있어서 대학생자원봉사자 관리에 난색을 표하는 기관도 많다(inews, 2003).

한편 2008년도 대학 전형에 있어서 전국 146개 전문대학(4년제 대학으로 개편 및 논의되고 있는 2개 대학 제외) 중 각 대학별 독자적인 자율기준에 의하여 특색 있는 특별전형의 기준으로 학생을 모집함에 있어 사회봉사 관련 전형기준으로 봉사활동 실적자에게 혜택을 주는 대학도 남해전문대학 등 60개교에 이르고 있다(한국전문대학교협의회, 2007).

대학생 자원봉사자들은 많은 시간과 인적 자원을 지닌 보배로 이러한 자원을 방치하는 것은 국가적으로나 사회적 손실이며 자발적으로 남을 돕고 더불어 사는 사회를 이룩하는데 학생들의 사회봉사 열기가 일익을 담당할 수 있도록 국가와 학교 차원의 적극적인 지원과 대학생 자원봉사자들의 적극적인 참여가 있어야 할 것이다.

대학생들 또한 사회봉사 학점, 즉 봉사에 대한 어떠한 대가를 바라기보다는 더불어 사는 사회 속에서 삶의 경험을 소중하게 생각하는 문화 정립의 촉매, 인간다운 삶의 질을 높이는 기회로 대학생들의 자원봉사활동이 이루어져야 할 것이다.

한편 직업별 자원봉사활동 현황은 표 12-1과 같다. 대학생의 경우 실인원이 176, 615명이고, 연인원은 1,059,873명이며, 참여도는 6.0을 나타내고 있다.

표 12-1 직업별 자원봉사활동 현황 (단위: 명)

구분	초중고	대학생	사무직	자영업	전문직	공무원
실인원	1,070,176	176,615	56,741	35,344	54,418	65,902
연인원	4,730,236	1,059,873	356,102	590,497	478,567	321,252
참여도	4.4	6.0	6.2	16.7	8.7	4.8

출처: 행정안전부·한국중앙자원봉사센터(2019). 2019년 자원봉사센터 현황.

4 대학 자원봉사활동의 발전방향

자원봉사에 대한 사회적 관심과 더불어 대학에서도 봉사에 대한 관심이 높아지면서 우후죽순격으로 봉사프로그램들이 늘어나고 있으나, 이에 따라 여러 가지 문제들도 대두되고 있다. 이러한 문제점은 크게 봉사 프로그램, 교육부분 및 관리부분의 세 분야로 정리할 수 있다(김한겸 외, 2013).

먼저, 봉사 프로그램에서의 문제점은 봉사 프로그램이 단조롭게 구성되어 있으며, 특별한 성과나 내실 없이 양적으로 증가하고 있으나 실적 위주로 보여주기식이라는 점이다.

둘째, 교육부분에서의 문제점은 대학에서 자원봉사를 담당하고 있는 행정직원의 전문성이 부재하고, 학생 봉사리더에 대한 체계적인 교육이 부재하고, 대학에 사회봉사교육 관련 프로그램도 미비하다는 점이다.

셋째, 관리부분에서는 봉사 참여자와 수혜자와의 비효율인 연계, 봉사 프로그램 및 봉사자 관리의 비효율화, 대학 사회봉사 관련 정보공시의 비효율성을 대표적으로 들 수 있다.

이러한 문제점을 해결하고 대학 사회봉사 활성화 및 봉사문화 형성을 위한 발전방안을 제시하면 다음과 같다(김매이 외, 2014).

먼저 대학은 참여 위주의 봉사수업이나 봉사 프로그램보다는 대학 전체가 '봉사'에 관심을 가지고, 보다 더 교육적 관점에서 봉사가 학생들의 졸업 이후의 삶에도 영향을 미칠 수 있는 봉사 수업 및 봉사 프로그램을 진행하고, 대학생만의 장점을 살릴 수 있는 봉사 프로그램을 개발 · 운영하여야 한다.

둘째, 대학의 사회봉사교육은 대학의 강의중심 기초교육과 봉사센터 심화교육으로 나누어 진행되어야 한다. 또한 사회봉사는 대학 및 외부 단체의 봉사센터가 봉사 참여 등의 활동 혹은 경험을 제공하여야 하며, 봉사센터는 봉사활동과 직접적으로 관계있는 기본 오리엔테이션 등을 책임져야 한다. 한편 봉사센터는 참여만이 목적이 아닌 봉사 프로그램 자체가 교육의 역할을 할 수 있도록 보다 계획적이고 의미 있는 봉사 프로그램을 운영하고, 봉사 프로그램의 기획 · 운영 · 평가를 모두 책임져야 한다.

셋째, 대학 사회봉사의 인정 · 보상은 중복 인정 및 보상을 피해야 하며, 실비 이상의 금전적 지원은 금지되어야 한다. 또한 봉사 인정시간은 행정안전부 기준을 따르는 것을 기본으로 하며, 실비는 식비와 차비로 제한하고, 기업의 금전적 보상 등은 대학의 장학금으로 환원되어야 한다.

제 13 장

가족 자원봉사활동

가족 자원봉사는 한 가족의 구성원인 자녀와 부모가 함께 지역사회에서 봉사의 손길이 필요한 사람과 장소를 찾아 봉사서비스를 제공하며, 최소 2인 이상의 가족구성원들이 모여 가족 자원봉사활동에 참여하는 것을 의미한다.

가족자원봉사활동은 2000년 이후 본격적으로 시작되었으며, 가족 이기주의 등 가족의 문제를 극복하기 위한 방안으로 지역사회복지관에서 캠페인 프로그램으로 시작되어 요즘은 각 지역 자원봉사센터에서 가족 자원봉사자들의 대기자까지 있어 순번을 기다리는 실정으로 관심이 높아졌다.

이 장에서는 가족 자원봉사활동을 파악하기 위해 가족 자원봉사활동의 이해, 가족 자원봉사활동의 필요성, 효과 및 발전방향 그리고 가족 자원봉사활동 프로그램에 대해 살펴보도록 한다.

1 가족 자원봉사활동의 이해

우리나라는 전통적으로 상호부조 정신과 지역사회 공동체의 복지사상이 발달되었음에도 불구하고 오늘날 사회가 도시화·산업화·자본주의화되면서 근린집단의 공동체 사상이 약화 내지 소멸의 위치에 놓이게 되었다(유지민, 2001).

이러한 사회문제해결과 공동체의식을 고양할 수 있는 하나의 제도로 자원봉사활동이 사회의 공익증진에 기여하고 있다(장덕희, 2001). 그중에서도 공급단위가 가족인 가족 자원봉사활동은 전통적인 상부상조의 지역공동체 개념과 가장 가까운 접근방법으로 지역사회발전과 나눔의 문화형성에 가장 부합된다(김혜령 · 정민자, 2011).

한국의 경우 가족 자원봉사활동에 본격적인 관심을 가지고 가족친화적인 문화발전을 위해 가족봉사단 프로그램이 시행된 것은 2005년 건강가정지원법이 시행된 이후부터이다. 가족단위의 봉사활동은 가족의 공유 경험과 상호작용을 바탕으로 가족 간 결속력을 강화하고 시민의식을 향상시킨다(양수민, 2012).

특히 부모가 자원봉사활동에 참여할 때 청소년의 자원봉사활동 참여도, 봉사활동 만족도, 이타성, 참여시기, 가족과 함께 하는 봉사와 부모의 지지도 및 앞으로의 지속도 등에 높은 상관관계가 있으며(김은경, 2002), 가족구성원이 함께 자원봉사활동에 참여하여 자연스럽게 가족 간의 대화를 증가시킴으로써 가족 간의 유대나 가족의 갈등을 해소하는 효과를 얻을 수 있다(이경은, 2003). 이처럼 가족 여가활동의 하나로 가족 자원봉사활동에 참여하는 것이 가족 내 문제 예방은 물론 장기적으로는 지역사회의 발전을 위해 큰 기여를 한다고 볼 수 있다.

2 가족 자원봉사활동의 필요성

가족 자원봉사(family volunteering)는 한 가족을 자원봉사활동의 기초단위로 하여 공공복지의 가치를 지향하며, 개인, 집단, 지역사회에서 발생하는 사회적 문제를 예방하고 해결하기 위한 자주적이며 협동적인 실천 노력이라고 할 수 있다(김정옥 · 장덕희, 2003). 즉, 가족 자원봉사활동이란 한 가족의 구성원인 자녀와 부모가 함께 지역사회에서 봉사의 손길이 필요한 사람과 장소를 찾아 봉사서비스를 제공하며, 최소 2인 이상의 가족구성원들이 모여 가족 자원봉사활동에 참여하는 것을 의미한다(이병순 외, 2014).

가족 자원봉사활동은 2000년 이후 본격적으로 시작되었으며, 가족 이기주의 등 가족의 문제를 극복하기 위한 방안으로 지역사회복지관에서 캠페인 프로그램으로 시작되어, 요즘은 각 지역 자원봉사센터에서 가족 자원봉사자들의 대기자까지 있어 순번을 기다리는 실정으로 관심이 높아졌다.

가족 자원봉사활동은 다음과 같은 장점으로 인해 필요하다.

첫째, 어린 시절 가족봉사활동의 경험은 정서적 발달과 사회적 발달의 기초로써, 일상생활 가운데 자연스럽게 봉사활동을 실천할 수 있는 능력을 향상시킬 수 있다.

둘째, 개별자원봉사자의 심리적 만족을 증가시킨다.

셋째, 봉사활동을 통해 가족의 소중함을 느끼고, 가족관계 증진에 긍정적인 영향을 받는다.

마지막으로 가족 자원봉사활동의 구성은 봉사활동을 보다 접하기 쉽게 만든다.

3 가족 자원봉사활동의 효과

가족 자원봉사활동의 효과는 가족에게 미치는 효과와 지역사회에 미치는 효과로 나눌 수 있다(양점도 외, 2010).

1) 가족에게 미치는 효과

첫째, 가족과 함께 활동하는 시간이 많아지므로 가족의 결속력이나 유대관계가 강화된다.

둘째, 대화의 단절로 발생할 수 있는 가족문제를 미연에 방지하고, 세대갈등을 해소하는 데 도움을 줄 수 있다.

셋째, 가족 자원봉사활동의 경험은 사회의 기본 단위이며 삶의 터전으로서 가족의 중요성을 인식하게 하여 가족에 대해 감사하는 마음을 갖게 하고, 건전하고 건강한 가정을 지켜 나가기 위해 노력하게 한다.

넷째, 자원봉사활동의 실천적 체험을 통하여 기쁨과 보람을 체험함으로써 가족에게 공동성취감을 느끼게 하고, 각자의 공헌에서 가치를 발견할 수 있는 유익한 학습의 장이 된다.

다섯째, 긍정적이고 보람 있는 가족의 공동 추억거리를 만들 수 있다.

2) 지역사회에 미치는 효과

첫째, 지역사회에 대한 인식의 변화이다. 가족 자원봉사활동을 통해 지역사회를 개선하는 힘이 가족에게 있다는 것을 인식하게 하여 사회구성원으로서의 책임감과 연대의식을 갖게 한다.

둘째, 청소년문제를 예방할 수 있다. 가족 자원봉사활동은 아동 및 청소년에게 건전한 여가선용의 기회를 제공하며, 일탈의 기회를 감소시켜 각종 청소년문제의 치료·예방효과를 기대할 수 있으며, 자기성찰의 기회를 통해 진로를 결정하는 데 도움을 준다.

셋째, 지역사회 연대의식을 강화시킨다. 가족 자원봉사 동아리를 통해 이웃 간의 화합을 도모하여 공동체 의식을 함양한다. 이를 통해 지역사회의 고통을 분담하여 사회문제해결에 동참하려는 의식을 강화시킨다.

4 가족 자원봉사활동의 발전방향

향후 가족 자원봉사활동의 발전방향에 대해 제시하면 다음과 같다.

① 가족 자원봉사자 전담관리자의 육성과 배치
② 가족 자원봉사자를 위한 시설 및 여건 마련
③ 가족 자원봉사제도의 활성화를 위한 휴가제도 도입
④ 다양한 보상제도 마련(인정과 인센티브 부여)
⑤ 가족 자원봉사자 확보를 위한 의식교육 확대
⑥ 종교단체를 활용한 가족 자원봉사활동 장려
⑦ 가족 자원봉사 프로그램의 개발·보급

5 가족 자원봉사활동 프로그램

가족 자원봉사활동 프로그램은 자원봉사활동의 주요 분야이며, 사회복지 분야에서도 중요한 비중을 차지하고 있다. 미국의 경우 촛불재단에 의하면 가족 자원봉사 프로그램은 시작단계에서 사회복지 분야 중 시설중심의 사업이 가장 많아 봉사활동의 초보단계적인 특성을 보였다(Points of Light foundation,

2003). 우리나라의 경우 가족 자원봉사활동 프로그램은 사회복지 분야와 지역사회 분야에서 노력봉사하는 자녀동반 프로그램과 장애인 및 소외계층의 자매결연을 통한 지속적인 가족의 만남을 위한 봉사와 환경과 교통, 지역사회운동, 문화예술, 홍보 등 비록 사례는 적지만 활동 분야는 매우 폭넓게 퍼져 있다(이병순 외, 2014).

표 13-1 가족 자원봉사활동의 내용

구분		내용	
		시설	재가
사회복지	노인	양로원과 치매노인 및 건강센터 봉사활동	무의탁노인, 추석송편 나눠주기, 말벗, 책읽기
	장애인	보육원, 요양원(놀아주기, 우유먹이기, 식사보조, 간식준비, 말벗, 산책, 목욕봉사, 등반대회, 점자도서관 방문)	장애인가정 추석 송편 나눠주기
	아동, 청소년	어린이집 봉사활동, 성년입양아 지지	결식아동 도시락 후원, 장보기, 부식다듬기, 도시락배달, 설거지
	어려운 이웃	봉사기금마련 사업	
	노숙자	노숙자의 집 방문	
	여성	모자 가정지원	
	공공기관 봉사	우체국 방문과 우편물 분류작업	
	기금마련	벼룩시장(이익금: 어르신 생신상 차림)	
지역사회	지역사회문제	지역사회 자원발굴, 알뜰시장 열기, 좋은이웃 되기	
	환경운동	공원가꾸기, 자연보호운동, 나무심기, 재활용품 수집	
	캠페인	환경캠페인, 거리질서 캠페인	
	문화예술	지역사회 문화탐방, 지역도서관 봉사, 지역놀이 행사지원	
	홍보	언론미팅데이, 알림도우미활동(언론방영)	
	교육	10부제 운행에 대한 의식조사, 표어 포스터 제작	

제 14 장

기업 자원봉사활동

기업 자원봉사활동이란 기업의 사회적 책임 수행의 한 방법으로 전·현직 임직원 및 그 가족 등 기업의 모든 이해관계자들이 기업의 제도적 지원을 통해 그들의 지식과 재능, 기술, 시간 등을 적극적으로 활용하여 지역사회 문제해결을 위해 참여함으로써 기업 자체가 추구하는 사회적·경제적 목적과 함께 계몽된 기업윤리를 최대로 실천하는 일련의 활동을 말한다.

기업 자원봉사활동은 기업 자체가 추구하는 사회적·경제적 목적들을 달성할 수 있게 도와줄 뿐만 아니라 사회구성원인 개개인들의 기대와 요구에 창의적으로 반응하여 이들을 만족시켜 주는 긍정적인 역할을 한다. 따라서 기업 자원봉사활동은 기업이 가진 자산과 인력으로 최대한의 효과를 창출하여 지역사회의 이익과 기업의 이익에 공헌하게 하여 기업들 간의 새로운 이슈로 등장하고 있다.

이 장에서는 기업 자원봉사활동을 파악하기 위해서 기업 자원봉사의 개념 정의, 등장배경, 기업 자원봉사 관련 이론을 살펴본다. 또한 기업 자원봉사의 필요성 및 효과, 바람직한 방향에 대해 모색해 보도록 한다.

1 기업 자원봉사활동의 개념

기업의 자원봉사활동 개념은 다양하게 정의되어 있지만 아직 통일된 개념 규정은 없는 상태이다. 이는 기업의 자원봉사가 너무 넓고 다양한 영역을 포괄하고 있으며 공익성, 공식성, 자원성, 자발성, 독립성, 다원성, 연대성, 비영리성의 특성 중 어느 부분을 강조하느냐에 따라 다르게 정의될 수 있기 때문이다. 이는 기업이 속해 있는 나라마다 다른 역사적 배경을 가지고 있는 것에 연유한 것으로 보인다.

기업의 자원봉사(corporale volunteer service)라는 단어는 1970년대 이후 미국기업들이 박애나 자선과 같은 전통적인 사회봉사의 방법보다 사원들이 직접 지역사회에 참여하여 봉사하는 자원봉사가 뜻밖의 효과를 가져다 주는 것을 확인함으로써 사원들의 자원봉사활동을 기업 차원에서 제도적으로 뒷받침해 주면서 등장하였다. 이러한 기업 자원봉사활동은 개인적인 차원에서 기업적인 차원으로 확대·발전시킨 것으로, 기업도 사회의 일원으로서 그 사회의 문제해결과 사회발전에 책임의식과 주인의식을 가져야 한다는 뜻에서 등장한 새로운 용어이다(이숙희, 2001).

기존 연구의 기업 자원봉사활동의 정의를 살펴보면 “기업 자체가 가진 자산과 인력으로부터 최대의 효과를 창출하고 지역사회의 이익을 위해서 그리고 노동력과 사업자체를 위해서 기업의 임직원들이 자발적으로 책임감과 연대성을 가지고 보수에 대한 기대 없이 지속적으로 행하는 사회적 기여활동”(원미순, 1996), “기업이 자원봉사를 하고자 하는 자사의 전·현직 임직원과 그들의 가족을 위해 공식적이고 체계적인 프로그램 및 지원체계를 마련하고, 자원봉사하는 것을 말하며, 퇴근 후와 주말은 물론 회사가 허용하는 일정 시간 범위 내에서 근무시간 중에 자원봉사활동을 하는 것”도 해당된다(이강현, 1997). 또한 “기업이 자사의 임직원뿐만 아니라 임직원 부인, 자녀, 협력사 그리고 고객까지 포함된 기업의 이해관계자들이 자사의 자원봉사 프로그램을 통해 자원봉사활동을 손쉽게 수행할 수 있도록 자원봉사 관련 정보를 제공하고, 자원봉사활동을 체계화하고 이들의 봉사활동을 공식적으로 지원하는 활동"(이자영, 2004)이라고 할 수 있다. 이와 같이 기업 자원봉사활동에 대한 개념 정의를 요약해 보면 기업 자원봉사활동이란 '기업의 사회적 책임 수행의 한 방법으로 전·현직 임직원 및 그 가족 등 기업의 모든 이해관계자들 모두 기업의 제도적 지원을 통해 그들의 지식과 재능, 기술, 시간 등을 적극적으로 활용하여 지역사회 문제해결을 위해 직접 참여함으로써 기업 자체가 추구하는 사회적·경제적 목적과 함께 계몽된 기업윤리를 최대로 실천하는 일련의 활동'을 말한다.

2 기업 자원봉사의 등장 배경

기업의 사회적 책임의 한 방법으로 기업이 지역사회를 위한 자원봉사에 참여하게 된 시기는 1980년대부터라고 볼 수 있다. 물론 소수의 기업들은 그보다 훨씬 이전부터 지역사회를 위한 활동을 하여 왔지만, 미국의 포춘(Fortune)지에서 기업 순위를 산정하는 8개의 요소 중 기업의 사회적 책임을 포함시킴으로써 주주 중심의 이윤 추구만을 강조하는 기업의 책임에서 이윤 추구뿐만 아니라 사회구성원에 대한 기업의 의무를 요구하는 환경으로 사회가 기업을 바라보는 시각이 변화되었다. 이에 기업이 사회적 책임을 실현하는 방법으로 박애활동을 기반으로 한 전통적인 기부형식보다는 자원봉사활동에 더 역점을 두는 경향이 두드러지게 나타나게 된 것이다.

그리고 가장 중요한 것은 이러한 기업 자원봉사활동은 높아진 소비자 의식과 맞물려 기업이 환경친화적인지 아닌지, 소비자 우선 또는 기업이익 우선인가, 인권, 특히 어린이와 여성노동력의 착취 여부와 지역사회에 관심을 가지는 여부까지 다방면에 걸쳐 매우 세심하게 기업들이 소비자의 기대에 부응할 수 있도록 압력을 행사하기에 이르렀다. 하지만 이런 요구와 함께 높아진 기업의 자원봉사활동은 기업이 추구하는 사회적·경제적 목적들을 달성할 수 있게 도와줄 뿐만 아니라 사회구성원인 개개인들의 기대와 요구들에 창의적으로 반응하여 이들을 만족시켜 주는 긍정적인 역할을 하고 있다는 것이다. 따라서 기업 자원봉사활동은 기업이 가진 자산과 인력으로 최대한의 효과를 창출하여 지역사회의 이익과 기업의 이익에 공헌하게 하여 기업들 간의 새로운 이슈로 등장하고 있다.

오늘날 기업들은 제품과 기술의 차별화를 두고 어려움을 겪고 있으며, 이에 대한 브랜드 디자인의 바탕이 되는 기업이미지의 차별화와 기업의 가치를 높이는 방법으로 기업의 사회적 책임(Corporate Social Responsibility, CSR)을 적극 이용하고 있다(이재훈, 2015).

기업 자원봉사활동은 기업의 사회적 책임을 이행하기 위한 분야로 이해된다. 미국의 경우 1929년 대공황을 거치면서 기업의 사회적 역할 혹은 책임에 대한 사회적 인식이 확대되었고, 1960년대에 이르면서 사회환경 및 사회가치에 현저한 변화가 나타나기 시작하면서 기업의 사회적 책임이 본격적으로 논의되었다. 최근에는 유엔지구협약 등에서 지구화 시대의 기업의 역할에 대한 진전된 논의들이 이루어지고 있고, 이와 관련된 기업의 정체성을 이른바 '기업 시민정신'이라는 용어로 표현하기도 하였다.

기업의 사회적 책임은 사회문제 혹은 사회적 요구에 대한 구체적인 방식의 참여를 동반한다. 이러한 관점에서 기업의 사회공헌활동은 지역사회에 대한 투자로 이해될 수도 있다. 사회적으로 책임 있는 기업이 되기 위해서는 기업이 운영되고 있는 지역사회에 대한 투자를 해야 한다는 것이다. 여기에는 근로자들뿐만 아니라 지역사회의 환경문제 등 다양한 문제에 대한 개입이 포함된다. 기업과 지역사회는 상호 의존적인 관계에 놓여 있으며, 이 둘은 서로에게 긍정적 혹은 부정적으로 영향을 미치게 된다. 그러나 중요한 것은 이들 간의 관계가 서로에게 전체적으로 긍정적인 영향을 미치는 순환관계를 갖도록 해야 한다는 것이다.

캐롤(Carroll)은 기업의 사회적 책임(corporate responsibility)을 좀 더 구체적이고 체계적으로 분류하여 다음의 네 가지 단계로 구분하였다(Carroll, 1991).

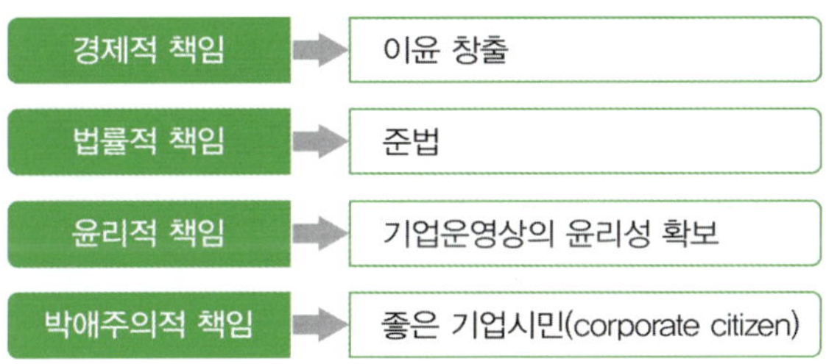

그림 14-1 기업의 사회적 책임의 단계

3 기업 자원봉사이론

기업 자원봉사의 필요성을 설명할 수 있는 이론은 3가지로 정리할 수 있다(성민선, 1997).

1) 사회체계이론

사회체계론에 의하면 사회를 구성하는 크고 작은 모든 체계는 서로 연결되어 상호작용하는 부분들의 합(合)으로서, 하나의 전체로서의 살아 있는 개방체계를 이룬다. 즉, 상호작용 중에 있는 부분들이 하나의 전체 환경을 만들어가며, 그렇게 만들어진 전체 환경은 다시 부분들에게 영향을 미침으로써 부분과 전체가 떼려야 뗄 수 없는 하나의 공동체로 공존하고 있는 것이다.

체계론적 관점으로 기업은 기업 자체만의 것이 아닌 사회 전체에 속한 한 부분이며, 결코 사회를 떠나 독립하여 혼자서 존립할 수 없는 존재이다. 이것이 기업이 창출하는 부(富)는 주주들과 기업만의 것이 될 수 없고, 반드시 사회에 환원되어 사회를 진보시키는 동력으로 쓰지 않으면 안 되는 이유이다. 기업의 발전은 기업 혼자만으로 이루어진 것이 아니고 사회의 다른 부분들이 그렇게 뒷받침해 준 결과라는 사실이고, 기업이 계속 존립해 나가기 위해서는 필요한 에너지를 사회의 다른 부분들로부터 계속 공급받아야 한다는 사실이다. 마찬가지로 기업은 사회의 다른 부분들을 살리기 위해서는 기업이 창출하는 에너지를 계속 공급해주지 않으면 안 된다. 이처럼 사회 부분들 간에 서로를 향해 열려진 경계를 통해 상호작용이 계속될 때 전체 사회가 쓸 수 있는 에너지의 양은 증대되고, 사회는 시너지(synergy)라고 하는 활력을 갖추게 된다. 시너지는 부분들의 상호작용이 활발할수록 그리고 그 관계가 수평적이고 보완적일수록 더욱 왕성해진다. 이러한 상생 개념을 자원봉사에 적용하면 자원봉사를 하는 기업과 지역사회는 서로의 요구를 충족시켜 가면서 제공하는 측과 받는 측 사이에 불평등하거나 일방적인 우열관계 또는 갈등관계가 아닌 수평적 · 생산적 · 시너지적 관계를 형성함으로써 서로에게 유리한 결과를 창조할 수 있다.

2) 기업의 사회적 책임론(기업시민론)

기업의 사회적 책임론은 현대사회에서 현대기업들이 수행해야 할 특별한 역할, 즉 기업시민론에 관한 논의를 제공하며 경제 행위의 동기와 기업이 누구의 이익을 대변해야 하느냐는 차원에서 생산주의(productivism), 박애주의(philantropy), 진보주의(progressivism) 그리고 윤리적 이상주의(ethical idealism)로 나뉜다. 이 가운데서 기업은 주주들의 이익을 극대화하는 경제논리에 따라 근본적으로 이윤창출에 충실하면 그만이라는 생산주의를 제외하면, 나머지는 모두 기업 시민으로서의 기업의 사회적 책임을 언급하고 있다. 박애주의는 기업이 주주의 것이기는 하지만 기업의 이익은 사회에 환원되고 기업은 도덕적으로 사회에 봉사해야 할 의무가 있다는 관점이고, 진보주의는 기업은 주주들만의 소유물이 아니라 많은 관련 이해 당사자들의 것인 만큼 기업은 사회 발전의 주체로서 자기 이익을 사회적으로 확대하여 비생산적인 사회활동에도 적극 참여해야 한다는 것이다. 윤리적 이상주의는 여기서 한 걸음 더 나아가 기업의 사회적 책임을 극대화하며, 기업의 경제활동이 이윤 추구보다는 이타주의에 근거해 수행되어야 한다고 주장한다.

기업의 사회적 책임에 대해서 기업이 어떤 입장을 취하느냐에 따라 사회봉사에 참여하는 여부와 정도가 달라질 것이다. 그러나 기업에 대한 사회적 요구는 박애주의 차원을 넘은 진보주의 입장에서 기업이 기업시민으로서 역할을 수행해 줄 것을 기대한다고 할 수 있다.

기업은 사회문제에 관심을 가지고 사회문제 해결에 기업이 가진 능력과 지도력을 발휘하고 시대에 맞는 삶의 양식을 전개해 나가는데 지도적 역할을 해 줄 것을 기대하는 사회적 요구에 부응해야 하는 입장에 있다. 그리고 그러한 기대에 부응할 수 있는 기업은 '좋은 기업'으로 각인되어 소비자에게 선택되고 기업 간의 경쟁 속에서 성공할 수 있는 기업이 된다.

3) 계몽된 자기이익론

기업이 자원봉사를 하면서 그로부터 이득을 취할 수 있기 때문에 기업이 자원봉사를 한다는 관점이 바로 계몽된 자기이익론이다. 기업이 사회봉사에 참여함으로써 아무런 이득도 얻을 수 없다면 자원봉사를 하지 않아도 그만일 것이다. 그러나 자원봉사를 통해 얻을 수 있는 이득이 많고 그것이 단기적·장기적으로 기업의 이윤 창출에도 도움이 되기 때문에 기업들은 좋은 기업 시민의 역할 등을 참여 이유로 들면서 자원봉사에 참여하게 된다. 이와 같은 이해관계를 교화된 또는 계몽된 자기이익(enlightened self-interest)이라 하며, 기업들은 그러한 이익 때문에 자원봉사를 전략적으로 활용하거나 기업 경영의 핵심 기능의 하나로 자원봉사를 통합하는 것이다.

기업은 기업의 이미지를 개선하고 경영의 효율을 기하고자 할 때 그리고 장기적으로 보아 기업의 이윤을 증대하는 데 도움이 된다고 판단할 때 자원봉사를 한다. 특히 자원봉사는 적은 돈으로 보다 큰 효과를 가져다 주는 것으로 판단되고 있기 때문에 기업들은 사회봉사의 한 방법으로 자원봉사를 적극적으로 활용하고 있다. 기업이 특히 자원봉사에 관심을 기울이는 데는 기업에 대한 일반 대중의 관심과 태도가 크게 작용하는 것으로 알려지고 있다. 소비자로서의 일반 대중은 '좋은 기업시민 의식'을 가진 기업을 선호하고 그런 회사의 상품이나 서비스를 구매한다. 따라서 기업들은 좋은 평판을 얻거나 경쟁사들과 구별되어야만 소비자들로부터 선택받을 수 있으며, 이는 기업의 존망과 관련된 중대사이다. 실제로 경제사정이 어려운 시기일수록 수행해 왔던 자원봉사를 계속 유지하는 것이 기업의 경영을 활성화한 예는 얼마든지 있다. 계몽된 자기이익과는 무관하게 단기적인 이해관계나 숨겨진 다른 의도 때문에 기업이 자원봉사를 하는 경우도 얼마든지 있을 수 있다. 이는 궁극적으로 소비자들을 기만하는 것이므로 결국은 자기패배적(self-defeated)인 결과를 초래하게 된다.

4 기업 자원봉사의 필요성

기업 자원봉사활동은 다음의 세 가지 근본적 이유들 때문에 필요하다고 할 수 있다(삼성사회봉사단: www.samsunglove.co.kr).

첫째, 기업 자원봉사활동은 기업체 자체가 추구하는 전반적인 경제적·사회적 목적들을 달성하고, 기업의 다양한 구성원 및 이해당사자들의 기대에 부응하는 데 있어 효과적인 도구로서의 역할을 한다.

둘째, 기업 자원봉사활동은 매우 어려운 인간적·사회적·경제적 문제들에 대한 해결을 열망하는 지역사회를 위해 인간적 재능과 에너지를 공급할 수 있는 근원이 된다. 기업은 다른 어느 곳에서도 얻기 힘든 특정 기술들과 전문성을 구비한 집단으로서, 자발적인 의지로 참여하는 봉사의 손길을 제공할 수 있다.

셋째, 직장이라는 것은 대부분의 사람들에게는 중심적 역할을 수행하기 때문에 기업은 개인들이 일생을 통해서 자기 자신들과 타인들을 도울 수 있는 방편으로서의 자원봉사활동을 지원하고 격려함으로써 기업이 도덕적으로 올바른 위치를 지키고 이것이 자체의 노동인력을 강화하게 된다.

5 기업 자원봉사활동의 효과

기업 자원봉사활동이 기업, 기업 임직원 및 지역사회에 주는 효과들은 다음과 같다.

첫째, 기업 측면에서 보면 기업 구성원들이 회사의 이름을 내걸고 자원봉사활동을 전개함으로써 기업의 사회전략 목표와 지역사회의 필요를 매치할 수 있고, 기업 이미지가 제고됨으로써 보다 우수한 직원을 유인해 채용할 수 있으며, 기업의 공공 이미지와 평판이 높아짐으로써 기업의 상품을 소비자들이 선호하게 만드는 요인을 제공할 수 있다. 또한 기업 구성원들은 지역사회 구성원들과 직접적인 접촉을 통해 이웃에 대한 이해와 지역사회의 문제를 보다 깊이 이해할 수 있는 기회를 가지고 리더십이나 팀워크가 개발·발전됨과 아울러 사내에서는 지인이 많아져 좋은 인력 네트워크를 만들며 사원들의 사기를 높여 기업의 경영활동에까지 도움을 준다.

둘째, 기업 임직원 측면에서 보면 자원봉사활동에의 참여 경험은 임직원 개인의 사기 진작과 스트레스 해소 및 도덕적 선행이나 도움을 실천했다는 심리적 만족감을 부여해 줄 수 있고, 타인과 함께 더불어 살아가는 공동체의식을 함양시켜 줄 수 있다. 또한 삶과 가족의 가치에 대한 인식을 새롭게 하는 기회가 될 뿐 아니라 기업과 가정 사이에 벽을 허물고 직원가족들을 기업 자원봉사활동에 참여시켜 사원들의 직무 만족도를 높일 수 있으며, 가족 간의 결속감도 높이고 자녀들과 함께 한 자원봉사에서는 자녀들에게 좋은 역할모델을 제시할 수 있으며 회사와 자기 자신에 대한 자긍심도 생기는 계기가 된다.

셋째, 지역사회 측면에서 보면 기업의 자원봉사활동은 기업들의 자발적인 의지로 참여하는 봉사의 손길을 제공받을 수 있다. 자원봉사자들의 지원과 도움이 필요한 지역사회 조직들과 기관들은 기업의 자원봉사활동이야말로 적극적으로 서비스에 임할 수 있는 자원봉사자들을 모집하고 동원할 수 있는 가장 자연스럽고 잠재적으로 가장 성공적인 자원체계로 생각할 수 있다. 기업은 전문기술, 인적자원, 재정지원, 조직화된 동원 체계 등을 상비하고 있으므로, 증가하는 복지수요를 언제나 충족해 줄 수 있는 훌륭한 공급원을 제공함으로써 지역사회 문제해결에 도움이 될 수 있다.

6 기업 자원봉사활동의 바람직한 방향

우리나라 기업이 지향해야 할 기업 자원봉사활동의 바람직한 방향을 제시하면 다음과 같다.

① 기업 최고 경영자의 자원봉사에 대한 이해와 의지가 확고해야 하며, 일관되게 수행할 수 있는 경영철학 방침을 보여야 한다.
② 기업의 자원봉사활동은 전 사원들에게 의무화하여 누구든지 참여하도록 지원하고 격려해야 한다.
③ 기업은 봉사 참가자들의 관심과 능력에 맞는 다양한 프로그램을 개발해야 한다.
④ 기업의 자원봉사활동은 전담 직원을 따로 두어 체계화되고 지속적으로 관리되어야 한다.
⑤ 기업은 봉사활동에 참여하는 모든 사원들에게 적절한 사전·사후교육을 제공해야 한다.
⑥ 객관적인 평가제도를 마련하여 우수 봉사자나 우수팀에게 포상을 하여 봉사활동에 대한 동기부여를 고취시켜야 한다.
⑦ 기업의 자원봉사활동은 돈의 기부보다 노력봉사가 더욱 의미 있다는 것을 인정해야 한다.
⑧ 기업의 자원봉사활동은 국가의 사회보장 영역을 침범하기보다는 사회, 심리, 정서적 도움이 필요한 곳에 도움을 제공하는 것이 바람직하다.
⑨ 기업은 자원봉사의 영역을 넓히고 새 영역을 발굴해 나가는 것이 필요하다.
⑩ 기업은 지역사회의 공공기관이나 민간단체, 다른 기업들과의 파트너십 의식을 가지고 있어야 한다.

⑪ 기업 자원봉사 프로그램을 봉사자들의 활동환경에 맞게 유연화시켜야 한다.

⑫ 기업은 자원봉사 활성화를 위해 봉사활동 경비지원이나 기금지원 또는 봉사기금조성을 적극 지원해야 한다.

⑬ 기업 자원봉사활동에 대한 상급경영자나 임직원 등 기업 내부 고위 계층의 인식제고와 지지환경 조성이 필요하다.

제 15 장

국제 자원봉사활동

국제 자원봉사활동이란 국제적인 자원봉사활동에 자발적으로 참여하는 활동을 말한다. 즉, 국제 자원봉사활동은 언어, 종교, 정치, 사회경제적 장애를 뛰어넘어 자신의 시간, 능력, 에너지를 사용하여 사회변화, 경제발전, 환경보전 등을 실천하는 것이다.

국제 자원봉사단의 발상은 1920년 제1차 세계대전 이후에 유럽인들로 구성된 단체로부터 비롯되었다. 조직적이고 본격적인 국제 자원봉사활동의 시초는 "국제 워크캠프(work camp)"의 개최였다. 국제 워크캠프는 여러 나라에서 온 자원봉사활동자들이 함께 공동의 목적으로 일을 하는 것을 말한다.

최근 들어 국제 자원봉사활동은 각국 정부나 국제기구 그리고 민간단체(NGO)들이 다양한 방법으로 많은 노력을 기울이는 분야가 되었으며, 그 사업과 프로그램도 점점 다양해지고 확대해 나가고 있는 실정이다.

이 장에서는 국제 자원봉사활동을 파악하기 위해서 국제 자원봉사활동의 개념, 기대효과를 살펴본다. 또한 국제 자원봉사활동의 유형과 관련 단체 그리고 국제 자원봉사활동의 내용과 유의사항에 대해 고찰해 보도록 한다.

1 국제 자원봉사활동의 개념

국제 자원봉사활동(international voluntary service)은 국제적인 자원봉사활동에 자발적으로 참여하는 활동을 말한다. 국제 자원봉사활동은 단순히 외국으로

가서 관광활동이나 문화체험을 하는 것을 벗어나, 지역사회의 환경, 생태, 인권, 평화, 문화유산, 국제협력과 관련한 현장 프로젝트에 참여하는 활동을 말한다. 즉, 국제 자원봉사활동은 언어, 종교, 정치, 사회경제적 장애를 뛰어넘어, 자신의 시간, 능력, 에너지를 사용하여 사회변화, 경제발전, 환경보전 등을 실천하는 것이다.

일반적으로 국제 자원봉사활동이라고 하면 외국에서의 활동을 우선적으로 생각하게 되는데, 활동장소가 국내일 경우 국제적 문제나 프로젝트에 참여하는 것도 국제 자원봉사활동이라 할 수 있다. 한국에서도 한국국제협력단(Korea International Cooperation Agency: KOICA)에서 파견하는 '해외봉사단(Korea Overseas Volunteers)'이나 여러 민간단체에서 파견하는 다양한 형태의 프로그램이 국제 자원봉사활동으로 많이 알려져 있다. 즉, 일정 기간 외국, 특히 저개발국가에 거주하며 지역사회 개발, 교육, 의료활동 등을 통해 지역사회의 발전에 참여하며, 한편으로는 자신의 경험을 확대하는 것을 말한다(류기형 외, 2013).

2 국제 자원봉사의 기대효과

국제 자원봉사를 통해 기대되는 효과는 다음과 같다(류기형 외, 2013).

1) 세계시민으로 여러 사람을 만남

국적, 나이, 신분 등이 전혀 다른 다양한 사람을 만나 함께 일하기 때문에 인생관과 가치관이 다른 사람들로부터 새로운 경험을 배우게 된다.

2) 국제사회에 공헌

단지 한국인으로서가 아니라 이 지구에 사는 지구시민의 일원으로서 국제사회를 위해 기여할 수 있다. 인류공동체로서 지구가 당면하고 있는 여러 국제적인 문제해결에 보다 적극적으로 참여함으로써 보다 나은 세계를 만들 수 있다.

3) 자신의 성장

한 나라에 정착해 일정 기간 봉사활동을 하게 되면 여행자가 결코 발견할 수 없는 것을 많이 볼 수 있으며, 대부분의 사람들에게 이러한 경험은 평생 잊을 수 없는 귀중한 자산이 된다. 따라서 특정 분야에서 현장경험을 쌓는 것은 견문을 넓히고 자기 자신을 성장시키며, 이러한 경험이 나중에 자신의 문제를 해결하는 데 매우 효과적으로 작용한다.

4) 자기발견

자신의 나라 및 가족과 떨어져서 타국에서 활동하는 것은 자기발견의 기회를 준다. 자신의 진짜 모습은 무엇인가, 어느 정도의 적응력을 가진 사람인가를 알 수 있게 한다. 자신의 장·단점, 자신의 잠재력, 적성, 가능성 등도 알게 된다.

5) 경제적 이점과 부의 환원

단순한 이유지만 보통의 여행이나 유학보다 경제적이다. 또한 이윤을 추구하는 기업(회사나 여행사)이 아니라 여러 국제문제 분야에서 활동을 하는 단체 등에 자신의 돈(참가비 등)을 내고 활동에 참가함으로써 자신의 부를 사회에 환원하는 부수적인 이득도 있다.

3 국제 자원봉사활동의 유형

국제 자원봉사활동은 매우 다양한 유형으로 나타난다. 특히 기간과 장소의 다양성에 따라 일반 자원봉사활동과 커다란 차이를 갖기 때문에 한두 가지의 일정한 틀을 가지고 형태를 구분하기는 쉽지 않다. 여기에서는 활동의 내용과 형태에 따라 다음과 같이 6개 유형으로 나누어 살펴보고자 한다.

1) 워크캠프형

국제워크캠프기구(International Work Camp Organization)에서 세계 문화체험 및 교류를 통해 글로벌 마인드를 함양하고, 국제 자원봉사활동을 통해 글로벌 커뮤니티를 체험하여 세계시민사회 형성과 평화적 공동체사회 형성에 기여하기 위하여 1920년 제1차 세계대전 이후부터 현재에 이르기까지 이어지고 있는 활동이다. 워크캠프는 국제워크캠프와 한국워크캠프로 구분할 수 있다.

(1) 국제워크캠프

출처: 국제워크캠프기구 홈페이지(www.workcamp.org).

그림 15-1 국제워크캠프 활동 모습

세계에서 모인 청년들이 함께 먹고 마시고 잠자며 환경, 개발, 평화, 건축, 교육과 관련된 다양한 자원봉사 프로젝트를 진행한다. 다국적 참가자 10~15명으로 구성되며, 이 중 2~3명은 한국인이다. 활동 지역은 전 세계 87개국(유럽, 북미, 아시아, 중남미, 아프리카)이며, 2~3주간 활동한다. 유럽과 북미는 주로 6~9월에 집중 개최하고, 아시아, 아프리카, 중남미는 연중 개최한다. 신청은 국제워크캠프기구 홈페이지에서 온라인으로 지원하고, 19세 이상이면 누구나 참가 가능하다.

(2) 한국워크캠프

한국워크캠프는 '한국에서 열리는 국제워크캠프'로서 문화, 청소년, 사회, 예술, 환경, 장애, 세계유산 등 다양한 주제로 개최된다. 지역은 부산, 충북, 강원, 전남, 경기, 경북 등이고, 기간은 7~8월 중 캠프별 약 2주 내외이며, 인원은 캠프별로 약 15명(이 중 한국인 참가자는 한국인 리더 포함 캠프별 약 5~6명)이다.

2) 개인, 단기형

단기간에 자원봉사활동을 실천하거나 특정한 경험을 쌓기 위해 참여하는 경우로서, 활동지에 일정 기간을 거주하면서 상근이나 비상근으로 활동하는 유형을 말한다. 주요 활동은 자연보호, 야생생물보호 관련 활동, 복지교육 관련 활동 등 다양하다(김익균 외, 2013).

3) 정기방문형

해외의 민간단체사무소나 병원 등의 복지시설에 매일 혹은 매주 몇 번씩 정기적으로 통근하면서 활동하는 형태이다. 자기 집에서 통근하는 국내 자원봉사활동의 해외판으로 볼 수 있다. 유학이나 민박을 하면서 활동을 하는 사람, 해외에 몇 개월 사는 동안 활동하는 사람도 있다.

4) 장기개발형

최저 1년 이상 현지에 체류하면서 개발활동(환경, 교육, 농촌개발활동, 기술지도 등을 포함)에 종사하는 형태로서 개발도상국의 활동이 주를 이루고 있다. 전문가로 활동하기 때문에 이에 필요한 전문지식이나 경험이 필요한 경우가 대부분이며, 대개 생활비 정도의 수당과 항공료를 지급받는다.

5) 긴급원조형

재난에 따른 긴급사태에 대한 원조 형태이다. 예를 들면, 홍수나 지진발생 시 인명구조, 생활원조, 난민원조, 분쟁 시의 인권보호활동, 인도적 원조활동 등이 있다.

6) 국내형

국제 자원봉사활동은 외국에서뿐만 아니라 국내에서도 참여할 수 있는 분야와 기회가 많이 있다. 어떤 면에서는 국내에서 활동을 시작하여 경험을 쌓은 후 외국활동에 도전하는 것이 보다 효율적으로 일할 수 있는 방안이 될 수도 있다. 세계환경문제, 인권문제, 개발문제 등을 다루는 단체 등에서 자원봉사활동을 하는 것도 국제 자원봉사활동이라 할 수 있다. 최근에는 한국에 거주하는 외국인 노동자에 대한 관심 증가로, 이 분야의 활동이 많이 증가하고 있다(류기형 외, 2013).

4 국제 자원봉사활동 관련 단체

국제 자원봉사활동 관련 단체로는 세계자원봉사협의회(IAVE)와 한국국제협력단(KOICA)이 있다.

1) 세계자원봉사협의회

세계자원봉사협의회(International Association for Volunteer Effort: IAVE)는 1970년 설립된 세계 유일의 자원봉사진흥을 목적으로 하는 세계민간기구이다. 전 세계 자원봉사자, 자원봉사단체와 센터, 70개 이상의 회원국과 네트워크가 형성되어 있다. 2001년 제6차 세계자원봉사대회(암스테르담)에서는 세계자원봉사헌장이 채택되었다(한국자원봉사협의회, www.vkorea.or.kr).

우리나라는 2002년에 서울에서 제17차 IAVE 세계자원봉사대회를 개최한 바 있고, IAVE 아시아·태평양지역자원봉사대회의 경우 1997년(서울)과 2011년(창원) 2회에 걸쳐 개최한 바 있다. 특히 2011년 창원대회에서는 '창원선언문'이 채택되기도 하였다(한국자원봉사협의회, www.vkorea.or.kr). 현재 IAVE회장 사무국은 자원봉사 국제교류·협력의 민간 창구 역할을 하고 있는 한국자원봉사협의회 내에 설치되어 있다.

다음은 '창원선언문'의 일부이다.

창원 선언문

제13차 아시아－태평양지역자원봉사대회

2011. 10. 28~31, 경상남도 창원

"지속 가능한 지구촌을 위한 자원봉사: 기후변화, 빈곤, 분쟁, 재난재해"

— 중 략 —

본 제13차 아태지역대회 참가자들은 우리 시대의 피할 수 없는 글로벌 이슈들에 효과적으로 대응하는 참여와 나눔의 자원봉사가 바로 이 문제를 해결하는 힘이 될 수 있음을 확인하고, 지구촌 차원의 공조, 협력의 자원봉사활동을 펴나가기 위해 아래와 같이 실천 노력을 기울이기로 했다.

하나, 우리는 기후변화로부터 생태계와 인간의 생존을 보호하는 유일한 대안은 개인으로부터 모든 조직에 이르기까지 다양한 수준에서 함께 하는 공동의 실천과 노력, 그중에서도 자원봉사자의 노력이 중요함을 깨닫고 자신의 현재 위치에서 이를 극복하기 위한 모든 가능한 실천을 시작한다.

둘, 지구촌의 빈곤문제를 해결하기 위해 UN이 정한 새천년개발목표(MDGs)를 이루기 위해서는 자원봉사자들의 적극적인 참여가 절실함을 인식하고, 교육과 지역사회 개발 등 각

나라에서 빈곤을 예방하고 퇴치하기 위한 다양한 노력을 아끼지 않는다.

셋, 종교, 문화, 인종 및 빈부 갈등 그리고 한정된 자원으로 인한 한계와 분쟁 등 오늘날 우리가 맞닥뜨리고 있는 수많은 갈등과 분쟁은 서로에 대한 이해와 열린 대화 없이는 해결할 수 없음을 인식하고, 갈등과 분쟁을 넘어서 지구촌 평화를 만들어 가는 일에 자원봉사로 앞장설 것을 다짐한다.

넷, 재난재해 예방과 현장에서의 구호활동은 특히 자원봉사자의 참여 없이는 문제해결이 불가능함을 인식하며, 재난재해 현장에 자원봉사자 참여가 효과적이고 신속하게 이루어지도록 국제적 공조노력을 기울이기로 다짐한다.

다섯, 글로벌시대 재난재해 구호 및 빈곤퇴치를 위한 자원봉사차원의 국제적 협력을 적극 강화해 나가기로 한다.

— 후 략 —

2) 한국국제협력단

1991년 4월 정부출연기관으로 설립된 한국국제협력단(Korea International Cooperation Agency: KOICA)은 우리나라와 개발도상국가와의 우호협력관계 및 상호교류를 증진하고, 이들 국가들의 경제 · 사회발전 지원을 통해 국제협력의 증진에 기여함을 목적으로 하고 있다(한국국제협력단, www.koica.go.kr).

KOICA의 주요사업으로는 국가별협력사업(프로젝트/프로그램), 인재양성사업, 글로벌연수사업, 국제기구협력사업, 시민사회협력사업, 인도적지원사업, Development Innovation Program(DIP) 사업 등이 있다. KOICA의 지원분야는 보건의료, 교육, 공공행정, 농림수산, 기술환경 에너지(물, 에너지, 교통, 과학), 범분야(환경, 성평등) 등으로 구성되어 있고, 지원 지역은 아시아를 비롯하여 아프리카, 중남미, 중동, CIS로 구분되어 있다(한국국제협력단, www.koica.go.kr).

5 국제 자원봉사활동의 내용과 유의사항

국제 자원봉사활동의 내용과 유의사항을 살펴보면 다음과 같다.

1) 국제 자원봉사활동의 내용

국제 자원봉사의 대표적인 영역 또는 사례는 ① 현대적 생활양식을 위한 계몽·교육, ② 빈곤문제해결을 위한 기부, 영농기술 지원, ③ 주거, 교육시설 건설을 위한 활동지원, ④ 각종 질병의 예방치료를 위한 의료활동 등 다양하다(김근조, 1997; 류기형 외, 2013 재인용).

표 15-1은 한국국제협력단(KOICA)의 해외봉사단 파견활동의 내용을 나타낸 것이다. 해외봉사단의 활동기간은 2년(드림봉사단은 1년)이고, 파견 국가는 아시아, 아프리카, 중남미, 동구·CIS, 중동 지역 등 30여 개 개발도상국이다.

표 15-1 한국국제협력단의 해외봉사단 파견활동내용

파견분야	파견직종
교육	미술교육, 과학교육, 미용교육, 수학교육, 요리, 유아교육, 음악교육, 청소년개발, 체육교육(일반), 체육교육(태권도), 초등교육, 컴퓨터교육(일반), 컴퓨터교육(디자인), 특수교육, 한국어교육, 사서 등
보건	간호, 물리치료, 방사선, 임상병리, 보건교육 프로그램 등
공공행정	사회복지, 관광, 국제개발 등
산업에너지	건축, 기계, 섬유/의류, 자동차, 전기/전력 등
농림수산	식품가공, 농업, 지역개발, 축산, 수산/어업 등

출처: 한국국제협력단 홈페이지(http://www.koica.go.kr).

2) 국제 자원봉사활동의 유의사항

국제 자원봉사활동 시 유의사항을 보면 다음과 같다(김익균 외, 2013).

(1) 국제 자원봉사활동에 따른 건강상태

국제 자원봉사활동은 다양한 지역에서 실시된다. 즉, 고산지역활동에 지원할 때 자신의 심폐기능 상태를 고려해야 하고, 캠프활동이 여행을 동반할 경우 체력 유지를 체크해야 한다. 또한 자원봉사활동 중 건강관리에 유념하며, 현지 음식에 적응하려는 노력을 하거나 현지생산 재료로 입에 맞는 음식을 개발해야 한다.

그리고 출발 전 풍토병 예방접종 또는 예방약 복용, 지역환경 변화에 대한 관심을 가져야 한다. 이외에도 국제 자원봉사활동에 따른 비상연락망, 개인의약품 준비에도 유의해야 한다.

(2) 자원봉사활동에 따른 경제적 문제

국제 자원봉사활동은 국내 자원봉사활동에 비해 경제적으로 많은 비용이 들어갈 수 있다. 즉, 자원봉사활동단체 회원 등록비, 인터뷰를 포함한 관련 비용, 출국 전 비자 취득 비용과 현지생활에 필요한 경비 등이 포함된다. 또한 소속기관 및 단체가 지원하는 경비의 내역과 보험가입방법, 항공료, 체제비 등의 경비에 대한 구체적 계획을 수립해야 한다.

(3) 다양한 국가에 대한 이해

국제 자원봉사활동은 다양한 국가에서 이루어지기 때문에 자원봉사를 실시하는 국가에 대한 기본적 사항을 이해해야 한다. 즉, 자원봉사를 하고자 하는 국가의 문화, 언어, 역사, 관습 등에 대한 기초적 내용을 습득해야 한다.

제 4 부

자원봉사활동의 전망

제 16 장

자원봉사의 문제점과 과제

1990년대를 분기점으로 하여 우리나라에서는 자원봉사활동에 대한 참여가 늘어나고 자원봉사활동을 조직화, 체계화하기 위한 노력이 다양한 모습으로 나타나기 시작했다. 그 결과 자원봉사활동 참여율이 크게 높아졌으며 봉사활동에 참여하는 계층도 종래의 여성, 종교계, 학생 계층에서 기업, 언론, 각종 전문가 계층으로 다양화되기 시작하였다.

그러나 자원봉사활동 현황을 살펴보면 참여율에 있어서 자원봉사문화가 성숙단계에 접어든 서구의 경우에 비해 크게 저조한 실정이다. 또한 그마저도 자원봉사활동 동기에 있어서 유도된 강제성에 의한 참여가 많은 편이어서 일반 시민의 자발적 참여가 아직은 크게 미흡하다고 할 수 있다.

이 장에서는 현재 우리나라 자원봉사활동의 문제점과 과제를 살펴본다. 또한 이러한 자원봉사활동 문제점은 대부분 자원봉사자에 대한 관리과정이 적절치 못하여 발생한 것이 대부분이기 때문에 자원봉사관리 상의 문제점과 과제를 살펴본다. 이를 통해서 향후 우리나라 자원봉사활동 활성화 및 발전방안에 대해 모색한다.

1990년대를 분기점으로 하여 우리나라에서는 자원봉사활동에 대한 참여가 늘어나고 자원봉사활동을 조직화, 체계화하기 위한 노력이 다양한 모습으로 나타나기 시작하였다. 그 결과 자원봉사활동 참여율이 크게 높아졌으며 봉사활동에 참여하는 계층도, 종래의 여성, 종교계, 학생 계층에서 기업, 언론, 각종 전문가 계층으로 다양화하기 시작하였다. 그러나 구체적인 내용을 들여다보면 아직은 극복하여야 할 문제점과 개선과제가 여전히 남아 있다.

통계기관에 따라 차이를 보이고는 있으나, 15세 이상 인구를 기준으로 하여 볼 때 15~20%대에 머물고 있는 자원봉사 참여율의 문제는 자원봉사문화가 성숙단계에 접어든 서구의 50%대 수준에는 크게 미흡하고, 그마저도 자원봉사활동을 정규 교육과정으로 만든 학교나 인사고과에 반영하는 등 유도된 강제성을 보이는 기업의 참여를 제외한다면 일반 시민들의 자원봉사활동 참여는 아직은 크게 미흡하다. 그러나 이는 일거에 해결될 수 없는 것으로 다음의 문제점들과 과제를 제시하면 다음과 같다.

1 자원봉사활동의 문제점

1) 지속성과 정기성 부족

참여율 문제보다도 실질적 면에서 더 큰 문제는 자원봉사활동의 지속기간이 짧다는 것이다. 이는 단지 지속기간의 문제뿐만 아니라 조기탈락 혹은 중도탈락의 문제와 관련된다. 대개의 경우 자원봉사활동은 6개월 이상의 정기적 활동을 필요로 한다. 그러나 우리나라의 자원봉사활동은 단기적 활동, 비정기적 활동에 그치는 경우가 많다.

한국의 자원봉사활동은 그 존재 의의 및 필요성이 막중한데도 지속성이 부족하고 중도탈락이라는 심각한 문제 때문에 자원봉사자 개인은 물론 자원봉사자 활용기관이 추구하는 목적을 달성하지 못하는 측면도 있다(주성수 외, 2017). 이러한 자원봉사활동의 단기성과 비정기성의 문제는 자원봉사활동이 자발적 시민

참여를 통한 공동체성과 복지욕구충족이라는 본래의 목적을 달성하는 데 저해요인으로 작용하고 있다. 자원봉사활동에 대한 적절한 관리가 강화되어야 할 필요성이 여기에 있다.

2) 프로그램의 한계

자원봉사자는 그 활동의 장인 사회복지관과 시설 그리고 많은 공공기관과 단체에서 필수적 인력이다. 자원봉사활동 참여율이 증가하면서 이 중요성은 더욱 부각되고 있다. 그러나 자원봉사자를 활용하여 프로그램을 운영하고 있지만 자원봉사자의 활동욕구를 반영한 프로그램의 개발은 미흡하다. 이는 또한 자원봉사자의 조기탈락으로 이어진다. 현재 자원봉사자 인원이 증가하면서 부분적으로 '자원봉사활동을 할 곳을 못 찾는' 현상이 나타나기도 한다. 자원봉사문화가 성숙한 서구 선진국과 비교하여 생각해 본다면 이는 자원봉사활동 지원자의 수가 절대적으로 많아서라기보다는 자원봉사자를 모집하고 배치·활용하는 적절한 프로그램 개발이 미흡하기 때문이다. 자원봉사 수요를 더 개발하고 잠재적 자원봉사자의 욕구에 맞도록 프로그램을 다양화하는 것이 자원봉사활동을 활성화하는 데 필수적이다.

3) 체계적 관계의 한계

자원봉사자에 대한 체계적 관리는 지금까지 언급한 자원봉사활동의 현황이 갖는 여러 가지 문제점들을 개선하는 데 중요한 도구이다. 그러나 과거보다는 체계적 관리에 대한 관심이 고양되기는 하였지만 아직도 자원봉사관리를 위한 전문 인력의 양성과 활용, 그리고 관리조정 프로그램의 개발은 개선을 필요로 하고 있다. 특히 자원봉사활동의 참여가 급증 추세를 보이고 있는 봉사 주체인

학교나 일부 기업은 사회복지사나 전문성을 지닌 자원봉사관리자를 별도로 두지 않고 아마추어적으로 자원봉사 프로그램을 실행하는 경우가 많아서 봉사활동의 내용이 충실하지 못하고 형식으로 흐르는 등 개선의 여지가 많다. 자원봉사자가 실제로 활동하는 일선 현장에서도 특정 조직이나 단체에 소속된 자원봉사자를 기피하거나 또는 선호하는 등의 '편가름' 모습이 보이기도 한다. 결국 이런 모든 모습은 관리의 취약성에 관련된 문제라 하겠다. 따라서 기본적 자원봉사자관리가 필수적으로 이루어질 수 있도록 자원봉사자관리체계가 일관성과 체계성을 갖추어야 한다.

1990년대 이후 여러 가지 형태로 자원봉사활동 지원체계의 구축과 활동이 활발해졌다. 그러나 일반 시민이 지원체계 혹은 추진체계를 활용하여 자원봉사활동에 쉽게 참여할 수 있을 만큼 접근성이 좋아진 것은 아니다. 특히 공공체계의 경우 정부의 소관부처별로 자원봉사센터나 지원체계들이 혼란스럽게 중복과 누락의 문제를 낳고 있다. 일반인들로 하여금 그 차이를 구별하여 적절히 이용할 수 있게 하기보다는 난립되어 있다는 느낌을 갖게 한다. 또한 이것은 자원봉사의 욕구에 적절히 활용되기보다는 자원봉사자를 더 확보하기 위한 경쟁적 쟁탈전이 될 우려가 있다.

자원봉사활동에 관심이 있는 일반인들로 하여금 각 봉사활동의 차이점 및 활동기관을 쉽게 인식하여 자신의 조건에 맞는 기관을 쉽게 찾아 봉사활동을 할 수 있도록 홍보를 강화하고 추진체계와 지원체계가 상호 업무 연계성을 높이는 등으로 일반 시민들의 접근성을 제고하여야 할 것이다.

4) 형식적인 자원봉사활동

우리나라에서 자원봉사활동 참여가 늘어난 결정적 요인은 학생 자원봉사활동이 제도화된 데에 있다. 현재 학생 자원봉사활동은 대개 학교의 교육과정과 연계되면서 필수적으로 참여해야 하는 형태로 '유도된 자발성'의 모습을 띠고 있다. 이러한 방식이 자원봉사활동 참여자의 절대수를 높이는 데에는 크게 기여를 하였지만 자원봉사활동 참여자에게는 강제성을 띤 것으로 인식되어 할당된 분량만 형식적으로 채우는 모습을 나타내곤 한다. 유도된 자발성이 자발성과 교육적 효과를 가지기 위해서는 적절한 관리조정 프로그램을 필요로 한다.

5) 자원봉사활동의 동기부여 부족

자원봉사활동은 무보수성의 특성을 지니지만 자원봉사자에 대한 승인과 보상은 만족도를 높이고 지속적 활동을 할 수 있도록 하는 중요한 수단이다. 자원봉사활동이 자발성과 무보수성을 가진다는 것과 자원봉사활동에 대한 적절한 승인과 보상이 필요하다는 것은 가치대립적인 것이 아니라 서로 양립할 수 있는 가치중립적인 개념이다. 자원봉사에 대한 승인이나 보상이 과거에 비하여 다양해졌으나 아직은 보상이나 승인기관 내부에 분절되어 있거나 형식적이다. 보상이나 승인이 각 현장에서 개별적으로 이루어지기보다는 기관과 현장 간의 상호 연계성을 가지고 실제성을 띨 수 있도록 해야 한다.

2 자원봉사관리의 과제

이상 살펴본 것처럼 우리나라 자원봉사활동의 문제점은 대부분 자원봉사자에 대한 관리과정이 적절하지 못하여 발생하는 것이 대부분이다. 자원봉사자의 활동욕구와 자원봉사자 활용기관의 욕구 및 필요성을 적절히 조절하여 자원봉사활동이 가지는 본래의 취지와 효과를 극대화하고 참여를 내실 있게 활성화하는 것이 자원봉사관리의 역할이다. 현재와 같이 자원봉사자의 절대수와 참여율은 증가하였지만 형식적 활동과 중도 탈락이 두드러진 상황에서 자원봉사관리의 중요성은 아무리 강조해도 지나치지 않다. 그러나 현실을 보면 자원봉사관리에 대하여는 여전히 개선할 점이 너무 많이 있고 자원봉사관리에 대한 평가는 부정적이다. 자원봉사관리를 강화하기 위한 내적·외적 과제에 대하여 살펴보면 다음과 같다.

첫째, 자원봉사관리자의 전문성이 강화되어야 한다. 자원봉사관리를 담당하는 직원의 전문성을 높이기 위한 교육이 이루어져야 하고 전문자원봉사관리자들에 의하여 자원봉사프로그램이 운영이 주도되어야 한다.

둘째, 자원봉사관리 프로그램을 체계화하고 보급하는 것이 필요하다. 자원봉사 프로그램 기획과 자원봉사자 모집부터 승인과 보상에 이르는 자원봉사관리 프로그램이 체계화되어 자원봉사자가 활동하는 기관에 보급되어야 한다.

셋째, 자원봉사자 승인과 보상 등 유인책을 체계화, 실제화하여야 한다. 자원봉사자의 동기와 욕구를 파악하고 반영하여 자원봉사활동 참여를 지속적으로 동기화할 수 있게끔 해야 한다.

넷째, 자원봉사 관련 행정체계나 추진체계의 중복과 혼란을 방지하고 상호 통합성을 높여야 한다. 지원체계나 추진체계 간의 분리, 고립성을 극복할 수 있도록 자원봉사 수요처와 공급처에 대한 정보공유와 관리지원이 통합적으로 이루어지도록 지원할 수 있어야 한다.

다섯째, 자원봉사 추진체계의 접근성을 높여야 한다. 자원봉사활동에 관심을 가진 사람이라면 누구나 쉽게 자신의 가지고 있는 조건에 맞는 자원봉사 추진체계에 접근할 수 있도록 홍보가 효율적으로 이루어져야 한다.

여섯째, 자원봉사활동에 대한 실체적 지원 내용이 구체적으로 제도화되어야 한다. 자원봉사자에 대한 자동적 보험 가입, 기금 확보, 법적 안전장치, 경력 인정이나 포상제도 등 개별 관리체계에서는 실행할 수 없거나 모든 현장에서 필수적인 지원방법에 대해서는 법제화에 의한 제도적 노력이 필요하다.

참고문헌

강철희 외(2000), 『사회봉사의 이해』, 이화여자대학교출판부.

김교성 외(2007), 우리나라 사회복지 자원총량 추계에 관한 연구, 『한국사회복지학』, 제59권 제4호.

김근조(1997), 『사회봉사의 이론과 실제』, 광은기획.

김매이 외(2014), 대학 사회봉사 활성화를 위한 제도 구축 방안에 관한 연구, 교육부.

김범수 외(2001), 『자원봉사의 이해』, 학지사.

김범수 외(2004), 『자원봉사의 이해』, 학지사.

김범수 외(2007), 『자원봉사론』, 학지사.

김성이(2005), 『자원봉사총론』, 양서원.

김성자(2004), 대학생 자원봉사활동의 활성화 방안에 관한 연구: 대구지역 사회복지관을 중심으로, 대구대학교 대학원 석사학위논문.

김영호(1996), 자원봉사센터 설치 및 운영에 관한 연구.

김영호(1997), 『자원복지활동의 활성화 방법』, 학문사.

김용선(2000), 대학생 자원봉사자의 봉사활동 성과 욕구에 관한 연구 : 강릉대학교의 사례를 중심으로, 단국대학교 행정법무대학원 석사학위논문.

김은경(2002), 부모의 자원봉사활동 참여와 청소년 자원봉사활동에 관한 연구, 명지대학교 대학원 석사학위논문.

김익균 외(2013), 『자원봉사론』, 정민사.

김정옥 · 장덕희(2003), 가족 건강성증진을 위한 가족자원봉사 프로그램 개발에 관한 연구, 『한국가족관계학회지』, 8(3), 111 − 135.

김한겸 외(2013), 대학봉사 발전방향 제안. 한국대학사회봉사협의회 정책과제 보고서.

김혜령 · 정민자(2011), 가족자원봉사 프로그램개발과 만족도에 관한 연구 : 새싹으로 나누는 사랑, 함께하는 기쁨 프로그램과 참여자를 중심으로, 『대한가정학회지』, 49(2), 51 − 62.

남미애(1997), 우리나라 자원봉사활동 체계모형개발에 관한 연구, 부산대학교 대학원 박사학위논문.

류기형 외 5인(2003), 『자원봉사론』, 양서원.

류기형 외 4인(2013), 『자원봉사론』, 양서원.

류정희(2018), 아동종합실태조사, 한국보건사회연구원.

박민서(1998), 선진국 자원봉사활동에 관한 연구: 1970년대 이후, 미국과 일본을 중심으로, 『복지사회연구』, 제1권, 목포대학교 복지사회연구실.

박세경 외(2010), 민간복지사와 확충을 위한 자원봉사활성화 방안의 모색, 한국보건사회연구원.

백선희(2004), 봉사학습으로서의 대학사회봉사활동 현황과 과제: 서울신학대학교를 중심으로, 『신학과 선교』, Vol.30, 서울신학대학교 기독교신학연구소.

보건복지부 · 중앙아동보호전문기관(2018), 2018 아동학대 주요통계.

______________________________(2017), 2017년 전국아동학대 현황보고서.

볼런티어21(2001), 자원봉사 관리자 교육, 볼런티어21.

볼런티어21(2002), 자원봉사 관리자 교육매뉴얼, 볼런티어21.

성민선(1997), 기업의 자원봉사, 『사회복지 리뷰』, 가톨릭대학교 사회복지연구소.

신기원 외(2017), 『장애인복지론』, 공동체.

________(2016), 『인간행동과 사회환경』, 공동체.

________(2014), 『노인복지론』, 동문사.

양수민(2012), 가족자원봉사활동이 청소년의 가족건강성 및 학교적응에 미치는 효과, 동아대학교 대학원 박사학위논문.

양점도 · 김중대(2010), 대학생 자원봉사활동의 실증적 연구, 『복지행정논총』, Vol.10, 한국복지행정학회.

오효근(2006), 『자원봉사의 이론과 실제』, 지혜의 샘.

유성호 역(1997), 『자원봉사 프로그램의 관리와 리더십』, 아시아 미디어리서치.

유지민(2001), 지역공동체 형성을 위한 지역교환프로그램 운영개선에 관한 연구, 중앙대학교 대학원 석사학위논문.

윤혜미 · 김혜례 · 신영화(2005), 『아동복지론』, 청록출판사.

이강현(1997), 『시민단체의 자원봉사 활용방안』, 주성수 편저, 『새천년 한국 시민사회의 비전』, 한양대학교출판부.

이강현(2002), 자원봉사의 의미와 가치, 『도시와 빈곤』, 제57호, 한국도시연구소.

이경은(2003), 가족자원봉사경험과 가족의 건강성에 관한 연구, 『한국사회복지학』, 52, 한국사회복지학회.

이번송 외(1995), 『서울시 자원봉사자 활용증진방안에 관한 연구』, 서울시정개발연구원.

이병순 · 김효정 · 오효근 · 박미혜 · 민승화 · 김화진 · 강정희(2014), 『(자원봉사실천가가 풀어쓴) 자원봉사론』. 공동체.

이성록(1996), 『제4의 물결 — 자원봉사활동』, 학문사.

_____(2007), 『자원봉사 활동관리 이론과 실제』, 미디어숲.

이숙희(2001), 기업자원봉사 지원제도 활용에 관한 연구: S기업 임직원을 중심으로, 계명대학교 여성학대학원 석사학위논문.

이순자 외(2017), 『아동권리와 복지』, 정민사.

이자영(2004), 기업 자원봉사활동이 기업과 기업구성원에게 미치는 영향에 관한 연구 －국내 두 기업의 사례를 중심으로, 중앙대학교 국제경영대학원 석사학위논문.

이재훈·서구원(2015), 기업의 가족자원봉사가 브랜드 애착과 브랜드 신뢰에 미치는 영향, 『브랜드디자인학연구』, 13(4), 한국브랜드디자인학회, 75－84.

이팔환·백남덕(2000), 『자원봉사론』, 형설출판사.

장덕희(2001), 가족자원봉사 프로그램 개발에 관한 연구, 『한국가족복지학』, 6(2), 한국가족복지학회, 95－114.

조휘일(1998), 『현대사회와 자원봉사』, 홍익재.

_____(1997), 『자원봉사에 대한 이해』, 한국사회복지협의회.

조휘일·성민선·이창호(1997), 자원봉사의 방법과 기술, 『자원봉사의 기초』(자원봉사 프로그램 백과 2), 한국사회복지협의회.

주성수(2005), 『자원봉사』, 아르케.

주성수 외(2017), 2017 자원봉사활동 실태조사 및 활성화 방안 연구, 행정안전부.

최경덕 외(2006), 『자원봉사론』, 공동체.

최유진(2000), 자원봉사 정책수립과 직무설계, 제4차 자원봉사관리자 아카데미.

최일섭·류진석(2004), 『지역사회복지론』, 서울대학교 출판부.

한국대학사회봉사협의회(2007), 미국대학과 사회봉사.

한국사회복지관협회(1997), 자원봉사 프로그램 백과.

한국사회복지협의회(1987), 자원봉사의 이론과 실제.

한벗재단(2007), 자원봉사자 교육 책자.

행정안전부(2019), 자원봉사활성화를 위한 자원봉사센터 운영지침.

_________(2019), 자원봉사현황.

_________(2018), 자원봉사대회.

米山岳廣(2006), 『볼런티어활동의 기초와 실제』, 박문사.

D.P.C.(1995), Volunteer Management, National Association of Social Worker, *Encyclopedia of Social Work*(19th ed.), Washington D.C.: NASW Press.

Defourny, Jacques · Patrick Develtere(2000), "The Social Economy: The Worldwide Making of a Third Sector", Social Economy North and South, Centre D'Economie Sociale, HIVA.

Gidson, B.(1984), Prediction of Retention and Turnover among Service Volunteers Workers, *Journal of Social Service Research*, Vol.8(1), Fall.

Hedly, R. & Smith, J. D.(1994), *Volunteering and Society*, London: NCVD.

Hitl, M. et al.(1979), *Effective Management*, West Publishing Co, Moore.

Ilsley, P. J. & Niemi, J. A.(1981), *Recruiting and Training Volunteers*, NY: McGraw－Hill Book Company.

L. F. Reseach.(1985), *Motivating Volunteers and, Vancouver*, The Vancouver Volunteer Centers Pub.

Laville, J.－L.(2000), L'économie Sociale et Solidaire en Europe, Rencontres Europ'eennes des acteurs de l'économie Sociale et de l'économie Solidaive, Tours.

Routh, T. A.(1972), *The Volunteer and Community Agencies*, Spring Field: Charles C, Thomas Publisher.

Salamon, L.(l995), *Partners in Public Service*, Baltimore: Johns Hopkins University Press.

Salamon, Lester M. A. Helmut K., Anheier(1996), *The Emerging Nonprofit Sector－A Comparative Analysis, Manchester*. Manchester UK.

Wilson, M.(1976), *Effective Management of Volunteer Program*, Boulder, Colorado: Volunteer Management Associates.

1365자원봉사포털, http://www.1365.go.kr

국제워크캠프기구, http://www.workcamp.org

i뉴스잿이, http://www.inewsj.com

보건복지부, http://www.mohw.go.kr

삼성사회봉사단, http://www.samsunglove.co.kr

서울아동복지센터, http://www.child.seoul.go.kr

중앙아동보호전문기관, http://korea1391.org

통계청, http://kostat.go.kr

한국국제협력단, www.koica.go.kr

한국대학사회봉사협의회, http:// kucss.kcue.or.kr

한국자원봉사협의회, www.vkorea.or.kr

한국청소년진흥센터, http://www.kysc.or.kr

http://www.ccclegacy.org/index.htm

http://www.peacecorps.gov

http://www.nationalservice.gov/abcut/role impact/history timelinp.asp

http://www.seniorcorps.gov/abut/sc/history

http://www.Americorps.gov

찾아보기

ㅊ

ㅌ

ㅍ

ㅎ

저자소개

고재욱

가톨릭관동대학교 사회복지학과 교수
명지대학교 행정학과 복지행정전공 박사(Ph.D)
가톨릭관동대학교 평생교육원 원장/복지정책연구센터장

신기원

신성대학교 사회복지과 교수
충남대학교 대학원 행정학 박사
당진시지역사회보장협의체 민간위원장

황인옥

가야대학교 사회복지학과 교수
부산대학교 사회복지학 박사
부산시 사상구종합사회복지관 및 사하구몰운대종합사회복지관 근무

최승완

부천대학교 사회복지학과 겸임교수
호서대학교 벤처전문대학원 노인복지학 박사(Ph.D)
부천대학교 평생교육원 남북하나지원센터 지도교수

자원봉사론 2판

초판 1쇄 발행 / 2017년 2월 25일
2 판 1쇄 발행 / 2020년 2월 25일
2 판 2쇄 발행 / 2021년 8월 31일

공저자 / 고재욱 · 신기원 · 황인옥 · 최승완
발행인 / 이 중 수
발행처 / **동 문 사**

서울특별시 서대문구 홍제원 1길 12
(홍제동 137-8)
Tel : 02)736-3718(대), 736-3710, 3720
Fax : 02)736-3719
등록번호 : 1974. 04. 27. 제9-17호
가격 : 20,000원

ISBN : 979-11-6328-169-6 (93330)
E-mail : dong736@naver.com
www.dongmunsa.com